IT 산업론

김 범 환

청목출판사

책을 내면서

IT 산업의 발전은 현대 경제 사회를 급격히 변혁시키고 있으며, 인터넷, 휴대폰, 디지털 홈, DMB 및 휴대인터넷 등 수많은 정보통신 용어들이 현대 경제생활에 깊숙이 침투하고 있다. 이와 같이 IT 산업의 발전은 인류 사회의 정보화 욕구를 충족시켜 주어서 현대 경제에서는 정보통신 관련 지식의 습득이 필수적인 데 비해서 이에 대한 지식을 체계적으로 알기 쉽게 소개한 정보통신 서적이 없는 실정이다. 즉 일부는 전문적인 정보 통신 기술 지식을 요구하고 있으며, 일부는 그 내용이 극히 일부 분야에만 국한되어 있어 전반적인 분야를 포괄하지 못하고 있다.

본 교재는 사회 과학 분야를 전공하는 학생들에게 통신, 방송 및 인터넷과 같은 IT 산업의 기초적인 지식을 제공하는 것은 물론 IT와 관련된 경영·경제 지식을 알기 쉽게 이해하도록 체계적으로 소개하고 있다. 이에 따라 본 교재는 사회과학 분야 학생들을 위한 정보통신개론의 성격을 가지고 있다. 이에 따라 본 교재는 경제, 경영 분야의 대학 2~4 학년 및 대학원 수준의 학생들 또는 정책 분야에 종사하는 기술직 공무원이나 IT 업체의 관리자들에게 IT와 관련된 경제 및 경영 개념을 이해하는데 지침서 역할을 하여 줄 것이다. 한편 시장에 입각하지 않은 기술 발전은 현대 경제에서 생존이 어렵기 때문에 정보통신 기술과 네트워크에 대한 지식을 가지고 있는 정보통신 공학 관련 과목을 전공하는 학생들에게도 정보통신 시장 및 산업에 대한 이해를 높이는데 도움이 될 것이다.

본 교재의 구성은 모두 3편으로 구성되었다. 1편에서는 IT 산업론을 공부하는 데에 필요한 여러 가지 개념 및 이론에 대한 기초적인 지식을 소개한다. 이를 위하여 산업과 경제의 기초 개념, 시장구조와 산업구조에 대한 이해, 네트워크 산업에 대해서 학습한다. 2편에서는 주요 IT 산업에 대하여 학습하기로 한다. 정보통신망을 먼저 학습한 후에 통신 산업과 방송 산업, 인터넷 산업 및 디지털 홈 산업에 대하여 학습한다. 3편에서는 정보통신 산업에 대한 경제 정책 논리를 학습하기로 한다. 이를 위하여 정보통신 산업에서 활발히 전개되고 있는 기업의 인수/합병 및 전략적 제휴 현상, 정보통신 서비스에 대한 정부의 정책과 규제 및 소프트웨어 부문을 중심으로 한 지적재산권에 대하여 소개한다.

본 교재는 필자의 독창적인 저술이라기보다는 IT분야에 종사하는 여러 전문가들의 글을 종합하여 재구성한 것이다. 이에 따라 교재 전반에 걸쳐 원저자를 밝혀야 하나 워낙 많은 전문가들의 업적이어서 IT분야를 처음 접하는 초심자들에게 혼란을 야기할 수도 있어 생략하였다. 이 자리를 들어 그 분들에게도 감사의 뜻을 전한다. 또한 본 교재에 대한 방대한 자료를 구하는 데 물심양면으로 도와준 사람들에게도 감사를 드린다. 먼저 본 교재 출판을 허락하여 준 유성렬 사장님과 한국전자통신연구원의 여러 박사들이 직접·간접으로 교재에 대하여 자료 협조와 충고를 하여 준 것에 대하여 심심한 감사를 드린다.

마지막으로 교재 전반을 알차게 구성하여 보고자 하였으나 아직도 미진한 점이 없지 않을 것으로 사료되지만 IT 산업 입문서로는 국내는 물론 세계적으로도 이러한 저서가 없을 것이라는 데에 의의를 가진다. 교재의 일부분은 필자의 통찰력에 의해서 교육에 도움이 되는 방향으로 정리하였는데, 이 점에 대해서는 필자 홈페이지(http://home.pcu.ac.kr/borman/)의 Q&A란을 이용하여 여러 독자들의 질문을 바라면서 글을 맺기로 한다.

배재대학교 21세기관에서

2006년 2월

차 례

제 1 편

IT 산업의 기초

1편에서는 IT 산업론을 공부하는 데에 필요한 여러 가지 개념 및 이론에 대한 기초적인 지식을 소개한다. 이를 위하여 산업과 경제의 기초 개념은 1장에서 다루기로 하며 2장에서는 시장구조와 산업구조에 대한 이해, 3장에서는 네트워크 산업에 대해서 학습한다.

제1장

산업과 경제의 기초개념

제1장에서는 산업과 경제에 대한 일반적인 개념을 소개한다. 이에 따라 소개되는 주요 개념은 시장, 경제, 산업 및 기업에 대한 것이다.

1.1 시장 경제

1.1.1 시장과 경제

1) 시장과 산업

시장(market)은 상품을 팔고 사는 곳이다. 도시에 주로 분포되어 있는 할인점, 슈퍼마켓을 비롯하여 수산시장이나 시골 장터 같은 곳은 대표적인 시장이다. 이러한 시장 개념은 어느 특정 지역의 어느 특정 시점에만 해당된다.

현대적인 시장 개념은 대상지역과 시간개념의 변화까지도 포함한다.

즉 과거에 시장은 제한된 지역 내에서만 존재하였다. 이에 따라 동종의 제품에 대해서도 지역에 따른 가격차가 생길 수 있었다. 생선 시장의 경우 해안과 내륙 간 가격차나 열대작물인 경우 산지와 소비지역간 가격차의 존재가 그것이다. 그러나 현재에는 많은 시장이 세계화되어 키위나 바나나와 같은 농산물을 전 세계 어디에서도 쉽사리 발견할 수 있으며 지역 간의 가격차는 상당히 해소되었다. 또한 과거에는 재화가 매매되는 장소 즉 현물시장에만 한정하였다. 그러나 현재에는 구매자와 판매자가 상품을 협상할 수 있는 곳이면 시간에 관계없이 시장이 형성되고 있다. 외환시장이나 선물시장이 대표적인 예이다.

산업(industry)은 유사한 제품을 생산하는 기업군으로 정의된다.

2) 경제

생산 활동이나 소비 활동이 상호적으로 일어나는 현상을 우리는 경제(economy)라고 부른다. 우리는 한국경제, 일본경제와 같이 어떤 특정 국가에서의 경제 활동, 즉 생산 활동과 소비 활동을 경제라고 부르기도 한다. 또한 선진국 경제와 같이 어떤 특정 지역집단을 가리키기도 한다. 이외에도 자유 시장 경제, 계획 경제라고 하기도 한다.

1.1.2 경제 주체

경제학은 물질적인 측면에서 경제활동을 위한 인간의 행동을 추구하는 학문이다. 이러한 인간의 행동을 체계적으로 연구하기 위하여 기업, 가계와 정부라는 집단으로 구별하여 행동을 분석한다. 이러한 집단들은 경제 주체(economic agents)라고 불려진다. 경제 주체인 가계, 기업 및 정부는 연극의 배우에 준하며, 시장은 그 무대로 비유될 수 있다.

가계 부문은 소비활동의 주체로서 가계의 구성원은 소비자들이다. 가계는 그들이 이용 가능한 자원(즉 소득) 범위 내에서 만족(또는 효용)을 극대화한다. 기업 부문은 생산 활동의 주체로서 이용 가능한 자원 하에서 이윤(경우에 따라서는 시장 점유율 제고 또는 경쟁력 강화)을 극대화한다고 한다.

정부는 국민으로부터 거둬들인 자신의 예산 범위 내에서 공무원의 보수를 주거나 사회 간접 자본에 대한 투자를 행한다. 정부의 궁극적인 목표는 국민의 후생, 국민 복지의 증진을 실현시키고자 하는데 있다. 이와 같은 정부는 공공 관료, 당국, 정부 부처나 정부 산하 기관 등으로 구성되며, 대통령, 중앙은행인 한국은행, 시 및 구 위원, 중앙/지방 부처에 근무하는 공무원 및 경찰들이 정부 부문에 해당한다.

1.1.3 시장과 자원배분

시장은 소비자에게 상품을 판매하거나 기업이 생산요소를 구매하는 곳이다. 즉 공급자와 수요자가 만나는 곳이 시장이다. 이러한 시장은 〈그림 1-1〉에서 보는 바와 같이 상품 시장과 생산 요소 시장이 있다. 상품(또는 생산물)시장에서는 재화와 서비스를 대상으로 공급하는 경제 주체가 생산자인 반면, 생산 요소 시장에서는 노동, 토지와 자본과 같은 생산 요소를 구입하는 경제 주체가 생산자이다. 노동과 자본은 모두 생산 요소에 속하기 때문에 생산요소 시장은 또한 노동 시장, 자본 시장을 포함한다.

일례로 철수가 직장에서 근무하여 받은 보수로 소비를 하는 경우를 들어보자. 그는 생산요소 시장(보다 자세히는 노동 시장)에서 그의 노동력을 제공(공급)하여 그에 대한 대가로 보수를 받아 상품시장에서 그가 원하는 휴대폰을 구입(수요)한다. 반면 철수의 고용주(생산자)는 생산 요소 시장에서는 철수 등의 노동력을 구입(수요)한 대가를 지불하며, 상품 시장에서는 상품을 제공(공급)함에 따른 수입을 얻는다. 즉 상품시장에서는 생산자가 공급자, 소비자가 수요자인 반면, 생산요소 시장에서는 생산자가 수요자, 소비자가 공급자가 된다.

〈그림 1-1〉 상품 시장과 생산요소 시장

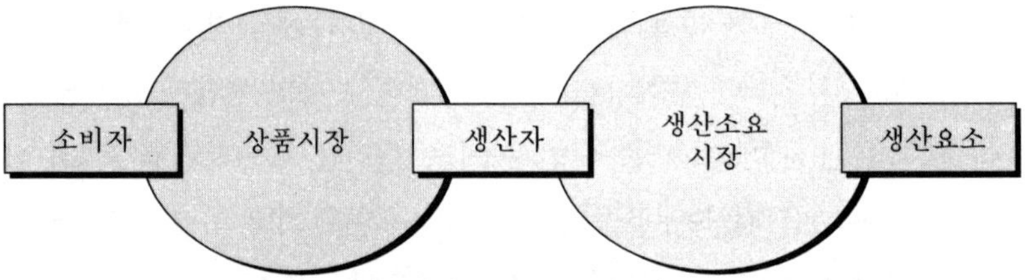

이와 같이 이용 가능한 생산 요소를 여러 생산자들에게 분배하는 방법은 자원 배분(resource allocation) 문제에 속한다. 시장 경제 제도에서는 무한한 소비자들, 무한한 생산자들과 무한한 생산 요소들이 시장이란 매개를 통하여 서로 독립적으로 의사 결정(생산 및 소비의 선택)을 행함에 의하여 자원 배분이 이루어진다. 또한 이러한 시장 경제 제도가 완전 경쟁적인 속성을 가질 때 효율적인 자원 배분이 실현된다고 한다.

1.2 규모의 경제와 범위의 경제

규모의 경제가 작용하는 경우 다시 말하면 규모의 보수(수익)가 증가하는 경우에는 기업의 대량 생산이 바람직하다고 한다. 여기서는 규모의 경제나 규모의 보수(수익)와 같은 개념들을 소개한다.

1) 규모의 경제

규모의 경제(規模의 經濟, economies of scale)는 생산량이 증가함에 따라 장기 총 평균 비용이 하락하는 현상, 규모의 비경제(dis-economies of scale)는 생산량이 증가함에 따라 장기 총 평균 비용이 증가하는 현상으로 정의된다.

〈그림 1-2〉 규모의 경제와 규모의 비경제

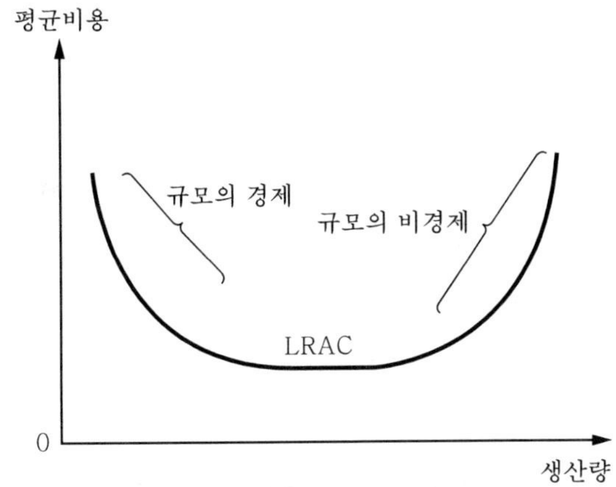

〈그림 1-2〉에서 나타난 U형 장기 평균 비용곡선에 의해 장기적인 기업의 생산량이 규모의 경제인지 또는 규모의 경제인지를 구별할 수 있다. 즉 장기 평균 비용곡선이 감소하는 구간은 규모의 경제가 존재하는 구간이고 장기 평균 비용곡선이 증가하는 구간은 규모의 비(非)경제가 존재하는 구간이다.

규모의 경제는 초기 R&D 투자가 막대하여 어느 정도 이상의 생산물 판매가 이루어져야 하는 경우에 존재하게 된다. 또한 어느 일정한 사용을 초과하는 경우에야 만이 효율적인 전문화된 장비를 사용하는 경우에도 존재하게 된다. 반면에 규모의 비경제는 관리 통제의 어려움이 있을 정도로 기업의 규모가 너무 크거나 통제 계층이 넓어 중간 관리자의 효율적인 이용이 어려울 경우에 존재한다.

2) 범위의 경제

우리는 자가용과 같은 승용차 부문과 트럭 및 버스와 같은 상용차 부문을 하나의 기업에서 생산하는 것이 유리한지 별도의 기업으로 분리하여 생산하는 것이 유리한지를 고려할 수 있을 것이다. 서로 다른 상품을 서로 다른 기업이 생산하는 것보다 한 기업이 모두 생산하는 것이 비용의 측면에서 보다 더 저렴할 때 범위의 경제(範圍의 經濟, economies of scope)가 존재한다고 한다.

범위의 경제가 나타나는 대표적인 예는 유선 전화기와 휴대 전화기 및 사무용 전자 기기, 쇠가죽과 쇠고기 및 구두와 가방과 같은 결합 생산물(joint products)의 경우를 들 수 있다. 어느 한 상품을 생산하기 위해서 이미 행한 비용 지출과 관련하여 다른 상품을 생산하는데 추가적으로 보다 많은 비용 지출이 필요하지 않을 경우가 존재하는데, 이런 상품을 결합 생산물이라고 한다.

여러 가지의 생산 설비를 가지고 있는 기업을 독립적인 기업으로 분리시켜야 하는 지와 같은 단순한 경우에서부터 가전 업체가 게임 및 콘텐츠 분야까지 사업을 확장시켜야 하는 지와 같은 복잡한 경우에 이르기까지 범위의 경제에 대한 예는 실로 다양하고 실제로 현대 경제 사회에 주요한 문제로 대두되고 있다.

1.3 기업

여러분 친구들에게 10개의 기업을 들어보라고 한다면 그들은 대부분 삼성전자, 현대 자동차, 포항제철 등과 같은 대기업들을 열거할 수 있을 것이고 외국 기업으로는 IBM, General Electric, Ford, Microsoft, General Motors, AT&T이나 CNN 등과 같은 기업들이 생각날 것이다. 그러나 우리가 통상적으로 알고 있는 대기업들이나 중소기업들 이외에도 동네에 있는 구멍가게나 세탁소도 기업의 범주에 속한다. 그러면 기업이란 무엇인가? 기업이 인력자원과 자본을 투입하여 생산 및 판매를 하고자 하는 주된 이유는 소위 "남기기" 즉 영리를 추구하기 위한 것이다. 즉 기업은 재화와 서비스를 생산 그리고 판매를 극대화하고자 할 뿐만 아니라 효율적으로 자원(중간 투입재인 부품 등을 포함)을 이용하는 조직이다.

1.3.1 기업의 목표

기업이 생산 활동을 하는 동기는 기업이 벌어들이는 총 수입에서 지출한 총 비용을 뺀 이윤을 극대화(이윤 추구)하는 것이다. 즉 생산과 판매 활동을 통해 얼마나 많이 남기느냐이다. 그러나 이와 같은 이윤을 극대화한다는 가정에 대한 견해는 여러 가지 비판이 제기되기도 한다. 즉 이윤 극대화 가정 이외에도 실제 경영자는 판매량을 극대화(시장 점유율 제고) 하거나 종업원의 후생 도모나 환경 보호를 하고자 하는 등 여러 가지 다른 동기가 있다는 것이다.

이윤 극대화라는 가정은 경제학이 탄생한 이래 가장 오래 동안 지속되어온 가정이다. 이러한 이유로는 이 가설에 의한 이론적 접근에 의해서 만으로도 현실을 가장 정확하게 설명하고 예측 가능하게 하였기 때문이다. 이윤 극대 가정에 의한 기업의 행동에 대한 예측이 현실적으로 수없이 많이 증명되어 왔으며 이윤 극대 이외의 어떤 다른 가정을 하였을 때 보다 훌륭한 예측을 결과하였기 때문이다. 즉 가정이 비현실적이라고 해서 이론을 반박할 수는 없다.

현재에는 기업의 행태에 대한 가정이 이윤 극대하나만으로 정의될 만큼 단순하지가 않게 되었다. 과거에는 단일 소유주가 기업을 경영하게 되어 이윤 동기가 단순하였다. 그러나 현재에는 소유권이 여러 주주에게 분산되어 있고, 회사 경영자는 통상적으로 주주가 아니며 외부에서 위촉된 전문 경영인인 경우가 많다. 즉 소유와 경영이 분리되어 회사 총회에서 주주는 이사회를 선임하고 그들은 다시 전문 경영인을 임명한다. 통상적으로 기업의 규모가 클수록 그의 보수는 크다고 생각하기 때문에 고용된 경영자는 이윤 추구보다는 그들의 보수에 보다 많은 관심이 있으며, 이에 따라 이윤 추구보다는 판매량 극대를 실현하고자 할 수 있다. 한편 이사회는 경영자의 경영 능력을 평가할 때 기업의 이윤을 중시하기 때문에, 경영자는 이윤 추구도 무시할 수 없으며, 이에 따라 기업 경영자들은 이윤 제약 하에서 판매 수입을 극대화할 것이다.

1.3.2 기업의 규모

1) 기업의 존재 이유

기업은 자기 상품을 생산하기 위하여 중간재를 조달한다. 이때 내부거래인 경우에는 거래 비용이 적다. 반면 생산요소시장에서 구매를 하고자 할 때는 거래비용은 커질 것이다. 이와 같이 기업의 규모가 커질수록 시장 기구에 의한 분권적인 힘에 의해 얻어진 거래비용보다는 내부 조달에 따른 거래비용이 작아진다.

이러한 기업의 규모와 관련하여 존재 이유를 최초로 밝힌 자는 코즈(Coase)이다. 그는 내부 조달과 시장 구입 간의 관계를 고려하여 기업의 생리를 규명하였다. 기업은 물자를 조달할 때 구입량과 질은 물론 조달가격에 대한 정보가 필요하며 그에 따른 시간과 돈이 들어간다. 기업이 물자를 시장에서 구매하지 않고 내부 조달에 의해 생산을 할 수 있는 데, 이때에는 거래 비용이 낮을 수 있으나 경쟁시장에서 구입할 경우에 발생할 수 있는 이득(advantage)은 없어진다. 즉 기업의 규모가 커짐에 따른 내부 조달의 비효율성은 분권화된 시장에서 얻어지는 비효율성보다 클 수 있다.

그러면 기업은 내부거래를 통한 조달이나 시장을 통한 거래 중의 어느 것을 선택할 것인가? 예를 들어 어떤 TV 제조업체가 일부 부품만을 자체 생산하고 다른 부품들은 계약을 통해 외주를 줄 것인가 하는 의사결정에 직면할 수 있다. 이에 대한 일반적인 답은 거래비용이 작을 때는 시장을 선호하며, 거래비용이 커질 때는 내부 조달을 선호할 것이라는 것이다.

이와 같은 Coase의 연구는 이후에 기업과 시장의 상호작용을 분석하는 것으로 발전하였다. 기업은 시장에 대한 완전 정보를 갖지 못한다. 반면 기업 내부 거래는 시장 가격에 대한 정보가 불필요하다. 더군다나 내부거래는 기업에게 유용한 정보를 발생시키기도 한다. 예를 들어 부품 생산자와 그 구매자인 기업 간의 긴밀한 협조관계는 해당 부품 설계의 발전을 가져오게 할 수 있다. 기업이 내부거래를 선호하는 이유는 또 다른 이유는 시장조달일 경우에는 외부 공급자와는 복잡한 계약을 체결해야 하는 반면 내부 거래는 단순한 계약(노동자와의 단순 계약 정도)만이 필요하기 때문이다.

2) 기업 규모에 대한 논의

기업의 존재 이유와 관련하여 무엇이 기업 규모를 결정하느냐에 초점을 맞추어 기업 규모에 대한 논의를 전개하기로 한다. 기업 규모는 수직적인 면과 수평적인 면으로 구분될 수 있다. 수직적인 면은 외부로부터 구입될 수 있는 상품 및 서비스가 내부에서 생산되는 정도에 의해서, 수평적인 면은 단일 생산물기업의 생산규모나 다 생산물기업의 생산 범위에 의해서 구분된다. 그 예로는 마루 공장끼리 또는 마루 업체와 타일(tile) 생산업자 간의 결합과 같은 수평 결합과 소주제조업체가 병이나 병마개 제조업자간의 결합과 같은 수직 결합을 들 수 있다.

기업이 내부적인 거래를 하는 법적인 이유는 반트러스트법 하에서 불법적이라고 평가되는 관행들을 감출 수 있기 때문이다. 즉 내부거래를 통하여 기업들은 생산물 시장에서 독점력을 행사할 수 있고, 이에 따라 수평이나 수직 통합을 하고자 하는 유인이 존재한다는 것이다.

기업의 규모와 관련된 첫 번째 관점은 기업이 어떤 주어진 시점 내에 규모와 범위의 경제를 실현하기 위해서 여러 기업들의 통합을 통하여 상승효과(synergy)를 실현하고자 한다는 것이다.

기업의 규모와 관련된 두 번째 관점은, 기업들의 장기적 조정에 대한 계약적인 견해로 특정거래의 위험을 초래할 수 있는 기업들 간의 장기적 거래 관계에 대한 것이다. R&D를 공동적으로 행하는 등의 일부 고정 비용을 줄이려고 하는 기업들이나 상당기간 공급계약을 맺는 전력공장과 근접해 있는 석탄광업자들 간의 관계는 법적으로 별개의 기업이지만 부분적으로는 통합되어 있다.

이러한 경우에 거래를 하기 위한 투자와 관련된 공급자와 구매자간의 관계를 보자. 사전(거래를 하겠다고 동의하기 전)에 많은 공급자와 수요자가 있지만 사후(투자가 이루어진 후)에 거래당사자들은 쌍방독점 상황에 직면하게 된다. 사후 경쟁이 없다는 것은 "강탈(hold-up)"의 가능성(즉 어느 한 쪽의 투자에 따른 이득을 다른 쪽이 강탈하고자 하는 가능성)을 제기시킨다. 이에 따라 장기계약을 통하여 사전적인 소기의 투자를 할 수 있도록 사후적 공정이득을 보장해 줄뿐만 아니라 독점적 가격 결정을 못하게 함으로써 효율적인 거래(량)를 보장해주도록 해야 한다.

기업의 규모에 대한 세 번째 견해는 계약은 불완전한 것이라는 것이다. 즉 기업과 계약은 약간 다른 "지배형태"를 갖는다. 계약은 그 이후 발생할 우발적인 사건에 따라 변할 수 있으며 문서화할 시 이런 조항들이 너무 많은 이유로 한계가 있기 때문에 비용최소화를 달성하기 위해서 초기 계약의 광범위한 관계 만에 한정할 수밖에 없게 된다. 기계의 소유권이나 계약에 의해 고용관계를 맺은 소유자는 일정한 한계 내에서 기계와 인력의 사용에 대한 권한을 갖는다. 이와 같은 경우에는 계약 당사자 간에 권한이 배분되어 있는 정도에 의해 통합 정도가 측정될 수 있다.

제2장

시장구조와 산업구조

제2장에서는 시장구조와 산업구조에 대하여 소개한다. 시장구조 부분에서는 완전경쟁, 독점 및 과점 등의 개념 및 특성을 학습할 것이고, 산업구조 부분에서는 일반적인 산업구조 개념과 산업 분석을 소개한 후에 정보통신산업을 중심으로 관련 개념과 특성을 소개할 것이다.

2.1 시장구조

2.1.1 시장구조와 기업 행태

우리는 흔히 다음과 같은 질문을 받을 경우가 있다. 삼성이 대우전자와 가전제품에 대해 경쟁하는가? 현대가 기아와 자동차 판매 경쟁을 하고 있는가? 호남에 있는 농부가 경인지방의 농부와 경쟁하는가?

시장에서 경쟁이 이루어지는 가는 개별 기업의 행태와 그들이 속해 있는 시장 형태에 대해 알아야한다. 여기서는 개별 기업의 경쟁적 행태와 경쟁적인 시장구조가 무엇인가를 보고자 한다.

1) 시장구조와 개별기업의 경쟁적 행태

우리는 앞에서 시장은 생산자(판매자)와 소비자(구매자)가 상품 교환을 형성하는 곳임을 보았다. 그러면 시장에 공급하고 있는 기업들의 행태는 기업들이 처해 있는 시장 상황에 따라 여하히 달라지는가를 보기로 한다.

시장에 있는 기업의 수와 기업 규모의 정도는 시장구조(market structure)를 결정짓는다. 이러한 시장구조는 4가지 형태 -완전경쟁, 독점, 독점적 경쟁, 과점-로 분류될 수 있는 데, 시장구조는 시장에 속해 있는 기업의 행태와 그에 따른 시장성과에 영향을 미친다. 시장의 경쟁적인 정도는 개별 기업이 시장 가격에 미치는 정도에 의해 나타난다. 먼저 개별 기업이 그 시장에 미치는 영향력이 작을수록 그 시장은 경쟁적이다. 극단적인 경쟁에 처해 있는 시장을 완전 경쟁 시장구조에 있다고 한다면 이 때 모든 기업들은 시장 가격에 전혀 영향력을 미치지 못한다는 것을 의미한다.

2) 시장구조의 중요성

우리는 현대자동차(주)와 대우자동차(주)는 자동차 산업에서 가장 중요한 기업들이다. 그들은 승용차를 생산하여 여러 다른 시장에서 판매한다. 이와 같이 산업과 시장이란 개념은 경제학에서 그리고 일상생활에서 자주 나타나는 중요한 개념이다. 시장에서 나타나는 수요 곡선은 그 산업이 직면한 수요 곡선이 된다. 이에 따라 단일 기업만이 존재하는 경우에는 시장에서 나타나는 수요 곡선은 그 기업이 직면한 수요 곡선이 된다. 한편 시장에 여러 기업들이 존재하는 가운데, 어느 기업이 생산을 하여 판매를 하고자 할 때 관심이 있는 것은 시장에서 나타난 수요곡선이 아니라 그 기업의 수요 곡선이 된다. 이와 같이 시장구조는 기업의 행태에 영향을 미치게 된다.

2.1.2 완전 경쟁 시장

1) 가정

시장에서 여러 기업이 존재할 때 우리는 그 기업이 경쟁적인 시장에 직면하고 있다고 한다. 우리는 시장에 무한히 많은 기업이 있다는 극단적인 경우인 완전 경쟁적 시장구조를 고려한다. 이러한 완전 경쟁적 시장구조는 현실적으로 존재하지는 않는다. 그러나 완전 경쟁적 시장에의 가정은 경쟁적 시장구조를 설명하는 데 도움이 된다. 완전 경쟁적 시장구조는 4가지의 중요한 가정을 전제로 한다. 즉 하나는 동질의 제품을 생산한다는 것이며, 둘은 경제 주체는 시장에 대한 완전정보를 갖는다는 것이다. 즉 소비자는 판매 제품의 가격과 속성을 안다고 한다. 셋은 기업은 가격 순응자라는 것이다. 즉 시장에서 정해진 가격을 주어진 가격으로 받아들인다. 넷은 진입 탈퇴의 자유이다.

2) 완전 경쟁 시장의 경제적 효과

완전 경쟁 시장(perfectly competitive market)에서는 기업들의 이윤이 0이 된다. 이것은 양의 이윤이 있는 경우에는 기업들의 이윤 동기에 의하여 진입이 이루어져 결국에는 이윤이 0이 되는데서 기업의 진입과 탈퇴가 없게 되기 때문이다. 이에 따라 완전 경쟁 기업은 가능한 작은 비용 수준(평균 비용이 가장 작게 되는 수준)에서 가격을 결정하게 된다. 이와 같은 가격 결정 하에서 소비자들은 소비를 함으로 소비자 후생이 극대가 된다.

또한 기업은 어떠한 생산을 하기 위해 최저의 생산비가 드는 방법을 선택함으로 경제 효율성(X-efficiency)을 실현하게 된다. 이와 같이 완전 경쟁적 시장 경제에서는 어떤 기업도 시장에 대한 지배력을 가지지 않게 된다. 즉 시장 기구는 보이지 않는 손에 의해 자동적으로 운용된다. 또한 효율적인 자원 배분도 수반된다.

2.1.3 독점

어떤 산업의 생산물이 어느 한 기업에 의해서만 생산, 판매될 때 독점(monopoly)이 발생된다. 그리고 이때 기업을 독점 기업 또는 독점자라고 한다.

1) 진입장벽

독점 기업은 독점적 지위를 유지하기 위해 새로운 기업의 시장 진출을 억제하고자 한다. 이와 같이 시장 진입을 제한하는 방해물을 진입장벽(entry barrier)이라고 한다. 어느 산업의 이윤 발생은 신규 기업에게 진입을 유발하게 하는 요인으로 작용하여 기존 기업의 이윤 잠식을 낳는다. 그러나 진입 장벽의 존재는 경쟁 시장에서와 같이 0의 이윤으로 할 조정 기구를 무색하게 한다. 이제 진입장벽을 자연적인 진입장벽과 인위적인 진입장벽으로 구별하여 보기로 하자.

(1) 자연적인 장벽

이제 어느 지역에 온천이 하나만 있다고 하자. 이때 지역의 주민 대부분은 이 온천을 이용하여야 만 한다면 이 온천을 보유한 기업은 독점 기업이 된다. 또한 사업 초기에 막대한 설비 투자가 필요한 산업이 존재한다. 예를 들면 전력 산업의 경우에는 엄청난 규모의 발전 설비와 송배전선이 필요하며, 수도 산업의 경우에는 용수로, 정화 시설 및 각 가정에까지 연결되어야 하는 수도관이 필요하다. 이와 같은 산업에서는 사업 초기에 엄청난 투자 지출이 소요되지만 일단 사업이 개시되면 그에 따라 추가적으로 들어가는 비용은 거의 없게 된다. 이러한 산업에서는 매출 규모가 큰 기업일수록 작은 기업보다 적은 평균 비용이 소요된다. 이제 어떤 산업에 최소 효율 규모(MES; Minimum Efficiency

Scale)가 존재한다면 생산으로부터 투자된 비용을 모두 회수할 수 있는 기업의 최소 규모가 결정될 수 있다. 예로 들어 어느 산업의 최소 효율 규모가 월간 1백만 단위 정도는 생산해야 한다고 하고 이때 평균 비용이 월간 1,000만원이라고 하자. 단위당 가격이 1,000만원일 때 수요량이 월간 110만 단위라고 한다면 사회 전체적으로 단지 1기업만이 적정할 것이다.

(2) 인위적인 장벽

인위적인 장벽으로는 특허 제도, 법 조항 및 기업의 전략적인 차원에 의한 것이 있다. 먼저 특허에 관하여는 선진국과 후진국의 입장이 대립되어 있다. 선진국에서는 특허를 강화하는 경향이 뚜렷하다. 이것은 특허에 의해 출현한 제품이 독점 이윤 보장 없이는 기업의 R&D유인을 약화시킬 수 있기 때문이다. 한편 후진국에서는 보다 저렴한 값에 특허를 이용하고자 하기 때문에 특허를 강화시키는 데 미온적이다.

두 번째로 전력 사업은 비교적 적은 비용을 들일 수 있다는 이점으로 원자력의 사용에 의한 발전을 하는 경향이 존재하는 데, 안전사고의 위험이 존재할 수 있으므로 어는 특정 업체 즉 한전에만 행한다는 것과 같이 법에 의해 명시되어 있는 경우이다.

세 번째는 기존 기업의 전략적인 차원에 의한 진입 장벽이 존재한다. 이것은 막강한 기존 업체의 이점을 발판으로 약탈적인 가격을 부과(predatory pricing)하여 진입 초기에 경쟁자를 물리치거나 상품에 대한 광고를 대대적으로 전개하여 신규 진입 기업으로 하여금 초기 비용을 보다 크게 하는 경우이다.

(3) 창조적 파괴와 진입 장벽

최장기에는 기술 변화의 가능성을 포함한다. 신규 진입 기업은 혁신적인 새로운 기술 개발을 통해 기존 독점자와 다른 특허를 취득함으로서 최장기적으로 시장에 진입한다. 이와 같이 기존 독점자를 신규 진입 기업이 대체하는 창조적인 파괴가 발생될 수 있기 때문에 슘페터

(Schumpeter)는 진입 장벽은 중요하지 않다고 한다.

2) 독점력을 행사하고자 하는 동기를 가지는 기업

여러 가지 구태의연한 거래 관행들은 좋건 나쁘건 독점력을 행사하기 위한 독버섯인 것으로 반트러스트 규제에 의해 금지된다. 기업들은 은밀하게 그들의 독점권을 행사하기 위해 이런 관행을 내부화 함으로서 은밀하게 법적인 테두리를 벗어나고자 한다.

(1) 가격차별

기업은 여러 다른 시장에 각각의 다른 가격으로 팔고자 하는데 소매업자들 간의 중재로 인하여 방해받을 것을 피하기 위하여 판매까지 통합하고자 (그에 따른 독점력을 구사하고자)할 수 있다. 또한 기업은 다르게 두 고객을 취급하고자 하는 반면 법에 의하여 다른 두 고객을 동등하게 취급해야만 할 때 제조업자는 한 고객과 결탁함으로서 다른 고객을 별도로 취급하여 가격차별을 하고자 하려고 할 것이다.

(2) 중간가격통제

중간가격통제는 수직 통합을 가져온다. 중간거래가격이 시장균형가격 아래로 규제당국에 의해 통제된다고 전제하자. 상품은 이때 어떤 배급경로를 통해 구매자에게 분배된다. 이런 경우 구매자들이 지불하고자 하는 가격보다 법에서 주어진 가격이 더 작기 때문에 공급자들은 직접 구매자들과 접촉하려고 하는 유인이 있을 것이다. 이와 같이 수직통합은 내부적이어 외부에서 관측 불가능한 거래를 행함으로서 공급자들에게 법을 극복하기 위한 수단으로서 이용될 수 있다.1)

수직 관련 기업들이 통합하고자 하는 두 가지 다른 법적인 이유가 있다. 하나는 판매세인데 거래를 내부화 하게 되면 중간 단계에서의 세

1) 수평통합도 독점권을 행사하기 위한 수단으로서 이용된다. 동등한 상품을 생산하는 두 기업의 합병이 그 대표적인 예이다. 그러나 이러한 수평통합은 반트러스트 정책에 저촉될 위험이 있다.

금을 지불하지 않을 수 있다. 또 다른 이유는 수익률 규제가 존재할 때이다. 장비 가격이 규제되지 않는다면 피규제기업은 장비 공급 산업을 후방 통합하여 더 많은 이윤을 얻고자 하기 때문이다.

2.1.4 과점

국내 시장만을 볼 때 삼성 전자, LG 전자, 대우 전자와 같은 기업들이 우리나라 가전 산업의 상당부분을 차지한다. 또한 승용차 부문은 현대, 대우 및 삼성의 자동차 업체들이 대표하고 있다. 이와 같이 상당수의 산업은 일부 기업들이 산업 생산의 상당수를 차지한다. 이들 기업들은 2개에서 10개 정도의 기업들이 산업을 지배하며 신규 진입이 쉽지 않다. 이와 같은 산업구조를 가진 시장구조를 우리는 과점(oligopoly)이라고 부른다. 즉 과점은 두 개 이상의 기업들로 구성되어 있으며 적어도 그 중 하나 이상이 산업 총 생산의 상당부분을 차지하는 산업으로 정의된다.

1) 과점의 특징

과점이나 독점과 같은 시장구조는 수요 곡선이 부의 기울기를 갖다는 점에서는 유사하다. 독점과는 달리 과점에서는 일부의 기업들이 존재하여 과점 하에서의 기업들은 경쟁자들이 어떤 행동을 취하는지를 알 수 있다. 또한 그 자신의 행동에 대해 경쟁 기업들이 어떻게 반응함을 안다. 즉 산업 내 각 기업들의 행동은 상호 의존적이기에 과점하의 기업들은 전략적인 행동을 취한다.

2) 기업의 규모가 큼

상당수의 산업이 소수의 대기업들에 의하여 지배되는 이유는 자연적인 것과 기업들 스스로의 선택에 의한 두 가지로 나뉜다. 자연적인 이유로는 크게 규모의 경제가 존재하는 경우와 범위의 경제가 존재하는 경우를 들 수 있으며, 인위적인 이유로는 기업 간의 전략적인 합병과 인수 전략에 의한 것이 있다.

일부 산업에는 기업의 판매량이 커짐에 따른 단위당 비용의 감소를 실현할 수 있는 데, 이러한 산업은 규모의 경제가 작용한다고 한다. 최소 효율 규모가 어느 정도 큰 산업에서의 공장 생산은 노동 분업의 원칙에 입각하기에 생산이 커질수록 단순하고 반복적인 작업을 수많이 분할함으로 비용감소를 실현할 수 있다. 이와 같이 노동 분업은 시장 규모와 관련성이 있다.

한편 판매나 연구개발 시에 보다 적은 단위당 비용으로 보다 더 큰 판매나 연구 개발이 가능한 데, 이러한 경우는 범위의 경제(economies of scope)가 존재한다고 한다. 통상적으로 판매량이 커질수록 단위당 개발비용이나 광고비용은 낮아진다. 이에 따라 대기업일수록 개발비용과 광고비용은 상대적으로 적은 비용으로 보다 많은 성과를 가져오기에 유리하게 된다. 이것은 또한 자금 조달 측면이나 판매(marketing) 측면에서도 나타난다. 즉 시장 진입과 소비자에게 상품을 인식시키는 데에 엄청난 비용이 필요한 경우에 규모가 작은 기업에게 소요되는 이런 비용들은 생산 단위당 비용을 크게 할 뿐이기 때문이다.

이외에도 어떤 산업에서 기업들의 전략적 행동에 기인하여 소수의 기업들만이 존재할 수 있다. 기업들은 경쟁 기업들을 매입(인수)하거나 하나의 회사로 합치거나(합병) 또는 약탈적 행동에 의해 파산시킬 수가 있다. 이러한 과정을 통해 살아남은 기업의 규모는 커져서 시장점유율은 제고시키며 보다 많은 이윤을 확보할 수 있다. 이와 같이 기업들 간의 인수합병(M&A: Mergers and Acquisitions)을 통하여 산업은 소수 기업들에 의해서 지배되기도 한다.

3) 과점의 딜레마

과점 행동은 필연적으로 전략적인 행동을 수반한다. 과점 기업은 전략적인 행동을 위하여 경쟁이냐 협력이냐 하는 선택에 직면한다.

과점 산업 내에 있는 기업들은 협력하면 전체적으로 보다 많은 이윤을 확보할 수 있으나 어느 한 기업이 협력에서 이탈하게 되면 보다 많은 이윤을 확보할 수 있기에 협력을 하지 않으려는 유인이 작용한다. 즉 현실적으로는 집단행동을 하면 집단 전체적인 이윤은 증가하지만 어느 한 기업이 개별 행동을 하는 경우에는 보다 많은 이윤을 얻는 경우가 존재한다.

4) 경쟁적 행동과 협력적 행동

앞에서 우리는 과점기업들이 협력할 유인은 가지고 있지만 개별적인 이윤 추구 원리에 입각하여 협력을 하여 얻을 이득보다 더 적은 이득을 얻더라도 보다 많이 생산하고자 할 수 있음을 보았다. 이제 여기서는 과점기업들이 선택할 수 있는 협력적 양상과 경쟁적 양상을 보다 자세히 보고자 한다.

(1) 협력 유형

기업들이 서로 생산량을 조정하여 가격을 상승시키고자 하기 위한 협력을 담합(collusion)이라고 한다. 이러한 담합은 협력에 대한 공개적인 문서화를 통해서 행해질 수도 있고 그렇지 않을 수도 있다. 이러한 담합은 그것이 공개적인 것인지와 비밀스럽게 행해졌는지에 의해서 구분한다. 어떤 명시적인 동의도 없을 때 행해지는 담합을 암묵적인 담합(tacit collusion)이라고 하고 명시적인 동의가 있을 때는 명시적 담합(explicit collusion)이라고 한다.

명시적인 담합은 과거에 빈번히 행하여졌으며 때로는 정부의 비호하에 공공연하게 이루어졌다. 이러한 담합적인 양상은 소비자들에게 보다 비싼 값을 치루고 구입하도록 하기 때문에 명백히 불법적이다. 일련의 기업들이 이와 같은 담합적인 행동을 하는 것을 카르텔(cartel)이라고 한다. 극단적으로 산업 내 모든 기업들이 완전하게 협력한다면 독점적인 결과와 똑같은 결과를 초래한다. 그러나 이러한 협력은 항상 어느 한 개별 기업이 이탈하고자 하는 유인을 제공한다. 이것은 개별 기업은 협력 행동으로부터 이탈하여 보다 싼 가격에 소비자들에게 판매함으로서 보다 많은 이익을 얻을 수 있기 때문이다. 카르텔의 가장 유명한 예는 OPEC(Organization of Petroleum Exporting Countries)이다.

(2) 경쟁 유형

기업들은 결합 이윤의 극대화를 도모할 수도 있지만 그들은 또한 보다 많은 시장을 확보하고자 한다. 즉 자사 제품을 보다 많이 팖으로서 시장점유율(market share)을 제고하고자 한다. 이러한 판매 경쟁은 가격 담합 하에서 일어나는 비(非)가격 경쟁 - 즉 광고 경쟁이나 제품의 질을 제고 또는 사후 서비스(warranty) - 을 촉진시킨다. 또한 구매자와 판매자간의 계약으로 성립되는 차별화된 제품으로 구성된 산업인 경우에 비밀스러운 할인(discounts)을 하여 주는 비공개적인 사기(Cheating)에 의해 판매 경쟁을 벌이기도 한다. 이외에도 최장기적으로는 기술력을 증가시킴으로서 기업이 경쟁에 따른 우위를 점할 수 있기에 보다 큰 시장 몫을 얻기 위해 연구개발(research and development)에 대한 경쟁을 선호할 수 있다.

5) 장기 행태 : 진입 장벽의 중요성

진입장벽이 존재하지 않을 때에는 시장에 신규 기업들이 진입하여 기존 기업들의 이윤을 잠식할 수 있다. 그러나 자연적인 진입 장벽이 있을 때에는 기존 기업들이 상당한 기간 동안 그들의 이윤을 확보할 수 있을 것이다. 또한 자연적인 장벽이 없을 때에는 과점 기업들이 그들의 이윤을 확보하기 위하여 진입 장벽을 만들고자 하는 유인이 작용한다.

(1) 다양한 상품

과점 산업 하에서 여러 가지 상표를 가지거나 차별화한 상품이 많을수록 신규 진입 기업이 차지하게 될 시장점유율은 적어진다. 예를 들어 승용차 산업에 현존하는 기업들이 경차 또는 소형차, 중형차, 대형차별로 각각 여러 차종을 가지고 있다고 하자. 신규 기업은 처음부터 여러 차종을 가지고 이러한 승용차 시장에 진입하고자 하기는 힘들 것이다. 결과적으로 여러 가지 차종을 확보하기까지에는 승용차 시장에서 경쟁력을 확보하기는 쉽지 않게 된다.

(2) 광고비용

현존 기업들은 신규 기업들이 시장에 진입하는 데 과다한 비용을 부과하게 함으로서 진입장벽을 형성할 수 있다. 이것은 많은 투자 없이도 시장 진입이 가능한 산업에서 특히 중요할 수 있다. 이에 대한 단적인 예는 광고이다. 우리는 과거 청량 음료제에 속하는 박카스의 예를 들면 초기에 이 제품이 출현하여 상당한 판매량을 기록하였고 그에 따른 광고 지출 비용도 막대하였다. 소비자들은 약국에 가서 박카스를 요구하지 청량 음료제를 요구하지는 않았던 것은 광고의 영향이 큰 이유이다. 이후 신규 제품들이 진출하여 소비자들의 인식에 뿌리박히기 위해서는 엄청난 광고비용이 필요하게 되었다. 이와 같이 판매량은 적은데 광고비용이 과다하게 요구될 경우에는 신규 진입 기업이 기존 과점기업에 대비하여 경쟁력이 약하다.

(3) 약탈적 가격 설정(predatory pricing)

어떤 산업에서 신규 기업들이 연속적으로 진입에 실패하게 된다면 신규 기업들의 시장 진출 시도는 일어나지 않을 것이다. 기존 기업들이 신규 기업들에게 이러한 진입 의욕을 가지도록 하지 않기 위해서는 진입이 일어날 때마다 가격을 엄청나게 싸게 하여 신규 기업들이 도산을 하도록 하면 된다. 이와 같이 기존 기업들이 신규 기업들의 진입 방해에 대해 악명이 높으면 신규 기업들은 시장에 진출하고자 하지 않게 된다. 이러한 것을 기존 기업(들)의 명성 효과(reputation effect)라고 하며, 이러한 명성 효과는 장기적으로 신규 기업들의 진입을 방해할 수 있다.

(4) 경합 가능 시장과 잠재적 진입

새로운 기업이 시장에 진입하기 위해서는 경우에 따라 다르지만 재판매 가치가 없는 공장을 건설해야 하기도 하거나 엄청난 광고 지출이 필요할 수 있다. 이와 같이 기업이 시장에 진입하기 위하여 반드시 지출해야 하며 후에 퇴출을 한다고 하더라도 보전이 되지 않는 비용을 진입에 따른 매몰 비용(sunk cost)이라고 한다. 경합 가능 시장(contestable market)은 진입을 위해 어떤 매몰 비용에 대한 대가를 치루지 않고서도 진입과 퇴출이 자유로운 시장으로 정의된다. 이에 따라 진입의 매몰 비용이 적을수록 시장은 경합 가능하게 된다.

경합 가능 시장에서는 일시적인 이윤이라도 존재한다면 진입이 유발되며 일시적인 상황이 변화하게 되면 퇴출한다. 예로 New York에서 Washington D.C. 구간에서 Boston을 가는 손님이 갑자기 증가한다면 Boston 경유 노선이 생겼다가 Boston을 가는 손님이 없어지는 경우에 New York - Washington구간의 직행 항로로 전환할 수 있다. 이와 같이 경합 가능성은 현존 과점기업의 이윤을 제한할 수 있게 한다. 진입이 일어나지 않는다고 하더라도 그것이 쉽사리 이루어질 수 있기 때문에 과점기업들은 그들의 결합이윤을 극대화하는 가격을 설정하지 못하게 된다.

경합 가능 시장은 Baumol, Panzar나 Willig에 의해 발전된 이론으로 시장에는 많은 기업들이 존재할 필요성이 없거나 경쟁적인 수준에서 가격이 결정된다면 실제적인 진입이 일어날 필요가 없다는 것을 나타낸다. 잠재적인 진입은 진입이 쉽사리 일어나는 경우와 현존 기업이 잠재적인 진입을 고려하여 가격과 생산량을 결정하는 경우에 실제적인 진입과 같아진다.

(5) 최장기 경쟁

기술 변화가 고려된 경우 어떤 시장구조가 가장 바람직한 것인가? 이에 대한 대답은 슘페터의 창조적 파괴에서 얻을 수 있다. 창조적 파괴에 대한 수많은 예가 존재한다. 과거의 마차에 의한 운송 수단은 기차 시대에 의해 퇴색되었으며 이는 다시 고속 도로 건설에 의한 트럭이나 항공에 의해 대체되었다. 과거 주판은 전자계산기에 의해 대체되었으며 과거 편지와 전신은 전자 우편과 팩스에 의해서 대체되었다.

일부 경제학자들은 과점이 완전 경쟁이나 독점보다 보다 많은 혁신을 결과하는 것을 보이기 위해 슘페터의 창조적 파괴 개념을 사용하였다. 그들은 과점은 창조적 파괴를 일으키는데 독점과 완전경쟁보다 유리한 시장구조이라고 주장한다. 그 이유는 과점은 상대 기업과의 경쟁에 직면하여 있어 독점과는 달리 여유 있지 못하며, 과점 기업들은 혁신활동으로부터 이윤을 얻을 수 있다고 기대하기 때문이다.

2.2 산업구조와 수평/수직결합

2.2.1 산업구조

1) 산업구조 분석의 본질

산업구조를 연구하는 주요 목적은 산업내의 동일한 서비스 및 재화의 공급 주체인 기업들이 몇 개가 존재하는 것이 바람직한가 하는 것이다. 따라서 어느 특정 산업구조를 고찰하기 위해서는 우선 그 시장을 분석할 필요가 있다. 해당 산업이 경쟁 시장의 이점을 실현하도록 독점에서 경쟁으로 이행하기 위해서는 해당 시장에서 신규사업자의 참가를 촉진하도록 하며, 경우에 따라서는 기존의 사업자를 분리시켜 복수의 사업자를 창출하는 정책을 고려할 수 있다.

산업구조 분석의 본질은 경쟁 시장의 이익과 규모의 경제 실현의 균형을 어디에서 추구하는 지에 대한 것이다. 기업 간의 경쟁은 다수의 공급 주체에 의한 '경쟁 시장의 실현'을 의미하는 데, 이러한 다수 기업

간 경쟁은 가격 인하, 서비스 향상이라는 바람직한 경제적 효과를 초래한다. 한편 기업의 규모가 크면 규모 및 범위의 경제를 실현하고 네트워크 경제성의 이익을 추구할 수 있기 때문에 기술발전을 가속화시키며, 낮은 비용 실현을 가능하게 한다. 여기에 덧붙여 민간 기업에 의한 이익 추구 행동에 의해서 만으로는 실현할 수 없는 공공적 목표 즉 보편적 서비스(Universal service)의 실현, 표준의 실현, 선행적 연구개발 투자의 촉진, 오랜 투자 기간이 소요되는 인프라의 건설, 막대한 투자 위험 부담 능력 그리고 통신주권의 유지 등을 공공적 규제에 의해 실현할 수 있다.

이러한 공공적 목표는 시장에 다수의 소규모 사업자가 존재할 경우보다도 소수의 대규모 사업자가 존재할 경우 특히 독점시장의 경우에 있어서 용이하게 달성할 수 있다. 따라서 산업구조 분석에 있어 모순된 두 가지 목표의 균형은 경쟁과 독점·규제 가운데 어느 하나를 선택하느냐에 있다.

2) 전통적인 산업구조 정의와 변화

산업구조는 "각 산업 내에 있는 기업들의 규모와 분포"로 정의한다. 이에 따라 산업구조 분석의 주요 연구 대상은 경제내의 특정 산업 혹은 시장의 특성과 기업의 행태 및 그 성과 및 그에 따른 정책적인 시사점을 제공하는 것이다. 산업구조의 전통적인 분석 틀인 구조-행태(전략)-성과 분석 간의 관계에서 '구조'란 기업이 활동하는 시장 환경 중에서도 기업간의 경쟁에 직접적인 영향을 주는 요인에 관한 내용을 의미한다. 이때 시장 내에서 활동하는 수요자와 공급자의 숫자와 시장에서 공급자의 상대적 크기 등은 주요한 구조변수가 된다. 시장구조, 산업구조 및 경제 환경은 개별 기업에게는 주어진 환경이므로 이러한 경제 환경에 기초하여 개별기업에 대한 행태 연구와 분석을 한다. 이때 고려하는 주요 행태 변수는 가격과 생산량이다.

산업구조나 시장구조를 분석할 때 '구조'는 시장이나 산업의 구성과 특성을 설명한다. 콜린 클락(Colin Clark)는 산업구조를 1, 2, 3차 산업 즉 농업, 제조업, 서비스업으로 분류한다. 농업이나 제조업 및 서비스업 내에서도 다양한 세 분류가 가능하다. 농업도 자연 산물을 채취하여 원자재를 판매하는 농림업과 식량을 경작하여 국내외에 판매하는 농업 그리고 자연 조건이나 유전공학 등을 이용한 축산업 등 그 범위도 매우 넓다. 제조업도 가내 수공업의 형태에서 경공업과 중화학 공업 등 매우 다양하다. 2차 산업 활동에 필요한 서비스의 종류도 증가하는 경향이 있는데 이러한 현상을 경제의 서비스화 혹은 탈산업화(deindustrialization)라고 한다.

산업구조는 일반적으로 농업에서 제조업을 거쳐 서비스업으로 발전하는 것으로 인식되고 있다. 그러나 기술의 발달과 수요조건의 변화로 인하여 산업의 발전 단계를 단순 선형적으로 결론짓는 것은 위험스러운 일이다. 즉 최첨단의 유전공학이나 정보통신 기술이 농업의 특성을 변화시키고 부가가치의 원천도 변화시키며, 인구의 증가에 따른 식량 부족은 농업 생산물의 상대가격을 변화시키므로 경제 내에서의 중요도가 달라질 수도 있다. 특히 세 가지로 분류한 산업구조 내에 포함되기 어려운 새로운 상품과 활동이 나타나기도 하고 특정한 산업으로 분류하기 어려운 특성을 가진 경제활동 성과가 나타나기도 한다.[2] 이에 따라 콜린 클라크의 산업 분류는 재고될 필요성이 존재한다. 예를 들어 서비스 산업을 3차 산업으로 분류하여 2차 산업과 별개의 산업으로 구분하는 방법은 개선될 필요성이 있다. 이것은 지식과 정보를 중심으로 한 서비스 산업, 특히 생산자 서비스 및 유통 서비스업이 경제의 모든

2) 현재 세계 산업구조의 추세를 보면 생명공학, 정보기술과 같은 첨단과학기술 분야의 지식 자본과 금융 자본을 중심으로 질 높은 사회간접자본을 구축하여 부가가치가 높은 정보와 지식을 기반으로 하는 2차 산업을 중심으로 발전하고 있다. 또한 지식과 정보는 그 자체가 상품과 서비스가 되어 경제성장과 고용 증가를 주도하고 있다. 총 생산량에서 차지하는 비율과 총 고용 인력의 비중, 투자비율, 경제성장에의 기여도 측면에서 지식과 정보 및 서비스 부문의 역할이 더욱 중요해지고 있다.

생산 활동에 생산 요소로서 이용되는 중간재로서 이용되고 있기 때문이다.

3) 산업구조 분석

산업구조 분석의 주종을 이루는 전통적인 시장구조 분석의 발전은 어떻게 진행되어 왔는가? 첫째는 시장구조의 결정 요인과 경쟁을 결정하는 요인을 식별하여 체계적으로 분석하는 것이다. 다음으로는 그러한 요인의 변화에 따라 경쟁의 역할이나 기업이론이 변화했는가의 문제이며 그에 따른 기업 조직이 집중화되었는지 또는 분산화되었는지를 파악하는 것이다. 마지막으로 이러한 현상의 경제적 성과에 대한 분석을 후생 차원에서 분석하는 것과 그에 대응한 경쟁촉진 정책에 대한 정책적 시사점을 찾아내는 과정을 거치는 것이 일반적인 시장 분석의 순서이다. 이 과정에서 기업의 전략과 그 행태 등이 중요한 연구대상이며, 기업 내부의 최적 유인 체계와 기업간 거래를 위한 최적 계약 체계 그리고 사회적 후생을 증대시키기 위한 규제자와 피규제 기업간의 각종 유인체계를 구축하는 것도 주요 관심사이다.

시장구조 분석을 위해서는 기업이 시장에 진입하여 활동을 계속하는 동기가 되는 이윤의 크기와 성장을 결정하는 요인을 식별해야한다. 기존의 산업구조를 결정하는 가장 큰 요인은 진입장벽의 여부와 그 크기이다. 진입장벽은 또한 상품이나 서비스를 제공하기 위해 필요한 자원, 기술, 법적 제도적 규제, 비용구조, 수요 등에 따라 결정된다. 이와 같이 산업구조 분석을 위해서는 산업구조에 영향을 미치는 외생 변수들을 식별할 뿐만 아니라 각 외생 변수들이 산업구조에 얼마나 영향을 주는지를 파악해야 한다.

산업구조에 영향을 미치는 또 다른 중요한 요인은 시장에서 활동하는 기존의 기업들이 잠재적인 진입을 저지하기 위한 각종 전략이다. 어떠한 수단으로 진입을 저지하는가에 따라 진입장벽이 결정된다. 기존의 기업이나 잠재적인 진입기업들이 사용하는 전략에 따라 산업구조가 결정될 수 있을 뿐만 아니라 반대로 산업구조가 기업의 전략에 영향을 미칠 수도 있게 된다. 기업의 전략을 중심으로 산업구조를 분석하기 위해서는 기업의 전략을 게임이론 등의 개념으로 분석하고 균형 전략해의 존재를 파악한 후, 수요변화, 시장 확대, 혹은 새로운 정보기술의 발명과 같은 외생변수의 변화에 따라 변화한 새로운 균형을 찾아내고 그 결과 산업구조에는 어떠한 영향을 미칠 것인가를 분석해야 한다.

2.2.2 정보통신 산업구조

정보통신 산업구조를 이해하기 위해서는 수직구조 접근 방식을 살펴보는 것이 중요하다. 정보통신 산업을 여러 수직 계층으로 분리하여 구분하는 접근 방식은 주로 기술적인 편의 때문이다. 이것은 정보통신 분야에서는 계층마다 정해진 방식으로 정보 또는 신호를 주고받기 때문에 수직구조상의 인접 계층 간에 데이터를 주고받는 절차 즉 프로토콜이 정해져 있기 때문이다. 정보통신은 수직 계층 간에 정보를 주고받도록 표준화·단순화되어 시스템의 일부가 변경·개량됨에 따른 영향은 최소한으로 줄어들 수 있다. 일반적으로 정보 흐름에 대한 이와 같은 수직 계층 분리에 의한 접근 방식은 정보통신 산업을 시스템 측면에서 접근하는 것을 가능하게 하여 준다. 이것은 컴퓨터 시스템의 경우 하드웨어, 운영체제(operating system), 응용 소프트웨어(application s/w)와 같이 계층을 수직으로 구분하여 각 계층 간 산업을 분석하는 것과 맥락을 같이 한다.[3]

3) 수직구조로 이루어진 산업의 예는 많다. 이러한 예로써 철도 산업에 있어서 선로와 승객 및 화물 수송 서비스, 운송 산업에 있어서 도로와 자동차 수송, 항공 서비스산업에 있어서 항공기 제조업체, 항공 서비스 회사와 여행사(travel agent)를 들 수 있다.

1) 수직 구조를 이용한 시장접근방식

(1) OSI 7 계층 모델

OSI(Open systems Interconnection)는 개방형 구조(open architecture)를 사용하여 개발되었기 때문에 서로 다른 계층에 위치한 구성요소들 간에는 프로토콜을 통하여 상호 통신할 수 있다.[4] 일곱 개의 독립적인 계층(layer)에는 서로 다른 기능이 부여된다. 각 계층의 전체 블록은 "protocol stack"이란 이름으로 불려진다.

〈그림 2-1〉 OSI 7 Layer Protocol 모형

Application 계층
Presentation 계층
Session 계층
Transport 계층
네트워크 계층
Data Link 계층
물리 계층

제일 하위의 계층은 구리, 광섬유나 전파 등 실제로 신호를 전송할 물리매체로 구성된 소위 "물리(physical)" 계층이다. 물리 계층은 상위 계층에게는 (매체가 다르냐에 관계없이) 미리 정해진 방식으로 정보를 전송하는 역할을 담당한다. 물리 계층은 구리, 광섬유나 전파 등 실제로 신호를 전송할 물리매체로 구성된다. 각각의 매체에 대해서 신호전송의 방식(예를 들면 빛의 점멸, 전압의 강약변화 등)이 다르지만 이러한 신호방식의 차이는 해당 물리계층 내에서 처리되며, 상위 계층에게는 미리 정해진 방식으로 정보를 전송하는 역할을 행한다. "데이터 링

4) 상호 인접한 계층(layer)간에는 정보의 주고받음을 가능하게 하는 프로토콜을 미리 정하기 때문에 상호 인접한 계층 간 상호 통신이 가능한 것이다. 즉 계층 간의 통신은 상호 연동성(interoperability)이 보장된다.

크" 계층에서는 미리 정해진 방식으로 두 기기들 간의 단대단 연결과 LAN 상의 기기들 간 통신을 담당한다. "네트워크" 계층에서는 여러 LAN에 걸친 다중 단대단 접속을 담당하여 상위의 전송계층으로 연결하는 역할을 담당한다.

다음 계층은 소위 "전송(transport)" 계층으로 각 전송 기술에 따라 최하위 물리 계층으로 보내는 역할을 한다. 이와 같은 과정을 거쳐 "세션(session)" 계층, "프리젠테이션(presentation)" 계층을 거쳐 최상위에 위치한 "응용(application)" 계층으로 연결된다. 프리젠테이션 계층에서는 보안 압축, 부호화 및 복조 송신정보의 포맷 인식을 담당하며, 응용계층에서는 통신서비스(e-mail. File transfer)와 같은 최종 이용자를 위한 응용의 개발을 담당한다.

시스템에 따라서는 여러 계층(예를 들면 계층 1에서 3까지)에 속하는 제품을 통합적으로 개발함으로써 계층 간의 구별이 없이 활동하는 것은 가능하다. 즉 시스템의 용도에 따라 계층구분이 다르며, 주로 3계층(Content-Service-Physical layer)에서 5계층 모형이 많이 적용된다. 예를 들면 TCP/IP 모형에서는 네트워크 계층, 인터넷 계층, 전송 계층 및 응용(application) 계층인 4계층 모형으로 구성되어 있다.

이러한 기술적인 수직 계층 모형은 산업구조 분석에도 연계 적용이 가능하다. 즉 OSI 7 계층 수직 구분을 산업 구분에 응용하여 IT 산업을 상호 호환 가능한 기능적 단위에 따라 수직적으로 구분가능하다. 이에 따라 제시된 산업구조에서 계층 간에는 서로 보완관계를 구성하는 반면 계층 내에 있는 구성 요소들 간에는 대체 관계 즉 경쟁 관계가 존재한다. 정보가전산업의 경우를 예로 들자면 전력선 기술을 가진 동일한 계층 내에 속한 제품들 간에 대체 관계를 가진다.

(2) 비디오 게임 산업 예

대표적 두 가지 유형의 게임 소프트웨어(PC game title)와 게임기(CONSOLE)간의 수직관계를 보기로 하자. Sony, Sega, Nintendo사들은 자사들의 게임 소프트웨어들을 각자 게임기에 종속(dependent) 시킴으로써 사용료(royalties)를 통해 막대한 이윤을 구가한 바 있다. 반면 Microsoft사는 시중에 존재하는 여러 다른 게임 소프트웨어들이 X-Box용 소프트웨어로 쉽게 변이 가능하도록 공개적인 전략을 채택하였다. 이러한 전략은 IBM의 하드웨어 사양 공개 전략과 유사하다.

(3) 수직 구조 접근방식에 의한 산업구조 분석의 장단점

수직 구조를 이용한 시장접근방식이 경쟁으로부터 얻어지는 이익과 독점·규제에 따라 얻어지는 이익 모두를 증대시킬 가능성이 있음을 보기로 한다. 즉 수직 계층에 의한 산업 구분이 어떤 장단점을 가지고 있는지 보기로 한다. 수직 구조에 의거한 시장 구분의 비용은 범위의 경제를 잃게 될 우려가 있다는 것이다. 지금까지 동일사업자에 의해 운영되어온 네트워크와 기본 서비스가 별개의 사업자에 의해 제공된다면 양자 간의 상호 연동을 위한 비용, 양자 간의 거래를 위한 운용비용 및 새로이 회계를 작성해야 하는 비용 등을 추가로 부담해야 한다. 또한 수직구조는 시스템의 구조를 단순화·표준화함에 따른 비용을 수반한다. 인접하는 계층에서 정보를 받아 보낼 때에는 미리 정해진 인터페이스에 따르지 않으면 안 된다. 정보는 상위 계층으로부터 하위 계층으로 넘겨주게 되어 최하층의 물리계층에서 수신측으로 연결되며, 다시 수신측의 물리계층에서 순차적으로 상위의 계층으로 옮기게 되어 발신된 정보가 원래의 형태로 복원된다. 발신원에서는 정보 도착 후의 복원을 가능하도록 미리 정해진 약속에 따라서 약간의 정보를 추가하여야 한다. 그 결과 원래 송신의 대상인 정보가 100byte였어도 실제로 물리계층을 통하는 정보량은 180byte 즉 80byte의 여분 정보를 가지고 있다. 만약 수직구조를 적용하지 않으면 이 여분의 정보를 가질 필요가 없을 것이다. 여분의 비용을 지불하고도 수직구조를 선택하는 것은 기술진보에 따른 다양하고도 대량의 정보를 고속으로 전송함에 따른 편익이 시스템 전체의 단순화·표준화에 따른 비용 보다 크기 때문이다.

수직계층에 의한 구분의 편익은 다음 4가지를 들 수 있다. 우선 첫째로 각각의 시장은 동일하거나 유사한 성격을 가지고 있기 때문에 각 계층 내에서 처리하는 일은 같은 성격을 갖는다. 따라서 계층내의 경쟁이 촉진될 수도 있으며 공공적 규제의 실행도 용이할 수 있다. 게다가 상하 인접 계층 간의 거래는 각각 같은 성격의 서비스를 대상으로 하기 때문에 거래 내용이 간략하게 되고 거래비용이 절약된다. 각 계층 기업의 회계처리내용도 단순 명료하게 되고, 따라서 내부 보조의 파악도 용이하게 된다.

둘째로 시장의 수직구조는 각각의 계층이 국내는 물론 세계적으로도 공통으로 존재하게 되기 때문에 전국 및 글로벌 규모의 경쟁이 용이하게 실현된다. 또한 필요에 따라서는 특정의 계층을 강력하게 규제할 수 있기 때문에 전국적으로 규제의 효과를 용이하게 달성할 수 있다.

셋째로 정보가전 산업의 최종서비스(즉 이용자에게 판매되는 서비스)의 가격은 각각의 계층의 부가가치의 합계이지만(각각 계층에서 소요되는 비용이 최종서비스 가격의 일부로 되어있다), 각 계층에서 경쟁시장구조와 독점·규제구조를 적절히 선택하면 독점·규제구조를 취하는 계층의 부가가치를 최소한도로 줄일 여지가 있다. 즉 독점·규제에서 생긴 비효율성을 최소한으로 억제하는 것이 가능하다.

넷째로 수직구조의 비용 즉 상하 인접 계층 간의 상호 연동 비용은 대부분 정보비용이고, 정보기술의 진보에 따라 그 비중은 극히 작다.

상기의 이유들로 의해 정보통신 산업구조로서 시장의 수직계층에 의한 구분은 다른 방식에 비해서 많은 이점을 가지고 있다.[5] 컴퓨터 산

5) 1984년 (구) AT&T는 원래 그 장비 부문(당시 Western Electric)과 연구소(Bell Laboratory)의 분리가 요구되었지만 AT&T는 이를 피하고 (매상고의 대부분을 차지하는) 지역 전화 회사의 분리를 선택하였지만 1990년대 중반 결국에는 장비 부문(Lucent technologies)을 분리하였다. 반면 어떠한 계층에서 독점 공급이 인정되고 있는 기업은 수직 분리보다도 수직 통합을 지향하는 경우가 있다. 이것은 내부보조와 사업확대의 편의가 통합에 따라서 증대되기 때문일 것이다.

업을 예로 들어 설명하면 초기에 하드웨어와 소프트웨어가 분리되었고, 다음으로 운영체제와 응용 소프트웨어로 분리되었다. 당초의 하드・소프트웨어의 분리는 미국 독점금지법에 의한 조치였지만 그 후의 수직 분리는 법적 강제를 수반하지 않고 기술적/경제적 합리성의 결과로써 진행되었다.

2) 양측 시장 접근 방식

Jean-Charles Rochet와 Jean Tirole은 양측시장(two-sided market)을 "단일 또는 복수의 플랫폼들이 판매자와 구매자 사이의 상호작용(거래)을 가능하게 해주는 동시에, 그 양측에 적절히 비용을 부과하여 그 시장에 참여할 유인을 제공해주는 시장"으로 정의한다. 이러한 양측시장(two-sided market) 관점에 의한 접근은 수직관계(vertical view) 관점에 의한 접근과는 전적으로 구별된다. 수직관계로 본 플랫폼은 상품의 판매자에게 중간재를 제공해주는 역할만을 담당하며, 판매자는 직접 구매자들과 거래한다. 즉 플랫폼은 단지 시장의 한쪽과만 거래하고 다른 쪽과는 직접적인 거래를 하지 않는다. 반면 양측시장 관점에서는 그들 간의 상호작용을 다룬다.

양측시장 접근관점에서 게임기와 게임 소프트웨어와의 관계는 다음과 같다. 게임 이용자는 게임을 하기 위해서는 게임기 이외에도 그 게임기에 호환성을 가지고 운용되는 게임 소프트웨어를 구입해야만 한다. 만약 게임기에 호환적인 소프트웨어들이 다양하게 개발되지 않아서 원하는 게임을 할 수 없다면 그 게임기 회사는 더 이상 매출이 증가하지 않아 시장에서 퇴출될 수밖에 없을 것이다. 즉 게임기 제조업체는 많은 게임 개발자들이 자신의 게임기에 맞는 소프트웨어를 개발하도록 유도하는 유인이 존재한다. 이렇게 게임기는 게임 소프트웨어의 개발자와 구매자(게임 이용자) 사이에서 거래가 일어나도록 교량 역할을 담당한다.

또 다른 예로는 운영체제-소프트웨어를 들 수 있다. 어느 특정 운영체제(OS)에 호환되는 응용소프트웨어가 많이 개발되어야 그 운영체제의 구매가 늘어날 뿐만 아니라, 운영체제가 많이 팔릴수록 많은 응용소프트웨어들이 그 운영체제용으로 개발된다. 운용체제는 이와 같이 응용소프트웨어 판매자(개발자)와 구매자들을 연결시켜준다. 이외에도 광고주와 사이트 접속자(또는 시청자, 구독자)를 연결해주는 포털 사이트(또는 방송사, 신문)와 가맹점과 카드사용자들을 이어주는 신용카드회사도 같은 성격이다.

플랫폼 업체는 판매자와 구매자 모두에게 이득을 제공하면서 양측의 상호관계를 통한 이윤 추구를 도모하고자 할 것이다. 이제 플랫폼 업체의 첫 번째 전략을 신용카드의 예를 들어 보기로 하자. 신용카드회사는 가맹점으로부터 거래액에 비례하는 수수료를 받으며, 아주 적은 정액의 연회비 또는 연회비 면제를 통해 카드 이용자를 확보한다. 저렴한 연회비로 충분한 카드가입자(구매자)들을 확보한 다음 이를 이용하여 가맹점(판매자)들의 가입을 유도하고 그들로부터 이윤을 확보하는 전략이다. 포털 사이트의 경우도 이와 비슷하다. 무료회원(구매자)을 충분히 확보한 다음 이를 기반으로 광고주(판매자)들을 유인한다. 두 번째는 운영체제(OS)의 예처럼 응용소프트웨어 개발자(판매자)들을 지원해주고 구매자들로부터 수입을 벌어들이는 전략이다. 세 번째는 비가격전략과 같은 다른 수단을 동원하여 플랫폼을 유지해야 하는 경우도 있다. 슈퍼마켓은 물건을 아주 싸게 공급하는 제조업자가 있다고 해서 그 제품만을 진열해 놓을 수는 없다. 왜냐하면 그렇게 하다가는 소비자들이 원하는 다양한 상품을 확보할 수 없기 때문이다.

2.2.3 수평/수직 통합 및 분리

1) 수평통합 및 분리

기업들 간의 통합은 해당 기업들 간의 수평 결합(또는 수평 통합)과 수직 결합(또는 수직 통합) 두 가지 유형으로 구분된다. 수평 통합이나 분리는 대체적 관계에 있는 재화나 서비스를 생산하는 경쟁 관계에 있는 동일 산업 내 기업들 간의 통합이나 분리를 의미한다. 1984년 AT&T분할이나 피자헛(Pizza Hut), 펩시콜라, 켄터키 치킨(KFC)이 당초에 하나의 회사에서 별도의 회사로 분리된 것은 수평 분리에 해당한다. AT&T의 수평 분리(7개의 지역 지주 회사로 분리)는 미 법원의 판정에 의한 것이었지만 경쟁을 촉발하여 결과적인 미국 통신 시장의 급성장을 가져오는데 기여하였다. 한편 Chrysler와 Mercedez-Benz의 합병이나 현대자동차의 기아자동차 인수 등 수 많은 수평 통합도 이루어지고 있다. 수평 통합은 대체적 관계가 완전에 근사하면서 범위의 경제를 실현할 수 있을 때 많이 발생하며, 수평 분리는 피자헛과 펩시콜라의 예에서와 같이 대체적인 정도가 미약한 기업들 간에서 많이 이루어진다.

우리나라는 아직 선진국에서와 같이 수평 통합이나 분리가 활발하지 않은 형편이다. 삼성전자는 가전, 반도체, 컴퓨터나 소프트웨어 부문에 대한 모든 관련 부문을 기업 내의 한 부서로서 운영하고 있다. 한편 삼성전자와는 달리 LG의 경우에는 가전, 산전, 반도체, 정보통신을 분리하여 별도의 회사로서 운영하고 있다. 이러한 통합적 운영이나 분리는 수평 통합이나 분리와 유사한 형태를 지닌다.

수평 결합은 대체적 관계가 커질수록 규모의 경제를 실현할 수 있다. 이러한 수평 분리나 통합에 의한 운영은 모두 규모의 경제와 범위의 경제 실현을 통하여 글로벌 경쟁력을 갖추기 위한 기업 자체의 전략적 판단에 의존한다. 수평 통합은 기술적 파급에 따른 전문적 지식을 공유할 수 있는 장점이 있지만 수평 분리에 의해 달성할 수 있는 특화의 이득을 실현하지 못하는 단점이 있다.

2) 수직 통합/분리

다른 생산 공정에 있는 기업들 간의 인수·합병은 수직 결합 또는 수직 통합이라고 부른다. 수직 결합은 후방결합과 전방 결합으로 구분된다. 전방 결합은 제조업체가 유통업체를 인수하는 것과 같이 하부 기업과의 결합을 의미한다. 후방 결합은 중간재를 공급하는 기업과의 인수·합병과 같이 상부기업과의 결합을 뜻한다.

수직 통합/분리는 동일한 공급 사슬 단계에 있는 기업들 간의 통합/분리를 의미한다. 수직 통합은 산업 차원에서 공동적인 연계가 필요한 부문에서 많이 일어난다. 대표적인 예는 출판사가 인쇄업체를 인수하는 것이다. 다른 수직 통합의 예는 음악 부문으로 3개 세계 최대 전자 회사가 세계 최대 6개 음반회사를 소유한 것을 들 수 있다. 즉 Sony사가 음반 및 영화사인 Columbia Records and Columbia Pictures를 인수하였으며, Matsushita가 MCA를 인수하였고, Philips가 Polygram을 소유하였다. 이외에도 Toshiba사의 Time-Warner 지분 인수를 들 수 있다. 이러한 수직 통합은 전통적인 공급 사슬의 수직 통합 범주로 분류된다.

3) AT&T사의 사례

1980년 AT&T는 연방통신위원회의 MCI 진입 허용이 있기 전까지는 미국 통신서비스 시장에서 막강한 독점적 지위를 누렸었다. 1980년 MCI 진입 허용으로 통신서비스 시장에 경쟁이 도입되었으며, 1984년에 AT&T는 7개의 지역 지주 회사로 분리되어 시내 전화 서비스 부문을 공급할 수 없고 장거리 서비스만을 공급할 수 있게 되었다. 1995년에 AT&T는 다시 3개의 회사로 분할하여 통신 장비 분야인 Lucent technologies를 독립시켰다. 1990년대 말에는 케이블 TV 업체인 TCI와

TCG, MediaOne을 합병하여 시내 부문에 대한 서비스 시장 확대를 도모하였다. 그러나 이러한 몸불리기도 잠시, 2001년에는 다시 AT&T, AT&T Wireless, AT&T Broadband로 분할되었으며, 결국에는 AT&T는 SBC에게 인수되고 AT&T Wireless는 Cingular Wireless에게 인수되면서 지구상에서 사라져버렸다.

AT&T 한 회사에 대한 단적인 예에서 보는 것처럼 전 세계는 현재 관련부문에 대한 수평 통합 및 분리가 활발히 전개되고 있다. 이러한 현상은 규모의 경제와 범위의 경제 실현을 통한 글로벌 경쟁력을 갖추기 위한 전략에서 결과한 것인데, 이와 같이 현대 기업들은 지속적으로 변화하는 경제 환경에 유연하게 대처하여야 할 것이다.

4) 하청업체에 의한 조달과 시장에 의한 조달

산업사회에서 대기업은 통상적으로 부품을 조달하기 위하여 하청 업체를 선정하여 지속적인 관계를 유지하며 부품을 조달할 뿐만 아니라 필요시에는 하청업체들에게 기술지도가 필요하였다. 이것은 전통적인 공급 사슬의 수직 통합 체계라고 한다. 그러나 향후 전자상거래 시대에는 기업들이 핵심 부품 등 고부가가치 분야에만 특화하고, 완제품으로 불리는 최종재의 생산 능력만을 보유하고, 상당 부문은 외주로 주어 운영할 전망이다.

세계 제 1위 자동차 업체인 GM사는 물론 대부분의 글로벌 기업들은 50% 이상을 외주로 주어 운영하고 있다고 하며, 나이키나 선 마이크로 시스템과 같은 회사들은 그들의 모든 제조공정을 외국 자회사들에게 외주를 주고 그들의 역량을 디자인과 마케팅 그리고 유통에 집중(미국 본사에서 담당)하고 있다고 한다. 즉 나이키를 비롯한 대다수의 소비재 기업들은 브랜드만을 관리할 뿐이며 가루비누에서 페인트에 이르는 모든 제품들을 제조업체에서 주문 생산하고 있으며 그러한 경향은 점점 확산되고 있다.

이와 같이 산업사회의 전통적인 공급 사슬의 수직 통합은 외주에 의

존하는 가상적 통합에 의해 대치되고 있다. 이러한 가상적 통합 환경하에서 기업들은 부차적인 기능들은 전부 외주에 의존하고 규모의 경제를 실현할 수 있는 핵심적인 부문에만 특화하게 될 것이다. 이와 같은 가상적 통합에 의해 부품을 조달하는 방법은 한편으로는 시장에서 구입해야 하는 시장에 의한 조달 형태이다. 즉 인터넷 등 발전된 통신수단에 의해 어느 기업의 제품이 보다 품질이 좋고 가격 경쟁력이 있는지를 파악할 수 있으며, 이에 따라 가상 시장에서 이러한 제품들의 구매가 가능할 것이다.

연 습 문 제

1. 다음 산업의 시장 특징은 무엇인가? 각 산업에 속한 국내 기업들을 열거하고 각 시장 특성에 맞는 기업 전략을 조사하시오.
   a. 이동통신서비스
   b. 국제전화서비스
   c. 콘텐츠
   d. 시내전화
   e. 초고속인터넷서비스
   f. 휴대폰

2. 정부는 KT 민영화와 Dacom의 시장 진입을 통하여 정보통신시장에 경쟁체계를 도입하였다. 이에 대하여 시장구조와 관련하여 논하시오.

3. AT&T와 WorldCom의 성장과 몰락 과정을 조사하고, 그 시사점을 제시하시오.

4. 수평통합과 수직통합 및 수평분리와 수직분리의 장・단점을 비교하시오.

5. 통신 서비스업과 통신기기 제조업간의 수직통합에 대한 사례를 조사하고 토론하시오.

6. 국내 휴대폰 제조업체들은 세계적으로 높은 시장점유율을 차지하고 있으며, 기업의 규모도 세계적일 만큼 크다. 이와 같이 대기업이 되면서 가지는 이점을 지적하고 설명하시오.

7. 과점이 독점이나 완전 경쟁 시장보다 경제 성장에 보다 많이 기여한다고 한다고 할 때 정보통신부문을 예로 들어 그 이유를 설명하시오.

8. 정보통신 사업자간의 경쟁이 치열하게 전개되고 있을 뿐만 아니라 콘텐츠 사업에 대

한 정보통신 사업자의 수직통합도 이루어지고 있다. 2000년대 중반에 일어난 예로 SKT는 연예 매니지먼트이기도 하며 영화제작사인 IHK의 지분을 확보하였으며, KT도 콘텐츠 사업에 적극 진출하고 있다. 또한 케이블사업자인 CJ는 영화의 제작, 배급 및 상영(CGV) 등에서 막강한 영향력을 확보하고 있다.

a. 이와 같은 정보통신 사업자와 콘텐츠 업체 간의 수직통합이나 전략적 제휴의 목적은 무엇인가?
b. 정보통신 사업자와 콘텐츠 업체 간의 수직통합이나 전략적 제휴에 대한 양 업체들의 전략 및 향후 전망은 ?

9. 경합 가능 시장(contestable market)을 설명하고 정보통신부문을 예로 들어 설명하시오.

제3장

네트워크 산업

네트워크 산업은 IT 산업을 이해하는데 매우 중요하다. 운송, 철도 및 정보통신과 같은 부문은 네트워크 산업의 분석이 필수적으로 요구된다. 특히 디지털 경제는 정보와 통신 분야의 네트워크를 기반으로 하고 있고, 이러한 네트워크의 존재가 산업과 어떠한 관계가 있는지를 분석하는 방법론을 제시하고 있기 때문에, 네트워크 산업에 대한 이해는 정보, 통신 및 방송과 같은 네트워크 산업을 분석하는 방법적인 시각을 제시하여 준다.

이를 위하여 본 장에서는 네트워크의 특징을 분석한 후 네트워크의 산업 구조와 표준화와 관련된 문제에 어떻게 적용하는지를 학습한다. 또한 네트워크 산업 분석의 초점은 네트워크 외부성에 대한 것임으로 네트워크 외부성이 미치는 효과, 즉 기업의 전략과 시장구조에 어떠한 영향을 주는지 등을 소개한다.

3.1 네트워크 효과

네트워크 산업 분석의 초점은 네트워크 외부성에 대한 것임으로 본 절에서는 외부성, 네트워크 외부성의 개념을 학습하고, 네트워크 산업 구조와 관련된 상호 보완성과 수직, 수평 연결 구조 관계를 살펴보며, 네트워크 시장의 특성과 상호 접속 문제 그리고 경제주체 간 조정(coordination) 문제에 대하여 살펴보기로 한다.

3.1.1 외부성의 개념

네트워크 외부성에 대해 서술하기에 앞서 외부성 또는 외부 효과라는 개념에 대해 간략히 살펴보기로 하자.

1) 외부성의 개념

외부성(externality)이란 "어떤 개인(또는 경제주체)의 생산이나 소비가 상응하는 보상이 없이 제3자에게 주는 영향"으로 정의된다. 또한 한 개인의 행동이 제3자에게 미치는 영향은 혜택을 줄 수도 있고 손해를 끼칠 수도 있는데 전자를 양(+)의 외부성이 존재한다고 하며, 후자를 부(-)의 외부성이 존재한다고 한다. 즉 양의 외부성은 한 개인의 생산이나 소비와 직접적으로 관계없는 제3자가 상응하는 보상 없이 받게 되는 편익을 말한다. 양의 외부성에 대한 예는 기술 파급, 양봉업자와 화원 또는 역사적 건물 등을 들 수 있다.

한편 부의 외부성의 대표적인 예로는 공유지의 비극(the tragedy of the commons)문제를 들 수 있다.[1] 만약 한강이나 금강에 주인이 있다

1) 미국의 미생물학자 하딘(G. Hardin)은 지구의 환경 파괴에 대해 주장하면

면 자신의 하천에 마음대로 오염물질을 버리도록 내버려 두지 않을 것이다. 강물이 오염되어 물고기들이 죽고, 식수로 쓰기에도 적합하지 않게 된다면 결국은 자신뿐만 아니라 모두에게 손해가 돌아올 것이기 때문이다. 그러나 한강이나 금강은 특정한 주인이 존재하지 않는다고 생각하기 때문에 마구잡이로 오염물질을 버린다고 하여도 말리려는 사람은 거의 없을 것이다. 이것은 결국 우리의 자연을 공유지 개념으로 생각하여 사회적으로 볼 때 지나치게 많은 소비 즉 자연훼손을 하기 때문에 우리나라의 환경 파괴를 가져올 것이라는 공유지의 비극에 대한 문제이다. 이 외에도 자동차의 배기가스와 같은 환경오염, 담배 연기나 사람이 많은 버스나 기차 안에서의 휴대폰 전화기 사용 등이 부의 외부성에 대한 예이다.

2) 사적비용, 사회적 비용

공유지에 대한 환경 파괴 이외에도 여러 가지의 다른 예들이 존재한다. 화학 공장을 건설하는 기업은 주변 지역에 매연 방출이나 화학 폐기물의 유기에 따른 환경오염을 일으킨다. 또한 어느 개인이 자신의 승용차를 이용하기 위해 휘발유를 사용하게 되면 그가 승용차로 다니는 지역의 환경오염에 일조를 한다. 이때 기업이나 개인은 공장의 건설에 따른 비용이나 휘발유 비용만을 부담하고자 할 것이며, 이와 같이 어느 특정 개인이 부담하는 비용을 사적비용(private cost)이라고 한다. 그런데 어떤 특정 개인뿐만 아니라 다른 어떤 누군가에 의해서 사회 전체적으로 부담해야 할 수가 있는 데, 이와 같이 사회 전체가 부담하는 비용을 사회적 비용 또는 사회 비용(social cost)라고 한다.

이와 같이 사적비용과 사회적 비용의 구분은 외부 효과의 존재에 의한다. 공장 건설이나 휘발유 사용을 위한 비용은 사적비용에 해당한다.

서 "공유지의 비극(The tragedy of the Commons)"이란 용어를 사용하였다. 그는 우리 인류가 지금과 같이 지구상의 유한한 공간을 공유지로 생각하고 환경 파괴적 행동을 계속 하게 된다면 지구의 파멸이라는 비극을 가져올 것이라고 주장하였다.

사회적 비용과 사적비용과의 차이는 공장 건설이나 휘발유 사용에 따라 파생되는 환경오염 즉 외부 효과에 대한 비용이다. 이러한 경우 개인은 그가 사회적으로 지불해야 하는 것 보다 작게 지불하게 되는데, 이와 같이 사회적 비용이 사적비용보다 더 크게 되는 경우는 외부 불경제(external dis-economies)를 창출한다고 한다.

3) 양의 외부성과 경제 효율성

여기서는 기술 파급과 같은 양의 외부성이 존재하는 경우에 경제 효율성에 도달하지 못하게 되는데, 이러한 것을 자세히 보도록 하자. 양의 외부성이 존재하는 대표적인 예로 공장 내 자동화를 위한 기술 개발을 하는 한 자동차 업체를 고려해 보자. 이 경우에 기술개발에 성공한 자동차 업체는 역시 자동화와 관련된 기술개발을 행해야 하는 선박업체에게 기술파급효과(technology spillover)에 의해 자동차 업체의 사적 정보가 이전되어 이득을 주면서도 이에 대해 아무런 대가도 지불받지 않는다. 그러므로 만약에 선박 업체가 자동차 업체의 자동화 기술지식을 이용하는 행위에 대해 어떤 대가를 치러야 한다면 자동차 업체는 더 많은 투자와 그에 따른 더 많은 자동차를 생산하였을 것이다. 즉 양의 외부성이 존재하는 경우에 사적비용은 사회적 비용에 제3자가 얻게 되는 기술 파급에 따른 가치를 합한 값이 됨으로 사회적 비용(social cost)은 생산자의 사적 비용(private cost)보다 더 작게 된다.

4) 시장 실패와 공공재

우리가 외부성이라는 현상에 관심을 갖게 되는 원인은 외부성의 존재가 시장 경제의 효율성에 미치는 부정적 영향, 즉 시장 실패(market failure) 때문이다. 우리는 기술 파급 문제나 환경 문제와 같이 외부성이 존재하는 경우에 시장에 의해 사회적으로 효율적인 생산이 이루어지지 못함을 보았다. 이와 같이 시장이 효율적으로 운영되지 않을 때 시장이 실패했다고 말하기도 하며, 시장 실패가 존재한다고도 한다. 기술 파급 문제나 환경 문제 이외에도 시장 실패를 일으키는 요인들은 여러 가지가 있는 데, 그 중 하나가 공공재이다.

공공재(public goods)를 제공하는 데에 따른 총비용은 소비자의 수가 증가한다고 하여 증가하지 않는다. 이러한 공공재의 예는 국방 업무, 도로, 다리, 공원 등을 들 수 있으며, 이뿐만 아니라 정보도 하나의 공공재이다. 국방의 경우에 군 병력에 의해 국민이 보호되는 정도는 인구가 증가한다고 하더라도 변화하지 않는다. 어떤 식품 첨가물이 암을 유발한다는 정보인 경우에도 이러한 정보를 알기 위해 투입되는 비용은 단 한 번의 실험으로 충분하다. 그러나 공공재의 사용에서는 무임승차(free rider)의 문제가 발생한다. 이것은 일단 공공재가 생산되었다고 하면 그것을 사용한다고 하여 추가적인 지불을 하도록 할 수가 없기 때문이다. 일반적으로 공공재는 시장 기능이 효율적으로 작용하지 않게 되며, 이를 위해 정부의 개입이 필요하다. 공공재의 공급량은 공급에 따른 한계비용이 모든 개인이 느끼는 가치와 동등한 데서 결정되어야 한다.

5) 사적 해결책과 정부의 역할

외부성에 의해서 발생하는 비효율성은 어떻게 개선할 수 있는가? 첫 번째의 대답은 정부가 개입하여야 한다는 것이다. 이론적으로는 정부가 사적 비용곡선을 사회 비용곡선과 일치시키거나 한계사적비용곡선을 한계사회비용곡선과 일치하도록 만들어 주면 모든 문제가 해결된다. 그러나 현실적으로는 정부가 이러한 사적 및 사회 비용곡선을 파악할 수 없기 때문에 이 원리를 그대로 적용하는 데는 많은 어려움이 존재한다.

(1) 양의 외부성 문제에 대한 사적 해결책

기술 파급과 같은 양의 외부성이 존재하는 경우, 이를 해결하기 위해서 정부의 개입이 없이 문제가 해결되는 방법은 어떤 것이 있겠는가? 즉 기술 파급 문제를 해결하기 위해서 항상 정부가 나설 필요는 없이 외부성에 관련된 당사자들이 서로 협상하여 효율적인 결과가 얻어지도록 만들 수 있다는 것이다. 즉 기술 파급으로 인하여 혜택을 보는 업체와 개발 업체들 간의 협상에 의하여 상호 이득이 있는 결과가 얻어질 수 있다는 것이다.[2)]

양당사자가 비용 없이 상호 이득이 있는 협상에 도달할 수 있다면, 시장은 항상 외부성 문제를 해결하여 준다. 즉 당사자들 간의 협상에 의해 외부 효과를 내부화하여 효율적인 해결을 가능하게 할 수 있는데, 이것을 코즈 정리(Coase Theorem)라고 부르기도 한다.

(2) 사적 해결책에 대한 실패

외부성이 존재할 때 반드시 코즈 정리대로 해결될 수 없는 경우가 많다. 예를 들자면 보상금이 너무 커서 타협이 이루어지지 않을 수가 있기 때문에 사적 해결책이 실패하게 된다. 또한 타협을 이루어내는 데 너무나 많은 협상 비용이 소요됨으로써 타결이 성사되지 않는 경우 즉 거래 비용이 너무 커서 개개인의 합의를 이루어 내지 못하는 경우도 있다. 이때의 거래 비용(Transaction cost)이란 양당사자가 협상을 하여 동의하는 데에 이르기까지 지불해야만 하는 비용을 말한다.

(3) 정부의 해결 방법

양의 외부성이 아주 커서 사적 해결책이 존재하지 않을 때 정부가 문제를 해결하는 방법으로는 크게 직접 통제 방식과 시장 기능을 활용한 방법이 있다.

직접 통제 방식은 통상적인 규제 방식으로서 특정 행동을 금지하도록 법규로 제정하거나 특정 행동을 하도록 요구하는 방식이다. 그 예로

2) 사적 해결책으로는 도덕적 규율과 사회적 처벌 및 자선 단체 등이 존재한다. 케네디 대통령의 말처럼 "국가가 당신에게 무엇을 해주도록 원하는 것처럼 당신도 국가를 위해서 무엇을 해줄 것인가를 생각하라"라고 하는 도덕적 규범은 나의 행동에 의해서 국가 전체적으로 어떤 영향을 줄 것인지를 항상 인식하도록 하여줄 것이다. 또한 많은 자선 단체들 즉 유럽의 유수 환경 단체들이나 국경 없는 의사회들은 민간 기부금으로 운영되는 비영리 조직이다.

서 학생들에게 금주, 금연을 강요한다거나 기술 파급에 대해 로열티를 부과하는 따위를 들 수 있다. 시장 기능을 활용한 방식으로는 사회적 효율성에 도달하도록 하기 위해 보조금 부과와 같은 사적 유인책을 이용하는 방법이다. 기술개발에 대한 보조금을 부과하게 되면 기술 파급으로 인해 잃어버린 가치를 다시 환수하는 것과 같은 효과를 가진다. 즉 정부는 개발자에게 보조금을 부과함으로써 외부 효과를 내부화할 수 있다는 것이다.

3.1.2 네트워크 외부성

여기서는 네트워크 외부효과의 종류와 네트워크 외부성이 존재할 때 네트워크 시장이 어떤 특성을 갖는지를 간단히 보기로 한다. 네트워크 산업은 일반 산업과는 달리 네트워크 외부성(network externality) 개념과 밀접하게 관련되어 있다. 한 소비자가 특정 네트워크 재화를 소비함으로써 얻는 혜택이 그 재화를 소비하는 다른 소비자들의 규모에 영향을 받는 경우 네트워크 외부성이 존재한다고 정의할 수 있다. 고속도로 또는 인터넷의 체증 현상에 의한 속도 지연과 같이 부의 네트워크 외부성도 존재하는 것이 사실이나 네트워크 외부성에 대한 분석은 주로 양의 외부성, 즉 동등한 상품이나 호환성이 있는 상품을 선택하는 사용자의 수가 증가함에 따라 그 상품의 기존 이용자들에게 추가적으로 편익을 낳는 경우를 대상으로 하고 있다.

이러한 양의 네트워크 외부성은 크게 직접적인 효과와 간접적인 효과 두 가지로 분류될 수 있으며 네트워크 외부성의 직접적인 효과를 직접적인 네트워크 효과, 네트워크 외부성의 간접적인 효과를 간접적인 네트워크 효과라고 부르기도 한다.

1) 네트워크 외부성의 직접적인 효과

네트워크 외부성의 직접적인 효과를 보기 위하여 전화나 전자우편 등 각 가입자가 다른 사용자들과 물리적 네트워크를 통해 직접 연결되어야만 필요한 서비스를 얻을 수 있는 쌍방향 네트워크 시스템을 고려하도록 하자.

네트워크 외부성의 직접적인 효과는 기존의 전화나 휴대폰 및 PC 통신 서비스 가입자들의 경우에서 보듯이 새로운 가입자들이 발생함으로부터 직접적으로 이득을 얻는 것으로 나타난다. 전화와는 달리 새로이 컴퓨터 소프트웨어를 구입하는 소비자 및 메신저 이용자들도 네트워크 외부효과에 의하여 편익을 얻게 되는데, 이것은 호환성이 있는 기존 가입자들과 파일을 공유하여 문서 교환의 편리성이 증가할 수 있기 때문이다.[3)]

이와 같이 직접적인 네트워크 효과가 작용하는 시장에서 특정 네트워크 서비스에 대한 수요는 가격 뿐 아니라 소비자들의 해당 네트워크의 크기에 대한 기대치, 즉 예상된 총 가입자 규모에 의해 많은 영향을 받게 된다. 일예로 국내 많은 인터넷 업체나 이동전화 업체들이 엄청난 광고나 마케팅을 통해 자사의 가입자 규모를 크게 하려는 이유도 바로 이러한 네트워크 효과 때문인 것으로 해석할 수 있다.

양의 네트워크 외부성에 의해 한 소비자가 네트워크에 가입함으로써 생기는 사회적 편익은 소비자의 사적 편익보다 크게 된다. 따라서 경쟁시장(competitive market)에서 형성되는 네트워크 규모, 즉 가입자 규모는 사회적 최적 규모보다 작게 형성되고, 일반적인 경제 원리와는 달리 경쟁시장은 더 이상 경제적 효율성을 달성하지 못하게 된다. 이외에도 네트워크 외부성이 존재하는 시장에서는 일반적으로 다 균형(multiple equilibria) 현상이 발생하게 되며 균형의 안정성 문제가 대두되게 된다.[4)] 이로 인해 네트워크 시장이 어떤 규모, 구조, 형태를 가지

3) n-보완적 성분으로 구성된 양방향 (two-way) 네트워크인 정보통신부문의 경우 직접적인 효과를 보기로 하자. 이 경우 n(n-1)의 잠재적 재화가 존재하게 된다. 또한 (n+1)번째의 신규 재화는 (n+1)n - n(n-1)=2n의 잠재적 재화를 새로이 탄생하게 한다.

4) 네트워크 외부성에 대한 분석은 전통적인 미시 경제 이론이나 산업조직론

게 될 것인가에 대한 정확한 전망을 못할 수도 있으며, 따라서 이에 대한 정책적, 전략적 대응도 어렵게 되는 것이다.

2) 네트워크 외부성의 간접적인 효과

네트워크 외부성의 간접적인 효과는 규모의 경제가 존재함으로 인해 네트워크의 규모가 증가함에 따라 보다 많은 보완적 생산물이 저 가격으로 공급된다는 것을 의미한다. 이 경우는 주로 컴퓨터 하드웨어와 소프트웨어처럼 상호 보완성(complementarity)이 있는 제품 간에 수직 또는 수평 연관관계를 지닌 산업에서 어떤 한 보완재가 그 생산에 있어 규모의 경제성을 지닌 경우 많이 발견 될 수 있다. 이러한 간접적인 효과 예로는 특정 컴퓨터의 사용자가 증가함에 따라 다양한 소프트웨어가 저렴한 가격에 제공되어 보다 많이 이용되는 소프트웨어 프로그램이 대중에게 많이 보급되어 있는 컴퓨터를 위하여 생성되는 것과 시장 지배적인 비디오 시스템(video system)과 호환성이 있는 비디오카세트(video cassette)가 보다 많이 생산되는 것을 들 수 있다. 이외에도 OS와 응용소프트웨어, 게임기와 게임소프트웨어 등의 관계에서도 간접적인 효과가 나타난다.

(1) 하드웨어/소프트웨어 시스템 시장과 시장구조

네트워크 외부성의 간접적인 효과를 보기 위해서 앞에서 본 바와 같이 호환 가능한 컴퓨터 하드웨어와 소프트웨어가 결합하여 최종적인 서비스를 제공하는 것과 같이 소비자는 시스템을 구성하는 최소한 두 가지 이상의 보완적 요소를 모두 구입해야 하는 하드웨어/소프트웨어 시스템 시장을 분석 대상으로 하였다.

이제 하드웨어/소프트웨어 시스템 시장에서 네트워크 외부성의 간접적인 효과와 시장구조 형태간의 관계를 보기로 하자. 일반적으로 하드

에 깊이 그 뿌리를 두고 있다. 수요측면에서, 네트워크 외부성은 다균형과 비효율성을 결과하며, 기술 수준이 경쟁적으로 공급될 때조차 조정의 필요성을 발생시킨다.

웨어/소프트웨어로 구성된 시스템 시장에서는 현재 하드웨어의 판매량이 미래 소프트웨어의 가격에 영향을 미친다는 점에서 간접적인 네트워크 효과가 발생한다. 시스템에서 사용되는 소프트웨어가 규모의 경제(economies of scale)나 실행에 의한 학습(learning by doing)효과로 인해 그 생산량이 많아짐에 따라 한계 비용이 감소한다면, 현재 시장에서 많이 팔리는 하드웨어에 보완적으로 사용되는 소프트웨어는 그 판매량이 많을 것이며 따라서 한계비용이 감소하여 보다 저렴한 가격에 제공될 수 있을 것이다. 또한 비슷한 이유로 인해 판매량이 많은 하드웨어는 보다 다양하고 품질이 우수한 소프트웨어가 사용 가능하게 될 것이다. 이에 따라, 기업이 향후 소프트웨어 시장에서의 우위를 확보하기 위해 하드웨어의 가격을 낮게 책정하는 전략을 취하는 경향이 있다.

실제로 이와 같은 네트워크 외부성의 간접적인 효과는 소프트웨어 시장이 규모의 경제성을 실현하는 기업들이 진입장벽 없이 차별화된 소프트웨어를 제공하는 독점적 경쟁시장(monopolistic competitive market)의 구조를 가질 때 많이 발견 될 수 있다. 이러한 시장구조의 특징 중 하나는 (소프트웨어) 수요가 많을수록 보다 다양한 제품이 보다 저렴한 가격에 제공된다는 점이다. 이러한 특성은 앞에서 본 바와 같이 하드웨어 수요를 보다 탄력적으로 만들어 하드웨어 업체가 보다 낮은 가격을 책정하도록 하는 유인을 제공한다. 이러한 비근한 예로서 휴대폰 사업자의 단말기 보조금 전략을 들 수 있다.

(2) 하드웨어/소프트웨어 시스템 시장의 사회 후생적인 관점

하드웨어 판매량과 향후 소프트웨어의 가격/다양성과의 연관관계는 그 구성 요소 중 적어도 하나의 시장이 완전 경쟁적이 아닌 경우 사회적 후생(social welfare)의 관점에서도 중요한 의미를 지닌다. 하드웨어는 완전경쟁 시장에서 제공되어 하드웨어 가격은 한계비용과 같고, 소프트웨어는 규모의 경제성으로 인해 진입장벽이 없는 독점적 경쟁 시장에서 제공되고 가격은 한계비용보다 높다고 하자. 이 때 소비자 잉여

(consumer surplus)와 기업 이윤의 합으로 측정되는 사회적 후생은 소비자가 하드웨어를 구입할 때 정부가 약간의 보조금을 지급하는 정책에 의해 증가될 수 있다. 이것은 간접 네트워크 효과에 의해 보조금 지급으로 하드웨어 판매량이 증가하면 이와 보완적으로 쓰이는 소프트웨어에 대한 수요와 생산량이 증가하며, 규모의 경제 효과로 소프트웨어 생산비용이 절감되어 소프트웨어 가격이 하락하기 때문이다. 이렇게 되면 소프트웨어 가격의 하락으로 소비자들의 잉여는 증가한다. 반면에 진입장벽이 없으므로 소프트웨어 업체들은 항상 정상 이윤만 얻게 되고, 완전경쟁적인 하드웨어 시장에서의 이윤은 항상 0 이므로 전체적인 기업이윤의 변화는 없게 된다. 따라서 보조금 지금에 따른 경제적 효율성 왜곡이 소프트웨어 부문의 효율성 상승에 의한 소비자 잉여 증가에 의해 상쇄되고도 남는다면 사회적 후생은 증가하게 되는 것이다.

결국 이는 직접적 네트워크 효과와 마찬가지로 간접적 네트워크 효과도 효율적 수준에 비해 너무 작은 규모의 생산 및 소비 활동을 낳을 수 있다 점을 암시하며, 정부의 정책적 개입이 없다면 시장에서 사회 전체적인 자원 배분의 효율성은 달성되지 않을 수 있는 것을 의미한다.

3.1.3 상호 보완성과 수직, 수평 연결구조

많은 제품이나 서비스는 그 자체만으로는 별 의미가 없고 보완적 기능을 가진 다른 제품이나 서비스와 결합되었을 때 그 가치를 창출한다. 네트워크 산업 중 통신 부문은 통상 단말과 전송 및 교환으로 구성된다. 즉 이러한 성분(component)들이 결합되어 하나의 서비스가 탄생하는 것이다. 이것은 즉 어떤 서비스를 제공하기 위하여 여러 가지 보완적인 성분들이 결합되어야 한다는 것이다. 이에 따라 통신 부문의 경우에 보완적인 성분들의 예로서는 단말 부문, 교환 부문과 전송 부문을 들 수 있다.[5] 또한 성분들 각각에 대해서는 밀접한 대체 관계가 존재

5) 보완적인 성분들의 예는 수 없이 많다. 볼트와 너트, VTR과 비디오테이프,

한다. 대체적인 형태의 예로 전송의 경우에 Cable TV, 전화선, 무선, 위성을 들 수 있으며, 가입자 댁내 장비인 경우에 전화기나 TV 셋톱박스 등을 들 수 있을 것이다.

이와 같은 특성을 지닌 제품들은 서로 결합되어 하나의 네트워크 시스템(network system)을 구성하게 되며, 그 시스템의 구동을 위해서는 제품들 간의 호환성(compatibility)을 요구하게 된다. 이때 네트워크 시스템을 형성하는 각 구성 요소들은 그 특성에 따라 수평 또는 수직 구조로 연결된 산업구조를 보이는 것이 일반적이다. 본장에서 고려하는 네트워크 시스템은 크게 전화와 같은 쌍방향 네트워크 시스템과 서로 보완적인 하드웨어와 소프트웨어로 구성된 시스템인 두 가지로 분류된다. 이제 이러한 네트워크 산업의 특성을 파악하기 위해서는 수직 및 수평 관계를 전제로 한 분석이 필요함을 보기로 한다.

〈그림 3-1〉 단순 시내 네트워크 시스템

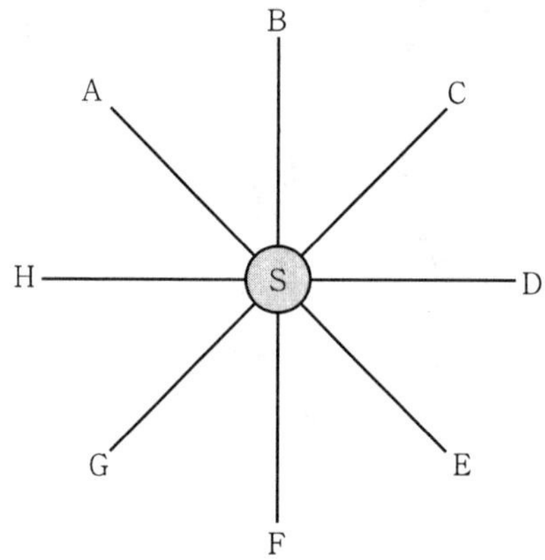

오디오와 음반 또는 테이프, 컴퓨터 하드웨어와 소프트웨어, 은행 현금인출기와 카드 등 서로 간에 밀접한 보완성(complementariness)을 지닌 제품들은 모두 이 분류에 들어갈 수 있다. 네트워크 외부성이 존재하게 되는 기본적인 이유는 이러한 네트워크 성분들 간에 보완적 관계가 존재하기 때문이다.

〈그림 3-1〉은 단순 시내 네트워크 시스템을 보여준다. A가 B에 전화하기 위해서는 전송 네트워크(link) AS, BS와 교환(node) S가 결합되어 있어야 가능하다. 이 경우 AS와 BS는 보완재 성격을 가지며, ASB와 BSA는 쌍방향 네트워크를 의미한다. 쌍방향 네트워크의 예로는 철도망, 도로망, 통신 네트워크를 들 수 있다. 한편 일방향 네트워크의 예로는 방송, 무선호출(paging)을 포함한다.

〈그림 3-2〉는 우리나라의 시내 및 시외 통신 네트워크 구성 형태를 단순화하여 나타낸 것이며, 시내 및 시외 네트워크 시스템은 〈그림 3-3〉과 같이 나타낼 수 있을 것이다. 이러한 예로서는 전화 네트워크 외에도 자동출납기(ATM) 네트워크를 들 수 있다.

〈그림 3-2〉 우리나라의 통신 네트워크 구성

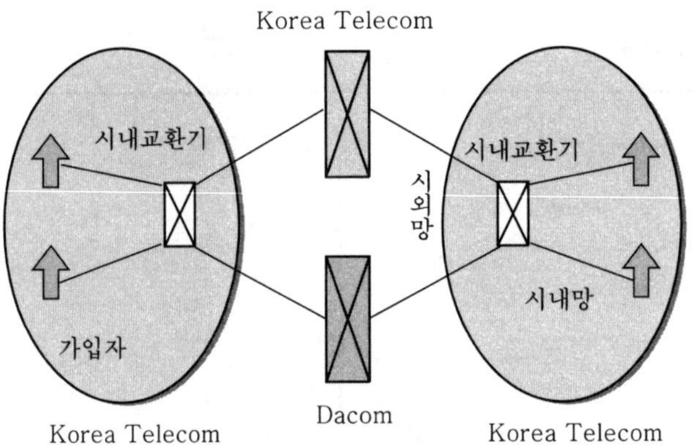

3.1.4 네트워크 시장의 특성

네트워크 시장의 기본 특성은 앞에서 살펴본 바와 같이 소비자들이 다른 소비자들이 선택한 제품과 호환이 가능한 제품을 구입하기를 원한다는 것이다. 기업의 전략에 영향을 미치는 네트워크 시장의 주요 특성을 정리하면 다음과 같다.

첫째, 네트워크 시장에서 소비자들은 상호 의존적인 효용 함수를 가져 소비 선택 행위에 있어 상호의존성이 존재한다는 특징을 가진다. 즉 네트워크 외부성의 존재에 의하여 개별 소비자들은 선택은 다른 소비자들의 선택 행위에 의해 영향을 받으며 또한 역으로 자신들의 선택 행위가 다른 소비자들의 선택에 영향을 미치게 된다는 것이다. 이에 따라 네트워크 시장에서 향후 시장 상황에 대한 기대는 개별 소비자의 소비 선택에 있어서 중요한 역할을 하게 된다. 다음은 일반 시장에서와는 달리 네트워크 시장에서 소비자 효용의 상호의존성에 의해 향후 시장에 대한 기대가 중요함을 보기로 한다.

〈그림 3-3〉 시내 및 시외 네트워크 시스템

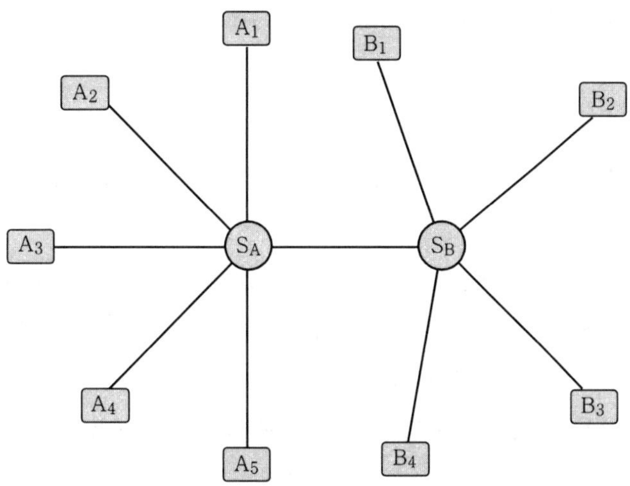

소비자들은 제품을 선택할 때 가격이나 품질 이외에 향후 과연 어떤 제품이 시장에서 주류를 이룰 것인가에 관심을 가지게 되고, 또한 가격 및 품질이 유사하다면 현재 시장 점유율이 가장 높은 혹은 향후 소비자들로부터 가장 인기를 끌 것으로 예상되는 제품을 선택, 구입하게 되는 경향이 있다. 이것은 시장에서 지배적이지 않은 제품의 이용자들이 지배적인 제품으로 전환 시 막대한 전환 비용(switching costs)이 존재

하기 때문이다.6)

한 소비자가 선택한 기술 표준이 미래 경쟁에서 패배하여 소규모 네트워크로 전락한다면 그 소비자는 전환비용을 부담하고 다른 기술 표준으로 전환하거나 아니면 상대적으로 작은 네트워크 효과만을 누릴 수 있는 현 기술 표준에 머무를 수밖에 없게 된다. 이에 대한 소비자 선택은 전환에 따른 비용과 네트워크 효과의 증가분의 비교에 따라 결정될 것이다.

대표적인 예로는 게임기나 운영체제를 선택할 때 시장점유율이 높은 업체의 제품을 선호하는 경향, 시장에서 많이 사용되는 컴퓨터 소프트웨어의 선택 등을 들 수 있다. 특정 업체나 제품과 특별한 관계가 있는 소수의 사람을 제외하고는 일반 소비자들은 가입자 수가 많은 통신서비스에 가입하려 할 것이며, 시장에서 주류를 이루는 운영체제를 선택하려 할 것이다.

또한 이러한 소비자 행태는 DOS와 Macintosh간의 컴퓨터 운영체제 경쟁, 컴퓨터 네트워크나 통신업체간의 가입자 수 경쟁 등과 같이 기업의 경쟁 전략에도 영향을 미치게 된다. 기업의 궁극적 목표는 이윤 극대화라고 전제할 때, 상식적으로 기업이 관심을 가져야 할 것은 매출액이나 시장 점유율보다는 얼마나 많은 이윤을 창출하느냐 일 것이다. 그러나 실제로 기업들은 이윤 확대보다는 시장점유율을 높이기 위해 엄청난 경쟁을 하는 경우를 자주 볼 수 있다. 이러한 경쟁 양상은 물론

6) 개인용 컴퓨터(PC)를 예로 들면 어떤 특정 사양의 PC를 사용하기 위해서는 그 사양에 맞는 학습/교육에 대한 투자는 물론 이와 호환하는 소프트웨어가 필요하고 소프트웨어 구입에는 많은 비용이 소요된다. 따라서 이미 구입한 특정 사양의 PC를 다른 사양으로 변경하는 것은 소비자 입장에서 많은 전환 비용(switching costs)을 요구하게 된다. 이러한 경우 향후 시장에서 인기를 끌 것으로 예상되는 PC 사양은 소비자들의 막대한 전환 비용에 대한 위험을 감소시키는 역할뿐만 아니라 자연스럽게 그 구성 요소가 되는 개별 소프트웨어들이 수 없이 탄생하게 되어 다른 PC 사양에 대해 소비자를 봉쇄하게 되고, 결국에는 소비자들에게 많이 팔릴 것으로 예상하는 특정 PC사양이 향후 PC시장에서 높은 점유율을 유지하게 될 것이다.

부분적으로 다른 요인도 작용하겠지만 네트워크 효과에 대응하는 전략적 경쟁의 산물이라 볼 수 있을 것이다.

이러한 상황 하에서 기술 선택은 항상 가격, 품질 면에서 우월한 제품에 승리를 안겨주는 것만은 아니다. PC 운영체제에 있어서 DOS가 초기에 시장을 지배하게 된 것은 그 기술적 우위라기보다는 IBM이라는 지배적인 컴퓨터업체에 의해 지원을 받음으로써 소비자들의 신뢰를 얻었기 때문인 것처럼 소비자들의 기대가 열등한 표준이 지배적인 것으로 잘못 형성되는 경우 열등한 표준이 시장에서 승리할 수도 있는 것이다.

둘째, 네트워크 시장은 기술 진화 과정의 특징에 의하여 봉쇄(lock-in) 상황이 발생한다는 것이다. 즉 지속적인 기술 선택 과정 동안에 여러 다른 기술 궤도간의 경쟁이 지속되어 갈 때 선택 과정에서 어느 한 기술을 선택하지 않을 수 없게 되며, 일단 선택된 기술은 전격적인 변환이나 대체보다는 선택된 기술에 대한 호환적인 기술을 채택하여 그에 적합한 궤도를 따라 가게 된다는 것이다. 이 단계에서 선택된 기술은 반드시 최상의 기술은 아닐 수 있다. 우수한 기술이 아닐지라도 그것을 바꾸거나 버리기는 어려우며, 공공기관이 개입하여 열위의 기술이라고 해서 선택을 못하게 막을 여지가 없게 된다. 다시 설명하자면 네트워크 효과로 인해 소비자들은 선택된 기술과의 호환성을 원하게 되고 이에 따라 나중에 도입되는 새로운 기술은 기술적으로 우월할 지라도 기존의 열등한 기술을 대체하기 어렵다는 것이다. 열등한 표준이 지배적 표준이 된 대표적인 예로는 이미 앞에서 제시된 타자기 자판, AM, FM 라디오밴드 및 IBM 호환 컴퓨터의 경우에서 찾아볼 수 있다.

셋째, 네트워크 시장은 네트워크 효과가 없는 일반 시장에 비해 다수의 비호환 제품이 네트워크 사에서 공존할 수 있는 가능성이 적고 초기의 표준화 경쟁을 거쳐 궁극적으로 하나의 표준이 시장을 지배하는 표준의 독과점화 현상이 지배적이다. 대표적인 예로는 VHS가 경쟁표준이었던 베타방식을 물리치고 비디오카세트레코더 시장의 지배적인 표준이 된 것을 들 수 있으며, 나아가 국제적으로 영어가 표준으로 사용되고 있는 것도 같은 맥락으로 이해될 수 있다. 또한 이러한 표준 독점화는 매우 빠른 속도로 발생한다. 예로는 케이블TV 프로그램의 암호화(encryption) 기술의 표준 경쟁의 경우 불과 몇 달 만에 특정 기술의 승리로 끝난 사례를 들 수 있다.7)

넷째, 네트워크 산업의 경우 복합재로 구성되는 시스템의 효용은 가법성이 적용되지 않는다. 예를 들어 장거리 네트워크에서의 통화 품질은 어느 한 네트워크 성분의 최소 품질에 종속된다. 이와 같이 분권화된 소유 구조를 가지는 네트워크에서는 품질 조정에 대한 문제가 발생한다. 이제 네트워크 성분이 각각 1:1의 결합 비율로 구성되며 성분 A, B의 품질을 각각 q_A, q_B로 복합재의 품질을 q_{AB}로 표시하면 복합재의 품질은 보통재의 경우는

$$q_{AB} = q_A + q_B$$

로 나타나지만 정보통신인 경우에는

$$q_{AB} = \min(q_A, q_B)$$

로 표현된다.8)

---

7) 이러한 특정 표준 내지는 기술의 시장 독점화 현상은 규모의 경제(economies of scale)나 학습효과(learning effects)가 크게 존재하는 시장에서도 흔히 발견될 수 있다. 네트워크 효과를 수요측면에서의 규모의 경제효과로 이해할 수 있다는 점을 인식할 때 이러한 현상의 유사성은 놀라운 것이 아니다. 그러나 큰 차이점은 궁극적인 경쟁의 승리자를 결정하는데 있어 규모의 경제나 학습효과가 존재하는 시장에서는 각각 현재 그리고 누적판매량이 주요인이나 네트워크 시장에서 향후 판매량에 대한 소비자들의 기대가 결정적인 역할을 한다는 사실이다.

8) 이러한 효용의 비가법성을 전제로 한 동태적인 게임의 해는 두 기업이 하나로 통합된 통합 독점자는 독립적인 (즉 쌍방) 독점자들보다 더 높은 품

3.1.5 상호접속 문제

정보통신망, 항공망과 철도망은 대체적으로 〈그림 3-4〉와 같은 모양을 지닌다. A와 B를 이용자라고 하고 S와 T를 교환점이라고 하며 AS는 시내 구간 SB는 시외구간이라고 하자. 또한 AS 구간은 독점적으로 제공되지만 SB 구간은 두 기업(과점)에 의해 제공된다고 하자. 경쟁업자에 의한 장거리 전화를 하기 위해서는 ASB구간 중 AS 구간은 독점업체의 구간을 이용해야만 하는 데 이러한 애로 구간(bottleneck link)을 필수 설비(essential facility)라고 한다.[9] 그러면 이때 시내/외 구간을 모두 보유한 기업(ASB)이 상대 기업(STB)의 진입을 허용하는 것이 보다 수익이 있는지를 살피는 것은 흥미 있을 것이다. 결론은 통합 기업(ASB)이 상대 기업(STB)을 봉쇄할 수 있는데도 불구하고 진입을 허용하고자 한다는 것이다. 이러한 이유는 통합기업이 상대기업에게 높은 가격을 부과함으로서 수익을 증가시킬 수 있기 때문이다.

질을 제공한다는 것이다. 이는 Cournot의 통합 독점자는 독립적인 (즉 쌍방) 독점자들보다 더 낮은 가격을 부과한다는 것과 대비된다. 이와 같이 통합 독점자는 독립적인 (즉 쌍방) 독점자들보다 더 높은 품질을 제공하는 논리는 품질을 증가시키는 것이 통합 독점 하에서 보다 쌍방 독점 하에서 가격에 미치는 효과가 크기 때문에, 통합 독점 하에서 보다 쌍방 독점 하에서 동등한 품질에 대해 더 높은 가격을 지불한다는 것은 같은 가격 하에서 품질은 더 낮게 할 수 있다는 것이다.

9) 이때 애로 구간인 시내구간을 이용함에 따라 제공하는 요금을 접속료라고 한다. 몇 가지 엄격한 가정을 전제하는 경우에 서비스 제공의 한계 비용에 시내 사업자가 입게 되는 기회비용을 접속료로 부과하는 것이 바람직할 수 있다. 또한 보다 완화된 가정 하에서 이러한 접속료 부과 방식이외의 다른 여러 가지 접속료 부과 방식이 제시될 수 있다.

〈그림 3-4〉 애로 구간을 포함한 네트워크

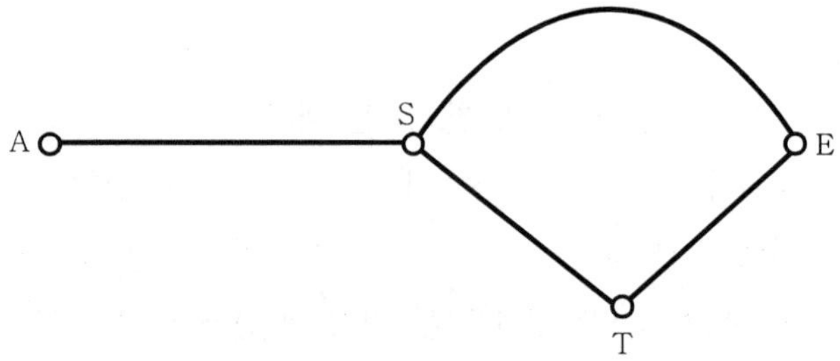

3.1.6 경제주체 간 조정(coordination) 문제

네트워크 시스템 시장에서는 경제 주체간의 상호 조정을 필요로 한다. 먼저 기업 간 조정의 예를 들면 새로운 운영체제를 개발하려는 기업은 그 운영체제하에서 작동할 수 있는 소프트웨어가 충분히 제공될 것인가에 관심을 가지지 않을 수 없다. 실례로 새로운 오디오 포맷인 디지털 콤팩트 카세트는 프로그램 제작업체 측의 지원을 받지 못해 시장에서 큰 성공을 거두지 못했다. 사실 어떤 시장에서든지 투자에 있어서 기업 간의 조정은 필요하다. 그러나 시스템 시장에서 요구되는 조정은 광범위하고, 실현되는 양상에 있어서도 보완성이 있는 구성 요소 공급업체의 수직 합병(vertical integration), 장기 계약(long-term contracts), 표준화 설정을 위한 공동기구 설치 등 보다 다양하고 구체적인 형태를 띠는 것이 특징이다.

가장 중요한 분석의 대상이 되는 것은 네트워크 효과를 내포한 산업에서 시간에 걸쳐 행해지는 기술 선택의 문제로 기존 제품(또는 기술)과 새로운 제품 간의 선택에 있어서의 소비자간 또는 생산자간의 조정 문제이다. 이는 기술적으로 새로운 제품이 등장할 경우 항상 대두되는 문제로 컴퓨터 운영체제에 있어서 도스와 윈도우, 통신 또는 방송 산업에서 아날로그와 디지털 등이 대표적인 예라 할 수 있다. 이 때 쟁점이 되는 것은 과연 기술의 선택이 효율적으로 이루어지는 가이다. 경제주체의 협력 형태에 따라 기술 선택의 효율성 여부가 결정되는데, 새로운 제품이 기존 제품에 비해 열등한데도 불구하고 소비자들이 비효율적으로 신제품을 선택하는 방향으로 협력하는 경우를 신제품의 성급한 선택 또는 과잉 반응(Excess Momentum)이라고 하며, 새로운 제품이 기존 제품에 비해 우수한데도 불구하고 소비자들이 신제품을 선택하지 않고 비효율적으로 기존 제품을 고수하는 방향으로 협력하는 경우를 신제품의 불필요한 사장 또는 과잉 관성(Excess Inertia)이라고 한다.[10)]

문제는 네트워크 시스템 시장에서 이러한 경제주체 간 조정이 항상 바람직한 방향으로 이루어지지만은 않는다는 사실이다. 즉 네트워크 효과가 있는 경우에 서로 간에 상이한 이해관계 또는 상이한 선호 체계를 갖는 경제주체 간 조정은 쉽게 달성할 수 없을 뿐만 아니라, 조정이 이루어진다 하더라도 많은 경우 사회적으로 바람직하지 않은 결과를 낳게 될 가능성이 존재하게 된다.

네트워크 효과를 내포한 시간에 걸친 기술선택의 문제로 기존 제품과 새로운 제품 간의 선택에 있어서의 소비자간 또는 생산자간의 조정 문제를 보다 자세히 보기로 하자. 이용자들은 어느 제품(또는 기술)이 보다 많이 이용될 것인가를 예상하여 신제품을 선택하거나 구(舊)제품의 계속적인 이용을 고집할 수 있다. 이러한 신제품과 구제품에 대한

10) 486 PC를 사용하던 기존 소비자들은 펜티엄 PC 출현에 따라 신규 소비자들이 윈도우 95 버전을 선택하는 빈도가 증가하게 됨에 따라 기존 486 PC의 구매를 주저하게 된 것이 과잉 반응의 좋은 예라고 할 수 있다. 이러한 새로운 시스템 채택에 의한 시장 소외 즉 과잉 반응 현상은 기존 시스템의 네트워크 규모가 클수록 작을 것이며, 어느 정도 시간이 지난 후에야 나타날 것임을 예상할 수 있다. 이러한 과잉 반응 현상이 국가적 이익에 부합되지 않을 때에는 정책적 수단에 의해서 통제할 수 있다. 실제로 미연방통신위원회(Federal Communications Commission)는 고화질 TV(HDTV)의 등장으로 기존의 NTSC 방식의 TV를 소유한 소비자들이 시장에서 소외되는 현상을 방지하기 위해 각종 정책적 조치를 취한 바 있다.

선택 문제는 〈표 3-1〉의 제품 선택에 대한 이득 행렬에 대한 예에서 보는 바와 같이 {신제품, 신제품}, {구제품, 구제품}의 두 개의 해를 가지게 된다. 즉 두 개의 잠재적 비효율성을 낳는다. 그 중 하나는 과잉 관성 즉 신 제품 선택에 따른 선호가 있는데도 상대방과 관계없이 독자적으로 선택하지 않음에 따라 구제품을 고집하는 결과 신제품 선택을 꺼린다는 것이다. 다른 하나는 과잉 반응 즉 소비자들이 구제품을 그대로 고집하는 것이 보다 효용이 큰 데도 불구하고 그렇게 할 경우 궁지에 빠지는 것을 두려워하여 열등한 신제품을 선택한다는 것이다.

〈표 3-1〉 기술 선택에 대한 이득 행렬 표

<table>
<tr><td colspan="2" rowspan="2"></td><td colspan="2">기업 2</td></tr>
<tr><td>N
(신제품)</td><td>O
(구제품)</td></tr>
<tr><td rowspan="2">기업 1</td><td>N
(신제품)</td><td>5
6</td><td>3
4</td></tr>
<tr><td>O
(구제품)</td><td>2
3</td><td>4
5</td></tr>
</table>

이제 이러한 문제를 보다 자세히 살펴보기로 하자. 이용자들이 다음의 두 가지 중 어느 하나를 동시에 결정한다고 하자. 하나는 이용자들이 구제품을 고집한다는 것이고 다른 하나는 이용자들이 신 제품을 선택한다는 것이다. 이때 두 가지 비효율성 문제가 존재한다. 이러한 두 가지 선택과 관련된 비효율성 문제는 동시적인 결정을 전제한다고 하여 얻어진 것이다.

예를 들어 한 이용자가 신제품으로 전환하고 다른 이용자에게 신제품으로 전환하도록 유도한다면 과잉 관성 즉 신제품의 불필요한 사장 문제는 없어진다. 유사하게 이용자가 다른 이용자의 전환 결정에 빨리 반응하는 경우에 과잉 반응 즉 신제품의 성급한 선택 문제는 없어진다. 즉 이때 구기술을 고집하는 이용자라고 하더라도 다른 이용자가 신기술으로 전환하는 경우에는 재빨리 자기의 의사 결정을 변화할 수 있다는 것이다. 이와 같이 하여 두 가지 환경 즉 정보나 반응시간이 길거나 이용자들이 표준을 선택하는데 있어 상충적인 선호를 가질 때를 제외하고는 이 두 가지 선택 문제에 따른 비효율성은 사라진다.

제품 선택이 시장 원리에 따라 이루어질 때 기업들은 경쟁적 이득을 획득하거나 상대방에게 이득을 감소시키게 하기 위하여 초기에 고객을 많이 확보하고자 하는 유인을 갖는다. 이러한 목적으로 기술이 상업화되기 전에 침투 가격을 설정하고 생산 계획을 미리 발표할 수 있다. 또 다른 중요한 전략 중의 하나는 호환성에 대한 것이다. 이 때 선도 기업은 전략적으로 제품을 비호환성을 갖도록 하여 네트워크의 규모를 감소시키고자 하는 반면 후발 기업(또는 추종 기업이라고도 함)들은 호환성이 있도록 제품을 만들어 시장점유율을 높이고자 한다. 다음절부터는 이러한 여러 가지 문제들과 기업 전략들에 대하여 살펴보기로 한다.

3.2 단일 시스템과 비호환 시스템 간 경쟁

본 절에서는 하나의 시스템만이 존재하는 경우에 있어서의 네트워크 효과와 이에 대한 대응 방안 및 (비호환) 시스템이 여러 개 존재하는 경우 즉, 시스템 간 경쟁이 벌어지는 상황에 대해서 살펴보도록 한다.

3.2.1 단일 시스템과 네트워크 효과에 대한 대응 방안

앞에서 우리는 쌍방향 통신 네트워크이건 하드웨어/소프트웨어 시스템이건 모두 직접 또는 간접 네트워크 효과로 인해 사회적으로 비효율적인 저 생산 및 저소비 현상을 초래할 수 있다는 점을 확인하였다. 그러면 네트워크 효과가 초래하는 생산 및 소비의 비효율성을 개선시킬 수 있는 정부 정책이 가능한가, 그리고 그러한 정부 정책은 무엇인가,

완전 경쟁 시장을 전제로 할 때 네트워크 효과로 인한 비효율성이 다른 시장구조에서 극복될 수 있는가, 네트워크 효과가 존재할 때 소비자들의 수요를 촉진시키기 위해 기업은 어떤 전략을 취할 것인가 하는 문제점을 보도록 하자.

1) 네트워크 효과와 바람직한 시장구조

시장구조와 네트워크 효과와는 어떠한 관계가 있는가? 네트워크 효과를 극복하고 효율성을 달성하는데 있어 독점적 시장구조와 경쟁적 시장구조 중에서 어떤 것이 보다 유리한가를 보기로 하자. 우리는 완전경쟁 시장 하에서 네트워크 외부성이 존재하는 경우에는 가입자 수, 즉 네트워크 규모는 사회적으로 바람직한 규모보다 작게 정해짐을 앞에서 본 바 있다. 그러면 독점적 시장구조의 경우는 어떠한가? 이를 보기 위해서 단일 네트워크 또는 시스템을 소유한 독점기업이 네트워크 확장을 위해 어떤 전략을 사용할 수 있는지 살펴보기로 하자.

먼저 가격 전략을 보면, 가변적인 사용료 없이 고정된 네트워크 가입비만 받는 단순한 단일가격전략의 경우 네트워크 효과에 의한 저소비 현상을 극복할 수 없다. 왜냐하면 독점기업은 한계비용보다 높은 가입비를 책정할 것이고 이 경우 경쟁적 시장구조에서보다도 가입자 수는 더 줄어들 것이며 네트워크 규모는 더욱 적어지게 될 것이기 때문이다. 그러나 잘 알려진 바와 같이 기업은 보다 세분화되고 차별화된 가격전략(discriminatory pricing)을 사용할 수 있다. 예를 들면 학생할인 등과 같이 기업이 소비자들의 네트워크 가입에 대한 선호도를 알 수 있는 정보를 얻을 수 있다면 각 소비자별로 서로 다른 가입비를 책정함으로써 가입자 수를 증대시킬 수 있다. 또한 이부가격체계(two-part tariffs)와 같이 가입비를 낮추고 대신에 사용량에 따라 비례하는 사용료 받는다면 단순한 단일가격정책의 경우에 비해 더 많은 소비자가 네트워크에 가입하도록 유도할 수 있다. 왜냐하면 네트워크의 사용빈도가 매우 적은 소비자의 경우 단일가격 하에서는 가입비가 높기 때문에 가입하지 않지만 이러한 이부가격체계 하에서는 가입비가 줄어들고 대신에 자신이 사용하는 만큼 사용료만 내면 되기 때문에 가입할 유인이 증가하기 때문이다.

독점 시장이 경쟁 시장보다 사회적으로 바람직한 경우 결국, 네트워크 효과에 따른 비효율성을 극복하는데 있어 독점 구조와 경쟁 구조의 비교는 독점기업이 어떠한 가격전략을 취하느냐에 따라 달라질 것이다. 즉 독점 기업이 취한 가격 전략에 의한 네트워크 확장이 독점 시장구조에 따른 비효율성(네트워크 규모 축소)과 네트워크 효과에 따른 비효율성의 합보다 큰 경우 독점 시장구조에 의한 비효율성을 극복할 수 있을 것이다. 물론 이러한 시장성과는 독점 기업이 네트워크 확장에 따른 보다 많은 이득을 가져옴을 전제로 하고 있다.

2) 네트워크 소유권 및 투자 유인

과거에 네트워크는 단일 기업 AT&T에 의해 소유되었으며 이에 따라 네트워크 전체의 효율적 사용에 관심이 있었다. 그러나 AT&T가 붕괴되면서 시스템 업체들 각자는 범위의 경제 즉 네트워크의 보완적 구성 요소들을 공동으로 운영함에 따른 효율성 이득을 중요시 하게 되었다. 현재에는 다수 기업들이 존재하여 개별 소유권 즉 재산권(property rights)이 인정되는 가운데 상호 접속과 호환성을 제공하는 형태로 발전하여 왔다.

이러한 재산권의 구조는 경우에 따라 네트워크 외부성과 투자 문제를 해결하는 방안으로 사용될 수 있다. 예를 들어 네트워크 또는 시스템이 여러 경쟁기업에 의해 분산 소유되어 있는 경우보다는 한 독점기업의 소유 하에 통합되어 있을 때 네트워크에 대한 투자 유인이 큰 경우가 있을 수 있다. 이는 여러 경쟁기업에 의해 소유권이 분산되어 있는 경우 투자에 있어 협력의 문제가 발생하고, 투자에 따른 수입의 유출현상(spill-overs)이 발생하기 때문이다.

예를 들어 다른 업체의 제품과 호환되지 않는 게임기와 게임 소프트웨어부문을 모두 소유하고 있는 닌텐도, 세가 등은 게임기(하드웨어)의 판매량이 향후 소프트웨어 판매량에 큰 영향을 미친다는 점을 인식하여 일반적으로 게임기의 가격을 낮게 책정하는 전략을 취하게 된다. 하드웨어 부문에서는 적은 수익을 얻는 대신 확장된 네트워크를 통해 소프트웨어 부문에서 더 많은 수익을 얻는 것이다.

3.2.2 비호환 시스템 간 경쟁

1) 개요

앞에서는 시장에 하나의 시스템만이 존재하는 경우에 있어 네트워크 효과와 이에 대한 시장구조와 투자 유인 관계에 대해 살펴보았다. 여기서는 이러한 (비호환) 시스템이 여러 개 존재하는 경우 즉, 시스템 간 경쟁이 벌어지는 상황에 대해 살펴보도록 한다. 먼저 기술적 어려움으로 또는 전략적 선택으로 인해 경쟁 시스템간에 호환이 되는 않는 경우를 분석한다. 호환성의 확보와 관련된 제 문제에 대해서는 다음절에서 자세하게 다루어 질 것이다.

비호환 시스템간의 경쟁이 이루어지는 예는 비디오 방식에서의 VHS와 베타방식, 오디오 재생기기에서의 카세트테이프와 콤팩트디스크(CD)와 디지털콤팩트카세트(DCC), 이동전화에 있어서 북미식인 CDMA 방식과 유럽식인 TDMA 방식, 비디오 게임기에서의 닌텐도와 세가 및 X-Box와 Playstation, PDA 운영체제 등을 들 수 있다.

2) 시스템 경쟁 논리

시장에서 복수의 시스템이 경쟁을 하고 소비자는 이들 중에서 하나 또는 여러 개의 시스템을 선택한다고 가정하자. 그러면 우리가 관심을 가질 수 있는 문제는 얼마나 많은 시스템이 시장에서 살아남을 것이며, 이는 어떤 요인에 의해 결정되는지 등이 될 것이다.

네트워크 효과가 존재하는 시장에서는 자연스럽게 어느 하나의 시스템이 선택되어 모든 소비자들이 그 표준화된 시스템을 사용하는, 즉 시장기능을 통해 산업 표준이 결정되는 사실상의 표준(de facto standardization)이 나타날 수 있다. 시스템 산업에서 시장을 선점한 시스템이 다른 경쟁 시스템을 도태시키고 독점적 위치를 확보하게 되는 예는 비디오방식에서의 VHS와 베타, 키보드 자판 배열에서의 QWERTY와 Dvorak 등에서 찾아볼 수 있다.

그러나 현실에서 보듯이 시스템 시장이 항상 독점화되는 것만은 아니다. 이는 시스템에 대한 소비자들의 선호도가 서로 다를 경우 이에 따라 차별화된 복수의 시스템이 존재할 수 있기 때문이다. 즉, 소비자들 중 특정 그룹은 네트워크의 크기보다는 특정 시스템 특성을 더 중요시하는 경우 이 특성을 지닌 시스템은 규모가 크지 않더라도 네트워크 효과의 영향을 받지 않고 시장에서 살아남을 수 있는 것이다. 이러한 현상은 라디오 송출방식에 있어서 AM 대 FM, 반도체 칩에서의 Intel과 AMD 및 이동 통신 방식에서의 TDMA 시스템과 CDMA 시스템 등에서 찾아볼 수 있다. 이러한 경우 복수 시스템의 존재는 소비자들 선호의 다양성을 반영한다는 측면에서 사회적으로 가치가 있다고 볼 수 있다. 따라서 시스템 시장이 하나의 제품으로 표준화되느냐 아니면 복수의 시스템으로 구성되느냐의 문제는 결국 소비자 선호도의 다양성에 따라 결정된다고 할 수 있다.

시스템의 다양성이 유지되는 것이 사회적으로 바람직한 또 하나의 경우는 기술발전의 불확실성이 존재하는 경우이다. 미래 기술의 불확실성하에서 단일 시스템만 존재한다면 향후 그 기술이 다른 기술에 비해 열등한 것으로 판명이 날 경우 봉쇄(lock in) 현상에 의해서 시스템을 변경하는 것은 막대한 사회적 비용을 초래할 위험이 있는 것이다. 이러한 예로는 스웨덴의 교통 체제와 HDTV를 들 수 있다. 스웨덴에서는 과거 좌측통행을 원칙으로 하였으나 우측통행으로 변환하면서 엄청난 사회적 비용을 부담한 바 있고, 일본은 HDTV에 대한 디지털 기술의 현실성을 낮게 평가하고 아날로그 기술의 개발에 막대한 노력과 비용을 들였으나 현재에 와서 기술적으로 더 우수한 디지털 기술의 현실화가 실현됨에 따라 사회적으로는 물론 개별 기업차원에서도 엄청난 손실을 보게 되었다. 향후 디지털 HDTV 시장에서의 경쟁력을 확보하기 어렵다는 기회비용까지 감안하면 그 비용은 실로 엄청날 것이다.

3.3 호환성 선택 문제

앞에서 우리는 시스템 간에 호환이 되지 않는다는 가정 하에 비호환 시스템간의 경쟁에 대해 살펴보았다. 그러나 많은 경우 시스템 간 호환성은 경제주체 간 선택의 문제이고, 이러한 시스템 간 호환성 여부의 선택은 시장에서 매우 상이한 결과를 낳을 수 있다는 점에서 호환성 선택의 결정은 사회적으로나 개별 기업 입장에서 매우 중요한 의미를 가진다. 개별 기업들은 자사의 시스템을 타사의 시스템과 호환하도록 만들 수 있기 때문에 하나의 전략적 수단으로서 호환이나 비호환 여부를 이용할 수 있다.[11)]

호환성은 네트워크의 공동 이용을 가능하게 한다. 한편 호환성 개념

---

11) 기업들은 호환성에 대해 상이한 이해관계를 가지고 있기 때문에 호환성을 일방적으로 달성할 수도 있으며 호환되지 않도록 할 수도 있다. 비호환성을 확보할 수 있는 경우는 일반 공산품처럼 시스템의 기술적 특성이 비교적 단순하여 호환성을 원하는 기업이 어댑터를 만들어 독단적으로 호환성을 확보할 수 있는 경우를 들 수 있다. 예를 들어 면도기 시장에서 선도적 위치를 확보하고 있는 질레트는 자사 면도기가 다른 업체의 면도날과 호환되는 것을 원하지 않지만 면도날의 경우 규격만 맞추면 호환이 가능하기 때문에 실제로 시장에서는 많은 독립적인 업체들이 다양한 면도날을 제공하고 있다. 반면 비호환성을 확보할 수 있는 경우는 기술적 요인에 의한 것도 있지만 컴퓨터 시스템처럼 호환성을 반대하는 기업이 자사 시스템을 공개하지 않는 경우이다. 닌텐도는 자사 게임기에 비호환 소프트웨어가 작동하지 못하도록 하는 칩을 내장함으로써 성공적으로 호환성을 방지할 수 있었다.

과 관련하여 네트워크를 공유(Share)하는 것이 그 네트워크에 대한 소유권을 가지고 있는 사람으로부터 경쟁력의 우위를 빼앗아 가기는 하지만 경제 전반에 걸쳐 비용을 절감하고 효율성을 증대시키며 경쟁을 활성화하고 시장과 업계 전체의 성장을 촉진시키는 효과가 있다. 19세기에 철도 회사들이 각자가 소유한 철도 네트워크를 연결하고 공유함으로써 장기적으로는 철도 여행의 발전을 가져왔다. 은행들 역시 그들의 자동 출납기(ATM, Automatic Teller Machine)와 신용 카드를 서로 공유함으로써 사용의 편리성과 사용량의 폭증을 가져오게 되었다. 공유된 네트워크를 이용하는 산업들은 모두 장기간에 걸친 경제의 성장을 가져올 것이다.

본 절에서는 시스템 간 호환성을 달성하는데 대한 사적유인과 사회적 유인을 살펴보고, 호환성이 사회적으로 바람직한 것인가를 검토하게 될 것이며, 나아가 기업의 호환성 전략에 대한 논의도 제시될 것이다. 호환성을 선택하는데 있어서는 다음과 같은 두 가지 상황을 고려할 수가 있다.

▷정태적 호환성 : 한 시점에서 경쟁 시스템간의 호환성(예 : IBM PC vs 애플 Macintosh)

▷동태적 호환성 : 제품의 세대 간 호환성(예 : 아래 한글 3.0 버전 vs 윈도우 버전)

3.3.1 호환성 선택 문제

호환성(compatibility)이란 어떤 특정 시스템에서 작동하도록 디자인된 구성 요소가 다른 시스템에서도 작동할 수 있는가 하는 문제이다. 다른 시스템에서 호환되지 않는 대표적인 예로는 국가마다 서로 다른 언어, 서로 다른 프로그램 언어를 사용하는 컴퓨터, 부품 규격이 서로 다른 제품 등을 들 수 있다. 여기서 우리가 주의할 점은 호환성을 확보하는 것이 항상 사회적으로 바람직한 것은 아니라는 점이다. 호환성이 달성됐을 때 많은 시스템을 자유롭게 사용할 수 있는 이익이 있는 반면 시장 전체적으로 유사한 시스템이 사용됨으로 인해 제품의 다양성이 줄어들고 새로운 제품을 만들고자 하는 혁신 유인이 줄어드는 단점이 있음을 고려해야 한다.

따라서 호환성에 있어 주요 쟁점은 과연 시장에서 결정되는 호환성이 적절한가 하는 정책적 문제와, 시장에서의 호환성 결정에 어떻게 참여하며 이를 어떻게 활용할 것인가 하는 기업 전략의 문제로 구분될 수 있다.

3.3.2 호환성의 사회적 편익 및 비용

먼저 편익 측면을 살펴보면, 쌍방향 통신네트워크의 경우 시스템 간 호환성은 네트워크의 규모를 증대시키는 효과를 낳게 된다. 어떤 한 네트워크에 가입한 사람은 다른 네트워크에 속해 있는 사람과도 통신이 가능해지기 때문에 가입자의 효용은 양 네트워크 가입자의 합에 의한 정도만큼 증대되고, 네트워크 외부성의 직접적인 효과까지 고려한다면 사회 전체적인 효용은 훨씬 더 커진다. 소비자들의 효용이 증가하고 각 기업의 이윤은 변화가 없으므로 사회 전체적인 후생은 증가한다.

하드웨어/소프트웨어 패러다임의 경우 호환성의 혜택은 보다 다양하게 나타날 수 있다. 기본적으로는 생산 비용의 하락시키는 효과를 들 수 있는데, 서로 다른 시스템의 구성 요소들이 상호 교환되어 사용될 수 있다면 각 구성 요소의 개발 및 생산에 있어 규모의 경제(economies of scale) 효과, 학습 효과(learning effects), 기술 파급(technology spillover)효과는 더욱 크게 나타날 것이기 때문에 생산비용 절감효과는 호환이 되지 않는 경우에 비해 더욱 크다고 할 수 있다.[12)]

12) 그러나 이미 서로 다른 사양을 가지고 개발된 시스템 간에 차후 호환성을 추구하는 경우에는 호환성을 위한 추가적 비용이 들기 때문에 전체 사회

또한 호환성은 소비자로 하여금 다양한 시스템으로부터 자신이 가장 선호하는 구성 요소를 취사선택하여 최상의 시스템을 구성하는 것을 가능하게 하며, 이는 시장에서 시스템의 다양성을 증대시키는 효과를 가진다. 이는 공급 측면에서는 시스템 간 호환성이 유지될 때 얻을 수 있는 규모의 경제 효과의 일종으로 볼 수 있으며, 수요 측면에서는 제품의 다양성이 증대하는 제품 차별화의 예라 할 수 있다. 이에 대한 대표적인 예로는 오디오 컴포넌트 시스템을 들 수 있을 것이다. 각 시스템 구성 요소가 동일한 특성을 지니고 있어 제품 차별화 효과가 없는 경우라 할지라도 호환성은 최소한 소비자로 하여금 가장 싼 구성 요소들을 선택하여 가장 저렴한 시스템을 구성할 수 있게 해주는 혜택이 있을 수 있다.

마지막으로 호환성은 소비자들로 하여금 자신이 선택한 시스템이 향후 시장에서 사라지거나 소수의 사람만 사용하게 되어 네트워크 효과를 향유하지 못하고 소프트웨어 지원이나 서비스를 받기 힘들게 될 지도 모른다는 불안감을 해소해 주는 역할을 한다.

한편 호환성으로 인한 사회적인 비용은 호환성이 달성되는 구체적인 메커니즘에 따라 다르게 나타날 수 있다. 호환성을 위한 메커니즘은 크게 개발단계에서부터 호환성을 목표로 시스템이 디자인 되는 표준화(standardization)를 통하는 것과, 시스템은 서로 독립적으로 개발된 후 상호간 어댑터를 통해 호환성을 달성하는 방법이 있다.

어댑터의 경우에는 소비자들이 어댑터를 구입하기 위해 추가적인 비용을 지불해야 한다는 측면에서 사회적 비용을 유발한다고 할 수 있으며, 표준화를 하는 경우에는 사회 전체적으로 시스템의 다양성이 감소한다는 단점이 있다. 즉 소비자들의 시스템에 대한 선호 차이가 큰 데에도 불구하고 표준화를 하는 경우에는 다양성 감소로 인한 사회적 손실이 증가할 것이다.

적 혜택의 크기는 감소한다고 할 수 있다.

3.3.3 호환성과 시장 경쟁

정부차원에서 호환성이 강제되는 경우를 제외하면 대부분의 호환성 여부 결정은 기업 간에 자율적으로 이루어지게 된다. 시스템 간 호환이 되지 않는 경우에는 시장에서의 경쟁은 시스템 자체를 대상으로 하지만, 시스템 간 호환이 되는 경우에는 시장에서의 경쟁은 각 구성 요소의 품질, 가격 등에 의해 좌우된다. 이러한 상황 하에서 이윤 극대화를 추구하는 기업들이 사회적으로 바람직한 정도의 호환성을 유도할 수 있을 것인가를 정태적인 관점과 동태적인 관점에서 구별하여 보기로 하자.

정태적인 관점에서 호환성과 시장 경쟁에 대하여 보기로 하자. 만약에 호환성이 기업 간 경쟁을 줄여 보다 많은 이윤을 확보하는 역할을 한다면 기업들은 당연히 호환성을 유지하려는 유인이 있을 것이다. 그러나 만약 특정 기업이 전체 시스템 차원에서 가격, 성능, 명성 등 모든 면에 경쟁 우위를 확보하고 있다면 그 기업은 다른 시스템과의 호환성을 원하지 않을 것이며, 심지어는 호환성을 막는데 노력할 것이다.[13] 결국 시스템 간 경쟁은 시장 주도권 경쟁이라 할 수 있는데, 호환성이 없는 경우에는 일반적 제품 시장과는 달리 경쟁을 통해 주도권을 장악하는 업체가 엄청난 이윤을 얻게 되며 주도권을 잃게 되는 업체는 막대한 손실을 입게 되는 극단적인 결과를 낳을 가능성이 많은 특징을 지닌다. 따라서 시장에서 승리할 확신을 가진 업체는 당연히 호환성에

13) 이러한 업체 간 비대칭성은 각 기업의 시장 진입 시기가 다른 경우에 주로 발생하게 된다. 미리 시장에 진입한 기존 기업(incumbent)은 후발 진입 기업(entrant)에 비해 소비자 인식, 비용조건 등에서 유리한 위치에 있게 된다. 이 경우 선도 기업은 이미 시장에서 기득권을 지니고 있으므로 시스템간 호환성을 원하지 않으며, 반면 후발자는 호환성을 선호하게 된다. 그러나 후발자가 월등히 기술적 우위를 가지고 있어 경쟁에서 기존 시스템을 능가할 자신이 있는 경우에는 시장 진입 시기가 늦더라도 호환성을 원하지 않을 수도 있다.

반대할 것이다. 반면에 기업들이 시스템의 어느 한 구성 요소에 대해서만 경쟁력을 갖고 다른 요소는 타 기업이 경쟁력이 있는 경우 두 기업은 서로 협력하여 호환성을 확보하기를 원할 것이다.

지금까지 우리는 정태적 관점에서 호환성과 시장 경쟁간의 관계에 대해 알아보았다. 이제 시스템 경쟁이 시간에 걸쳐 동태적으로 일어난 경우 호환성이 가격경쟁에 어떠한 영향을 미치는가에 대해 살펴보도록 하자. 동태적 상황에서 호환성과 경쟁 정도와의 관계는 제품 수명주기에 따라 다른 양상을 보이게 된다. 아직 시장에 대한 불확실성이 많은 제품 초기 단계에서는 호환성이 경쟁 정도를 감소시키는 역할을 한다. 이는 모든 업체들이 향후 자사 시스템이 시장에서 주도권을 상실할 지도 모른다는 위험을 고려하여 호환성을 유지하려는 유인을 가지기 때문이다. 그러나 시장이 어느 정도 성숙하여 불확실성이 상당히 줄어든 이후에는 업체 간 본격적인 시장 주도권 쟁탈전이 전개되는데 이 때 호환성이 유지되는 경우에는 시스템 간 차별화 가능성이 줄어듦에 따라 시장에서의 가격 경쟁은 더욱 치열해지는 양상을 띠게 된다.

3.3.4 호혜적인 호환성과 비호혜적인 호환성

1) 호혜적인 호환성

호혜적인 호환성의 예로는 쌍방 간의 접속을 가능하게 하기 위해 동일한 부가장비(adapter)가 요구되는 경우를 들 수 있다. 수직 통합 기업이 호환하고자 하는 유인은 보완적 성분들로 구성된 각 조합의 상대적인 규모에 의존한다. (그림 3-5)는 A-형 제품 모두에 n개의 B형 제품이 호환 가능한 경우를 나타낸다. 호환성을 부여하게 되면 혼성 수요가 증가함에 따른 전체적인 수요가 증가하게 되고, 경쟁 증가로 자기 수요가 감소함에 따라 전체적인 수요 감소가 발생한다. 이에 따라 수직 통합 기업(예를 들어 A_1과 B_1 생산)은 혼성 수요(A_1과 B_2, ... ,

A_1과 B_n) 증가가 자기 수요(A_1과 B_1) 감소보다 클 경우 호환성을 선택할 것이다.

〈그림 3-5〉 호환인 경우

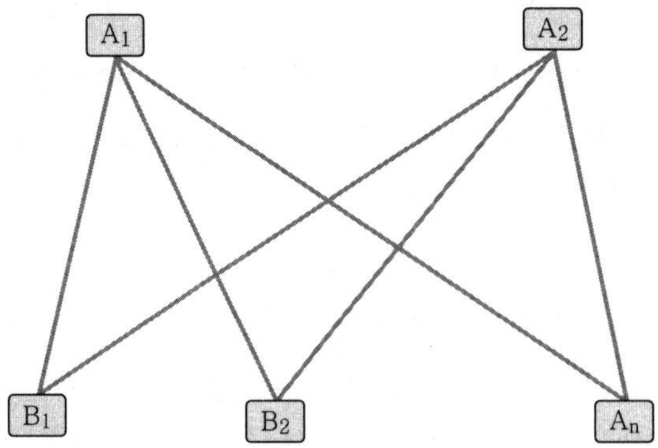

한편 수직 통합 기업이 비호환하고자 하는 경우는 혼성 수요가 자기 자신의 수요보다 작은 경우이며 이외에도 호환 유인과 비호환 유인이 상충적인 경우이다. 호환성을 위한 유인이 상충적인 경우는 한 기업은 호환을 다른 기업은 비호환을 택하는 경우이다. 이 경우 상대방의 임의적인 비호환 행동에 즉각적으로 반응할 수 없기 때문에 비호환을 택하는 것이 유리하다.

이제 기업이 비호환 하에서 더 낮은 가격을 선택하는 이유를 보기로 하자. 이를 위하여 어느 한 성분의 가격 상승으로 자기와 혼성 수요 감소가 동등하게 일어남을 전제하기로 하자. 또한 기업의 혼성 및 자기 수요가 동등하며 그리고 호환성을 위한 유인이 상충적인 경우를 전제한다. 기업이 비호환 하에서 더 낮은 가격을 선택하는 이유는 비호환성인 경우에 전체적인 판매 감소로 인한 이윤 손실이 더 커지기 때문이다. 즉 비호환인 경우의 이윤은 호환인 경우 보다 가격에 민감히 반응한다. 즉 기업이 (호환보다) 비호환 하에서 더 낮은 가격을 선택한다. 이것은 즉 비호환인 경우에 기업이 직면한 잔차 수요는 보다 탄력적임을 의미한다.

2) 비호혜적인 호환성

비호혜적인 호환성의 예로는 쌍방 간의 접속을 가능하게 하기 위한 서로 다른 부가장비(adapter)가 요구되는 경우를 들 수 있다. 이 경우 호환성을 갖고자 하는 유인의 결정 요인은 자기 제품과 혼성 제품 간의 교차탄력에 의존한다. 즉 A형과 B형 성분의 대체탄력성이 같을 경우에 위의 호혜적인 경우의 결과가 동등하게 적용된다. A형과 B형 성분의 대체탄력성이 다른 경우에는 어느 한 기업이 비호환을 채택함으로 이익을 얻을 수 있으나 수직 통합 기업 모두의 동시적인 이득을 결과하지는 결코 못한다.

〈그림 3-6〉 비호환인 경우

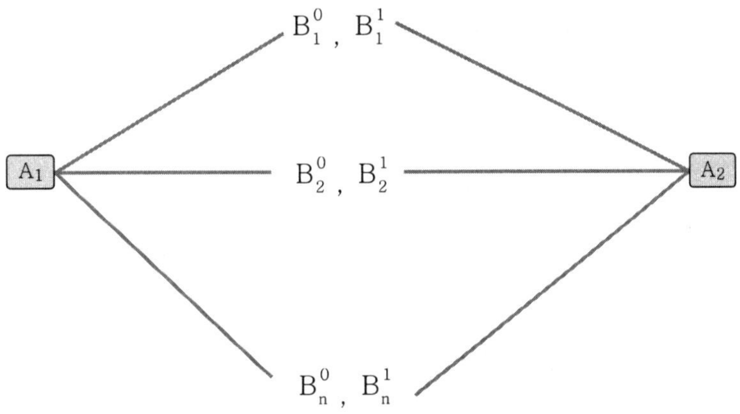

3) 호환성과 다양성간의 관계

복합(보완)재의 다양성과 호환성간의 관계를 보기로 한다. 〈그림 3-5〉에서 보는 바와 같이 A, B 두 가지 형의 재화로 구성되며, 또한 재화 A는 두 가지 형, 재화 B는 여러 가지 (n) 형이 존재한다. 즉 재화 B 시장은 진입이 자유로운 독점적 경쟁 상황을 전제한다.

비호환인 경우 B-형 제품의 다양성이 적어지는 이유를 〈그림 3-5〉와 〈그림 3-6〉을 통해 보기로 하자. 비호환적인 경우 B-형 제품들은 각각 2가지 종류의 제품이 필요하기 때문에 더 높은 고정 비용을 부담하게 됨으로 상품 종류가 보다 적어질 것이다.

(1) (A–형 기업이) 비호환을 선호하는 경우

(A-형) 산업 수요가 B-형 제품의 다양성 n에 민감하지 않은 경우 즉 B-형 제품의 다양성 n 증가만큼 산업 수요가 증가하지 않은 경우에는 A-형 기업의 균형 이윤은 다양성 n의 증가에 따라 적어지게 됨으로 가능한 적은 B-형 제품(다양성)을 선호하게 된다.

(2) (A–형 기업이) 호환성을 선호하는 경우

소비자가 다양함에 대한 선호가 강하여 복합재에 대한 수요가 다양성 n에 따라 증가할 때 호환을 선택한다. 이 때 A-형 기업의 균형 이윤은 다양성 n의 증가에 따라 커지게 됨으로 보다 많은 B-형 제품(다양성)을 선호한다.

3.4 표준화

본 절에서는 호환성을 달성하는 수단으로 표준화에 대해 학습하도록 한다. 과거 표준화라는 용어는 주로 기술자들의 전유물로 생각되어 왔으나 현재는 컴퓨터, 통신, 전자기기 산업을 중심으로 폭넓은 관심의 대상이 되고 있다. 이는 정보화의 진전으로 사람들이 데이터베이스의 공유, 호환 가능한 소프트웨어의 다양한 선택, 디지털 문서의 교환, 직접적인 의사소통 등을 위한 네트워크를 형성하게 되고, 이에 가입하려는 유인이 증가함에 따른 결과라 할 수 있다. 본 절에서 주요 학습의 대상은 (수평 연결 구조 하에서의) 표준화 문제로 기업의 표준 전략의 유형 및 유형별 특성을 규명하는 데 있다.

3.4.1 표준화 문제

1) 표준화 개념

표준화 문제도 호환성과 마찬가지로 경제주체 간 조정을 필요로 한다. 그러나 호환성의 경우 개별경제주체의 의사결정 문제가 될 수 있는 반면 표준화는 양자 또는 다자간 의견의 조율을 요한다는 점에서 차이가 있다. 표준화의 장점으로는 첫째, 앞의 조정문제에서 언급한 과잉관성 문제 즉 신제품의 불필요한 사장을 막을 수 있으며, 둘째, 이용자들의 탐색과 조정 비용을 줄인다는 것이다. 그러나 네트워크의 외부성이 존재할 때 표준화는 신중히 고려되어야 한다. 급속히 변화하는 기술에서 성급한 표준화는 열등한 기술을 표준으로 정할 위험을 초래할 수 있기 때문이다.

과거 네트워크 효과가 있는 산업이나 제품의 경우에는 정부 등 공적기관은 어떤 특정 기술만을 사용하도록 표준화가 정해지는 것이 일반적이었다. 이렇게 정해진 표준을 공적(de jure)표준이라고 한다. 그러나 기술발전 속도가 빠른 현대에는 상당수의 표준화는 시장에서 경쟁을 통해 시장을 지배하는 기업에 의해 형성되는 것이 일반적이다. 즉 시장에서 표준화가 결정되는 데 우리는 이것을 사실상의 표준화(de facto standardization)라고 한다. 기술 표준의 선택이 시장에 맡겨질 경우 앞에서 학습한 것과 같이 경제주체 조정과 관련된 경제 비효율성 문제가 또 다시 나타나게 된다. 이와 같이 시장을 지배하는 기업에 의한 표준화의 예로는 IBM 호환 기종이나 마이크로소프트사의 MS-DOS와 MS-Office를 들 수 있다.[14] 그러나 표준의 선택은 반드시 지배적인 기

14) IBM사가 PC 사양(회로 내용, 규격, 구조 등)을 공개하여 PC 제조업체들이 모두 IBM에 제시한 사양에 맞게 생산한 PC 제품들을 칭한다. 이에 따라 호환기종에 해당되는 PC(예 삼성전자)를 사용하여 작업한 데이터와

업에 의해 선택되는 것은 아니다. 이러한 예는 Qwerty 타자기 자판을 들 수 있다.

2) 표준화와 기업 전략의 유형

네트워크효과가 존재하는 산업에서 표준화는 기업들의 경쟁과 협력에 대한 문제에 해당한다. 이러한 표준화와 관련되어 발생하는 전략적 쟁점은 하드웨어와 소프트웨어처럼 수직구조(vertically-related structure)에서 발생하는 표준화 전략과 하드웨어 또는 소프트웨어간의 수평구조(horizontally-related structure)에서의 표준화 전략으로 구분될 수 있다.

먼저 상호 보완적인 제품을 생산하는 수직구조하에 있는 기업의 전략은 기본적으로 다른 기업에 의해 제공되는 보완적 제품이 자신에게는 적정한 가격과 품질로 원활하게 공급되도록, 그리고 다른 경쟁업체에는 자신보다 불리한 조건으로 공급되도록 유도하는 것이 될 것이다.

반면에 수평 구조 하에 있는 기업의 전략의 유형은 크게 두 가지로 구분할 수 있다. 하나는 한 기업의 가장 기본적인 전략적 선택은 자사 제품과 타사의 제품을 표준화하여 상호 호환성을 확보한 후 표준화하에서의 경쟁(competition within standard)을 하는 것이고, 다른 하나는 비호환제품 간의 경쟁을 유도하여 표준 경쟁(competition between standard)을 추구할 것인가를 결정하는 것이다. 후자는 시장지배력 확보를 위한 기술표준 경쟁(inter-technology competition for the market)으로 많은 위험성을 감수하는 만큼 향후 얻을 수 있는 수익이 크며, 전자는 호환성이 있는 기술의 시장 내에서의 경쟁(intra- technology competition within the market)으로 경쟁 정도가 덜한 만큼 위험성을

프로그램을 국내나 외국 업체에서 만든 PC를 사용하더라도 문제가 없게 된다. 우리가 흔히 부르는 PC는 IBM PC 호환기종이다. 반면 애플 컴퓨터는 IBM 컴퓨터 사양과는 다른 자체 설계 기준을 채택하였다. 이 때문에 애플 컴퓨터가 IBM 컴퓨터보다 먼저 개발됐고 성능도 우수한 평가를 받았지만 이용자를 확보하지는 못하였다.

적으나 시장에서의 수익을 표준화에 참여한 모든 업체가 공유하게 되므로 보다 적은 수익이 분산되게 된다.

3.4.2 표준 경쟁의 특성

먼저 시장 지배력 확보를 위한 기술 표준 경쟁 즉 호환성이 있는 기술의 시장 내에서의 경쟁인 경우를 보기로 하자. 이러한 표준 경쟁은 네트워크 시장의 특성에 의하여 선점을 통한 미래 시장에서의 시장 지배를 통한 막대한 수익 확보를 위한 경쟁이다. 즉 네트워크 시장에서의 표준 경쟁은 초기 시장 선점이 미래의 성공을 좌우하게 된다. 즉 이렇게 형성된 독점적 표준은 지속되는 경향을 보여 향후 네트워크 시장에서 표준으로 정착하게 될 기술을 확보한 기업은 향후 막대한 수익과 함께 시장 지배력을 얻게 된다. 이러한 시장 지배 현상에 대한 예는 과거 메인프레임컴퓨터 시장을 지배한 IBM, 오늘날 PC 운영체제(OS)와 마이크로프로세서를 지배하고 있는 마이크로소프트와 인텔 등에서 찾아 볼 수 있다.

반면 호환성이 있는 기술의 시장 내에서의 경쟁인 경우에 기업들은 그들 간의 표준화를 통해 제품들의 호환성을 확보함으로써 기술 경쟁은 피할 수 있으며, 이와 같이 하여 일어나게 되는 표준화된 제품들 간의 경쟁은 일반 상품에서와 같이 가격, 품질, 서비스 경쟁의 양상을 띠게 된다.

이에 따라 개별 기업들이 초기에 약간의 손실을 보더라도 막대한 미래의 수익을 목표로 표준 경쟁을 통해 시장지배력을 확보하는 전략을 취할 것인가 아니면 표준화하여 호환성이 있는 제품으로 모든 기업이 시장에 공존할 수 있는 전략을 취할 것인가 둘 중의 하나를 선택하는 두 가지 전략적 선택 문제는 중요하면서도 어려운 문제일 것이다. 이에 대한 일반적인 해답은 없으며 기업의 전략과 시장 상황에 따라 달라진다. 실제적으로도 동일한 기업이 상황에 따라 서로 다른 전략을 선택하는 경우가 있는 데, 예를 들어 소니와 필립스는 비디오방식에 있어 VHS와 베타방식의 전례를 밟지 않기 위해 양사간 CD 기술을 표준화하였으나 디지털오디오 포맷에 있어서는 치열한 표준화 경쟁을 벌이고 있는 것을 들 수 있다.

3.5 네트워크 경제와 기업 전략

본 절에서는 네트워크 효과가 존재하는 네트워크 산업에서의 기업 전략을 보기로 한다. 먼저 네트워크 효과를 고려한 기업 경쟁력 제고 유형과 그에 따른 기업 전략을 살펴본 후에 표준 경쟁에서 승리하고자 하는 기업 전략 유형 및 그에 따른 기업 전략을 학습한다.

3.5.1 네트워크 효과와 기업 전략

기업 또는 정부 입장에서 네트워크 효과의 존재는 무엇을 의미하며 그 대응 방안은 무엇인가, 소비자의 기대는 무엇에 의해 이루어지며 실제로 자사에 유리한 방향으로 또는 사회 전체적으로 바람직한 방향으로 기대가 형성되도록 하기 위해 어떠한 전략을 사용할 수 있을 것인가를 유형별 분류와 함께 살펴보기로 하자.

1) 가입자 확보를 위한 기업 전략[15)]

기업이 소비자들로 하여금 시스템 네트워크에 가입하도록 유도하는

15) 시스템 간 경쟁 전략은 기본적으로 단일 시스템에서의 네트워크 효과를 가입자 확보를 위한 기업 전략들이 더욱 더 경쟁적으로 사용될 가능성이 많다. 시스템 간 경쟁에서 개별 시스템 업체들의 기본 전략은 소비자로 하여금 자사 시스템에 대한 긍정적 기대를 그리고 경쟁 시스템에 대해서는 부정적 기대를 형성하도록 유도하는 데 있다.

전략을 하드웨어/소프트웨어 시스템을 중심으로 보기로 하자.16) 통상적으로 기업이 소비자들로 하여금 시스템 네트워크에 가입하도록 유도하는 전략은 공약을 하거나 명성을 쌓는 방법 등 여러 가지 전략을 구사함으로서 가능하다. 이러한 전략들 이외에도 이러한 하드웨어/소프트웨어 시스템을 소유한 기업이 소비자들로 하여금 향후 소프트웨어의 가격이 저렴하고 다양하게 공급될 것이라는 기대를 가지게 함으로써 시스템 네트워크에 가입하도록 유도하는 전략이 존재한다.

(1) 공약

가장 간단한 방법은 기업이 소비자들에게 미래 소프트웨어 가격이 싸고 다양할 것이라는 공개적인 약속 즉 공약(commitment)을 하는 것이다. 그러나 일반적으로 소프트웨어 부문과 하드웨어 부문이 서로 분리되어 독립적으로 운영된다면 이러한 공약을 하기가 어려울 뿐만 아니라, 법적인 구속력마저 없다면 과연 소비자들이 이러한 선언을 어느 정도 신뢰(credibility)할 것인가 하는 문제가 발생한다.17)

이와 같은 신뢰성 제약 하에서 기업들은 어떤 전략을 사용할 수 있는가를 보기로 하자. 먼저 소비자들의 공약에 대한 신뢰성을 높이는 전략은 외주를 주거나 기술을 공개하는 방법과 대규모 투자를 선행하는 방법 두 가지가 있다. 첫째, 소프트웨어 부문을 외부조달(outsourcing)

---

16) 이러한 하드웨어/소프트웨어 시스템에 대한 설명은 쌍방향 통신 네트워크의 경우에도 동일한 논리가 적용 가능하다. 즉 쌍방향 통신 네트워크의 경우에 소비자들의 네트워크 가입이 시간에 걸쳐 이루어진다면 위에서 설명한 전략들은 동일한 효과를 얻을 수 있다는 것이다. 보다 구체적으로 현재의 네트워크 사용 비용을 하드웨어 구입비용으로 미래의 네트워크 사용 비용을 소프트웨어 구입비용으로 생각하면 동일한 논리가 적용 가능하다.

17) 예로 자동차 대리점은 특정 자동차의 향후 부품 가격이나 고장 등으로 인해 드는 서비스 비용이 얼마가 될 것인지 소비자들에게 보장할 수 없으며, 컴퓨터 판매상은 해당 컴퓨터와 호환 가능한 소프트웨어 가격, 품질, 다양성 등이 향후 어떻게 변할 것인지를 소비자에게 확신할 수 없다. 한편 소비자들은 자신이 선택한 하드웨어에 쓰이는 소프트웨어의 가격이 해당 하드웨어 기업의 약속과는 달리 높게 책정될 가능성을 의심하는 경향이 있다.

하거나 또는 자사의 하드웨어 기술을 시장에 공개하여 개방하는 전략은 하드웨어에 쓰이는 소프트웨어의 생산에 수많은 독립적인 소프트웨어 업체가 참여하게 할 수 있을 것이다. 이에 따라 소비자들은 향후 소프트웨어 가격은 경쟁으로 인해 저렴한 수준에서 결정될 것이라고 예상을 하게 되어 해당 하드웨어의 시장 점유율은 제고될 것이다. 이러한 전략이 성공한 가장 대표적인 예는 IBM이 PC를 도입할 때 시스템을 개방하여 많은 독립 소프트웨어 제작업체들이 IBM PC용 소프트웨어를 제작하도록 유도한 사례를 들 수 있다.[18]

둘째, 규모의 경제(economies of scale)효과가 있는 소프트웨어 분야에 매몰비용(sunk cost)을 유발하는 대규모 투자를 선도적으로 행하는 방법이다. 이로 인해 소비자들은 소프트웨어를 대규모로 생산함으로써 한계비용이 감소하고 따라서 가격이 하락할 것을 기대하게 되는 것이다. 실례로 닌텐도는 미국시장 처음 진출할 때 이러한 전략을 구사한 바 있다.

(2) 명성 효과 전략

기업은 공약을 하는 것 이외에도 소비자들로부터의 명성(reputation)과 같은 무형자산에 대한 투자를 함으로써 소비자들의 신뢰를 얻을 수 있다. 경우에 따라서는 이러한 무형자산이 시장에서의 성공에 매우 큰 영향을 미치게 되며, 특히 소비자들의 기대형성이 필수적인 네트워크 효과가 큰 시장에서 더욱 더 중요한 역할을 하게 된다고 할 수 있다. 이 경우 과거에 시장에서의 경험은 소비자들의 선택에 있어 매우 중요한 역할을 하게 되는데 초기 컴퓨터 시장에서 성공한 IBM이 이후에도 지속적으로 컴퓨터와 관련된 새로운 산업에서도 성공을 거둔 것이 좋

18) 닌텐도와 같은 게임기업체도 비록 약간의 로열티를 받기는 하지만 수많은 독립 게임소프트웨어 업체들로 하여금 자사 게임기용 소프트웨어를 제작하도록 하는 것도 이러한 전략의 일환으로 해석할 수 있다. 이는 기술특허를 지닌 기업이 자사 기술의 시장에서의 빠른 확신을 유도하기 위해 특허를 포기하고 기술을 시장에 공개하거나 면허(license)를 제공하는 경우와 유사한 전략이다.

은 예라 할 수 있다.

그러면 과연 기업입장에서는 이와 같은 무형자산을 확보하기 위해서 어떠한 전략을 선택할 수 있을 것인가? 먼저 약간의 손해가 예상되더라도 소비자들의 명성에 부정적 영향을 미칠 수 있는 행위를 자제하는 것이 될 수 있다. 과거 IBM은 계속 적자를 내는 기종을 폐기하지 않고 일정 기간 생산을 지속하고 관련된 부품 및 소프트웨어의 공급했는데 이는 바로 IBM의 명성의 중요성을 인식한 전략적 행동이었다고 할 수 있다. 또한 제록스는 자사의 복사기 구매자에 대해 해당 제품의 생산이 중단되더라도 지속적인 부품 제공과 서비스를 해주는 전략을 취하고 있다. 또한 이러한 명성 효과(reputation effects)를 고려할 때 기존에 확보된 고객을 대상으로 가격을 인상함으로써 수익을 증대시키는 전략은 특히 네트워크 시스템 시장에서는 위험한 선택이 될 수 있다.

(3) 소프트웨어의 가격이 저렴할 것이라는 기대를 형성하도록 하는 방법

공약을 하거나 명성을 쌓는 이외에도 소비자들에게 향후 소프트웨어의 가격이 저렴할 것이라는 기대를 형성하도록 하는 전략 두 가지를 소개하면 다음과 같다. 첫째, 하드웨어에 대한 초기 침투가격전략(penetration pricing)은 향후 저렴한 소프트웨어 가격을 유도하는 방법이 된다. 시장 형성 초기에 하드웨어를 단위당 비용 이하로 싸게 판매함으로써 하드웨어의 시장규모를 증대시켜 소프트웨어의 판매량을 늘리면 규모의 경제 효과로 인해 소프트웨어 생산비용과 가격이 하락하게 되는 것이다. 물론 일단 임계 수준을 넘는 수준으로 시장이 성숙하게 되면 적정한 이윤을 확보하기 위해 하드웨어 가격을 인상해야 한다. 그러나 이때는 이미 소프트웨어의 가격이 하락한 상태이므로 하드웨어 가격이 약간 인상되더라도 소비자들은 여전히 하드웨어를 구매할 유인이 있게 된다.

둘째, 직접 판매가 아닌 임대(renting or leasing) 전략도 소비자 신뢰문제를 해결할 수 있는 하나의 방안이 될 수 있다. 소비자들은 하드웨어를 직접 구입하지 않고 단기 임대함으로써 향후 자신이 선택한 하드웨어와 호환되는 소프트웨어의 가격이 높거나 다양성이 떨어짐으로 인해 손해가 발생할 수 있는 위험을 줄일 수 있다.

(4) 공약을 하기가 어려운 경우 이를 해결하기 위한 방법

마지막으로 소프트웨어와 하드웨어 양 부문이 서로 분리되어 독립적으로 운영됨으로써 공약 자체를 하기가 어려운 경우 이를 해결하기 위한 방법을 살펴보자. 가장 일반적인 전략으로 양부문의 수직통합(vertical integration)을 들 수 있다. 물론 직접적인 물리적 통합 외에도 기업 간 제휴(alliance) 또는 조인트 벤처 구성 등의 간접적인 방법도 공약효과를 달성하는 효과를 나타낼 수 있다. 현재에 전 세계적으로 유행처럼 번지고 있는 정보통신 산업을 둘러싼 통신, 케이블 TV, 방송, 전자기기 업체들 간의 전략적 제휴 및 합병이 좋은 예이다.

3.5.2 표준과 기업 전략

기업들이 표준 경쟁에서 승리하고자 하는 전략 유형은 예를 들어 네트워크 시장에 두 기업만이 존재한다고 전제하면 세 가지로 구분할 수 있다. 첫째, 두 기업이 모두 시장 주도권 확보를 위한 표준 경쟁을 지향하는 경우, 둘째, 두 기업이 모두 표준 경쟁보다는 표준화를 통한 호환성 달성을 전제로 하는 경우, 셋째, 기업의 비대칭을 전제로 선도 기업은 표준화를 원하지 않지만 후발 기업은 선도 업체의 기술과 호환성을 원하는 경우이다. 이 세 가지 전략 유형 각각에 대하여 살펴보도록 하자.

1) 표준 경쟁을 지향하는 경우

이 경우는 비호환기술에 대한 시장의 주도권을 장악하기 위한 경쟁이다. 이는 주로 두 기업이 시장에서의 위치나 기술적 특성에 있어 대칭적일 경우, 표준 경쟁으로 인한 소비자들의 기술 선택 지연 효과가 작을 경우, 호환성이 있는 기술의 시장 내에서의 경쟁이 시장에서의 총 수익을 감소시키는 수익의 소멸(Rent Dissipation) 효과가 클 경우에 나타나게 된다. 그러면 이 경우에 있어 표준 경쟁은 어떠한 형태로 나타날 것인가. 이에 대해 기업은 다음과 같은 네 가지 전략을 강구할 수 있다.

(1) 초기 주도권 확보

앞에서 우리는 네트워크 시장에서는 소비자들이 일단 특정 네트워크에 가입하게 되면 다른 네트워크로의 전환을 주저하게 되는 경향이 있다는 점을 확인한 바 있다. 즉, 특정 제품이 초기 시장의 주도권을 확보하게 되면 추후에 보다 저렴한 또는 우월한 제품이 출현한다 할지라도 네트워크 효과 때문에 좀처럼 시장의 주도권이 변화하지 않는다. 따라서 시장 형성 초기에 많은 소비자들을 확보함으로서 시장의 주도권을 잡고 이를 모든 소비자들에게 인식시키는 것은 매우 중요한 전략의 일환이 될 것이다.[19)]

이러한 상황에서의 경쟁 양상은 소비자들이 각 업체별 누적판매량, 즉 네트워크 관점에서의 기존에 확보된 고객에 대한 정보를 얼마나 정확하게 파악할 수 있는가에 따라 다르게 나타날 수 있다. 먼저 기업의 누적판매량 정보가 소비자들에게 모두 정확하게 노출되는 경우에는 시장 형성 초기 단계에서의 치열한 경쟁이 예견되며, 후발자가 선도자를 따라 잡는 것이 구조적으로 매우 어렵기 때문에 초기에 시장 주도권을 확보하는 것이 향후 시장에서의 성패를 좌우하게 된다.

반면에 소비자들이 각 업체의 누적판매량에 대해 불완전한 정보를

19) 예를 들어 기업은 침투가격전략(penetration pricing strategy)을 취하여 초기 시장을 확보하고 확보된 고객을 구축함으로 추후 소비자들이 자사 제품을 선택하도록 유도하는 효과를 얻을 수 있다. 침투가격전략의 대표적인 예로는 Netscape Navigator 와 같이 소프트웨어 제작업체가 초기에 자사 소프트웨어를 무상으로 배포하는 것을 들 수 있다.

가지고 있는 경우에는 기업들이 자사 제품의 누적판매량에 대한 과대 선전을 전략적으로 활용할 수 있는 여지가 있다. 예를 들어 과거 IBM과 마이크로소프트는 각기 자사의 운영체제(OS/2와 윈도우즈)의 시장 점유율이 더 높다고 주장하는 신경전을 벌인 적이 있다.

(2) 보완재의 원활한 공급

네트워크 시장에서의 경쟁에 있어 네트워크의 크기가 중요한 것처럼 보완재 공급의 다양성도 네트워크 시장에서 경쟁의 필수 요소이다. 어떤 기업이든 자사 제품과 보완적인 제품이 원활하게 공급되기를 원하며, 반대로 경쟁사의 제품에 대해서는 보완재의 공급이 원활하지 않게 되는 것이 경쟁에 있어 유리할 것이다.

보완재 공급업체는 당연히 기존에 확보된 고객이 큰 네트워크에 자사 보완재를 공급하는 것이 유리함으로 이들은 자사 보완재의 공급처를 선택하는데 있어 향후 각 네트워크의 크기가 어떻게 될 것인가에 관심을 가지고 이에 대한 기대를 형성하게 된다. 따라서 보완재의 공급에 영향을 미치는 전략은 자사 제품의 네트워크를 형성하는 것뿐만 아니라 표준 경쟁에 있어 매우 중요한 역할을 할 수 있다. 보완재의 공급이 원활하지 못해 표준 경쟁에서 실패한 예를 보면 게임기 시장에서 아타리가 게임 소프트웨어의 지원을 받지 못해 새로운 재규어 게임 시스템의 도입에 실패한 경우, 마이크로프로세서 시장에서 인텔과 경쟁하던 모토롤라사의 Power PC칩이나 디지털사의 알파칩이 상대적인 소프트웨어 부족으로 실패한 경우를 들 수 있다.

컬러 TV 방송의 도입에서도 이와 유사한 사례를 찾아 볼 수 있다. 프로그램의 부족으로 인해 기술이 도입된 지 10년이 지나도록 컬러 TV 방송은 시장에서 주목을 받지 못하였으나 컬러 TV 방송 수신기를 제작, 공급하던 RCA사가 자신이 소유하고 있던 NBC방송을 통해 컬러 TV 방송을 확산시킬 수 있었다. 이는 표준 경쟁에서 중요한 전략적 수단에 대한 암시를 하는데, 바로 보완재 공급업체의 합병을 통해 보완재의 원활한 공급을 확보하는 것이다. 세계적인 가전업체인 소니와 마쓰시다가 자사 제품과 보완적인 프로그램을 공급하는 업체를 인수한 사례는 이러한 전략의 대표적인 예라 할 수 있을 것이다. 이러한 전략을 실행하는 데는 반드시 보완재 공급업체의 직접적인 합병만이 유효한 것이 아니고 전략적 제휴나 계약 등과 같은 간접적인 전략도 이에 상응하는 효과를 낼 수 있다.

(3) 제품의 선 공개(Product Preannouncements)

아직 출시되지 않은 자사 제품을 시장에 미리 소개하는 선(先)공개 전략은 소비자들이 경쟁사의 제품을 선택하는 것을 지연시켜 경쟁사의 네트워크의 성장 속도를 늦추는 효과를 지닌다. 마이크로소프트가 아직 완성되지 않은 자사 PC 운영체제(OS)의 세밀한 특성과 함께 그 개발 및 시장출시 일정을 공개함으로써 소비자들로 하여금 그 제품의 출시를 기다렸다가 구입하도록 유도하는 것은 이러한 전략의 대표적인 사례라 할 수 있다.

이러한 제품의 선 공개 전략은 한 가지 단점을 지니고 있다. 앞으로 시장에 출시될 새로운 제품이 기존 제품을 업그레이드한 경우 소비자들로 하여금 자사의 기존 제품의 구입을 꺼리게 함으로써 기존 제품의 판매를 제약하게 되는 것이다. 윈도우 95가 출시될 것이라는 정보를 접한 소비자들은 당연히 윈도우 3.1의 구입을 자제하고 윈도우 95의 출시까지 기다리게 되는 것이 일반적이다.

(4) 가격에 대한 공개적 약속(Price Commitments)

기업은 또한 특정 기간 동안 정해진 낮은 가격을 유지하겠다는 공개적 약속을 함으로써 잠재적 소비자들을 자사 제품의 네트워크로 유인할 수 있다. 이러한 공개적 약속은 소비자들로 하여금 특정 네트워크에 가입함으로써 얻게 되는 혜택의 미래 불확실성을 제거할 수 있게 해주는 효과를 지닌다.

법률적 구속력이 없는 경우라 할지라도 기업의 미래 가격에 대한 단순한 선언도 경우에 따라서는 소비자들에게 미래 시장 상황에 대한 긍정적 영향을 미칠 수 있다. 과거 RCA는 1,000달러이던 컬러 TV 수신기의 가격이 6개월이 지나면 500달러로 하락할 것이라고 발표하였다. 이러한 발표는 소비자들로 하여금 가격이 하락할 때까지 컬러 TV 수신기의 구입을 지연하는 결과를 낳았지만 한편으로는 미래 컬러 TV 수신기 시장의 규모에 대한 방송사 및 소비자들의 기대 형성에 긍정적 기여한 것으로 평가되고 있다.

2) 표준화를 전제로 하는 경우

여기서는 크게 두 가지 상황 즉 여러 기업들이 경쟁을 하는 상황과 독점자가 표준 기술을 가진 상황 하에서 자사의 제품이 시장 표준으로 선택되기를 바라는 전략에 대하여 차례로 살펴보기로 하자.

(1) 경쟁 우위를 실현하기 위한 기업 전략

표준화가 되지 않은 상태에서는 개별 제품에 대한 소비자들의 수요가 거의 없거나, 표준 경쟁을 할 경우에 경쟁 정도가 너무 커서 향후 시장에서 실현될 수익의 대부분이 경쟁과정을 통해 소비자에게 이전되는 경우 기업들은 최소한 표준화를 달성해야한다는 점에 있어서는 서로 의견의 일치를 보게 되지만 어떤 표준을 선택할 것인가에 대해서는 모두 자사의 제품이 시장 표준으로 선택되기를 바라게 된다. 이 경우에는 결과적으로 당연히 시장에 대한 경쟁(competition for the market) 보다는 표준화 하에서 시장 내에서의 경쟁(competition within the market) 양상을 띠게 될 것이다.

이와 같이 표준화를 전제로 한 시장 내에서의 경쟁 하에서 기업이 취하는 전략은 크게 공약(commitments)과 양보(concessions) 전략으로 분류된다.

① 공약

공약(commitments) 전략은 경쟁 기업에 앞서 미리 전략적 선택을 하는 것을 말하는데 이 경우에는 향후 시장에서 어떤 기술이 표준으로 정착되느냐에 따라 수익의 크기가 결정되므로 어느 정도의 위험을 감수해야 한다는 단점이 있다. 대표적인 예로는 표준화에 대한 협상이 진행되는 동안 소비자들과 선(先)판매계약을 한다거나 협상이 타결된 후에 시장에서 유리한 경쟁적 위치를 확보하기 위해 생산설비 또는 R & D에 투자를 하는 것을 들 수 있다.

② 양보

양보(concessions) 전략은 경쟁 기업이 선호하는 기술 표준에 응하거나 경쟁 기업이 자사가 선호하는 기술 표준에 동의하도록 유도하는 것을 말한다. 우리는 이에 대한 3가지 유형 즉 자사 기술이 표준으로 정해졌을 때 경쟁 기업에 자신의 기술을 아주 저렴한 값에 면허공여를 해주기로 계약을 맺는 방법(low-cost licensing), 양사의 기술을 적절하게 혼합한 기술을 표준으로 정하는 방법(hybrid standards)과 향후 기술 표준에 대한 공동 연구를 행하는 방법(joint future development of standards)에 대하여 다음에 보기로 하자.[20]

두 경쟁기업이 각각 자신이 소유한 독자적인 기술을 지니고 있다면 각 기업은 경쟁 기업의 기술이 표준으로 설정되는 경우 그 기술에 대한 접근의 용이성이 확보되지 않는 한 자사의 기술이 표준으로 설정되어야 한다는 입장을 고수할 것이다. 이 때 저렴한 면허 계약과 같은 양보 전략은 표준 결정에 있어 경쟁 기업들 간의 협력을 촉진시키는 역할을 하게 되는 것이다. 인텔은 자신의 마이크로프로세서 기술을 AMD에 저렴한 가격에 면허를 제공함으로써 자연스럽게 경쟁 업체를 자사의 기술 표준으로 흡수시키고 자사의 마이크로프로세서 기술을 시장 표준으로 지속시켰다. 경우에 따라 정부나 공식적인 표준화 기구는 표준을 결정할 때 각 기업에 이와 같이 저렴한 교차면허 계약을 요구하

20) 이외에도 향후 표준화를 제 3 자에게 위임(third parties shifting of future standards)하거나, 표준의 변경에 대한 정보를 지속적으로 제공해주는 등의 조치 등을 들 수 있다.

기도 한다. 실례로 Unisys와 IBM이 각각 모뎀의 압축 기술에 관한 특허를 보유하고 있을 때 국제통신표준기구인 CCITT는 표준설정의 지연을 방지하기 위해 양사 모두에 관련 기술의 로열티를 저렴하게 할 것을 권고한 바 있다. 이외에 저렴한 면허공여 계약은 해당 기술에 대한 다수의 공급자가 존재한다는 점 때문에 소비자들을 안심시키는 일종의 보험과 같은 효과를 지닌다.

양사의 기술을 적절하게 혼합한 기술을 표준으로 정하는 혼합 표준(hybrid standards) 전략은 다양한 기술의 강점만을 취할 수 있다는 점 외에도 모든 기업이 시장에서 생존할 수 있다는 점에서 표준화에 대한 기업들의 협조를 촉진시키는 역할을 한다. 이와 같은 전략에 대한 사례로는 수많은 유닉스 컴퓨터 업체들이 공동 표준을 정하기로 합의한 것을 들 수 있다. 또한 미국에서 고화질 TV(HDTV) 시스템을 생산하는 업체들이 각자의 기술을 서로 공유하고 이에 따른 로열티를 분할하기로 합의 하였는데, 이는 업체들이 연방통신위원회(Federal Communications Commission)의 테스트를 조기에 끝내고 새로운 방송기술의 시장 도입을 앞당기려는 의도에서 자체적으로 공동 표준을 정한 것으로 분석되고 있다.

기술 표준은 시간이 지남에 따라 개선에 필요성이 생기고 이에 따른 변경이 불가피한 경우가 많다. 따라서 미래 기술 표준에 대한 공동 연구(joint future development of standards)를 하기로 공식적인 합의를 하는 것도 양보전략의 하나로 볼 수 있다. 많은 연구 결과들은 비디오카세트 시장에서 JVC의 VHS방식이 품질면에서 더 우월한 베타방식을 누르고 시장의 주도권을 확보하게 된 요인 중의 하나로 이와 같은 미래 기술 표준에 대한 공동 연구 전략을 들고 있다. 당시 소니는 베타방식이 우수한 품질과 더불어 자사의 가전시장에서의 강점을 바탕으로 베타방식이 비디오시장을 지배할 것으로 믿고 있었다. 따라서 소니는 자사의 수익을 빼앗길 것을 우려하여 다른 업체들에게 기술을 제공하지 않고 지속적으로 기술을 독점하려는 전략을 취하였다. 반면에 VHS

방식의 기술적 열위를 인식한 JVC는 자사의 기술을 많은 여타 업체들에게 제공하고 향후 기술개발의 결과도 자사의 기술을 선택한 여타 업체들과 공유하는 전략을 취하였다. 이러한 상반된 전략은 여타 업체들로 하여금 JVC의 VHS방식을 선택하도록 유도하게 되었으며 이는 VHS방식의 확산을 촉진시켜 결국 기술적으로 열등한 VHS방식이 시장 주도권을 갖게 되는 결과를 낳은 것이다.

(2) 진입 허용에 의해 자사 기술의 표준을 유지하려는 전략

독점자는 신규 진입을 허용함으로 보다 많은 수익을 얻을 수 있다. 어떤 독점 가격을 설정한 독점자는 자체적으로는 생산을 하는 것보다 그 기술에 대한 면허 제공(licensing)을 통하여 경쟁을 유도한다면 더 많은 생산물을 팔 수 있다. 이와 같이 독점자의 신규 진입 허용 전략은 표준화 전제하에 자사 기술이 표준으로 정해졌을 때 경쟁 기업에게 자신의 기술을 아주 저렴한 값에 면허 제공을 해주기로 계약을 맺는 양보 전략에 해당하지만 기업 간 비대칭을 전제로 한다는 점에서 구별된다.

이와 같이 진입을 허용하여 시장 생산이 증가함에 따라 나타나는 효과는 크게 두 가지가 있다. 하나는 기업 수의 증가로 인하여 경쟁이 증가할 것으로 기대되는 경쟁 효과이고, 다른 하나는 이는 높은 수요가 예상되어 시장 가격이 증가하게 됨에 따라 나타나는 네트워크 효과이다. 이에 따라 네트워크 외부성이 상당히 커서 네트워크 효과가 경쟁 효과를 압도할 경우에 독점 혁신자는 경쟁을 허용하여 보다 더 많은 생산을 유도하도록 하는 유인이 작용하게 될 것이다.[21)]

이와 같이 네트워크 외부성이 상당히 큰 경우에 기술 표준을 정하는

21) 시장진입 허용에 따라 네트워크 외부성이 충분히 큰 경우에 네트워크 효과가 경쟁 효과보다 크게 됨으로 독점 혁신자들은 경쟁 기업인 진입 기업에게 자신의 기술을 양도하고자 하는 유인이 있다는 것이다. 이것은 다시 말하자면 시장 진입에 따른 경쟁 효과에 의하여 독점자의 가격과 이윤 감소가 네트워크 효과에 의한 네트워크 규모 증가에 따라 보다 높은 가격, 이윤 증가가 예상된다는 것이다.

데 있어서 사양을 공개하는 등 여러 가지 전략을 통하여 다른 기업들의 진입을 유도하여 (사실상의) 표준으로 정착한 많은 사례가 존재한다. 이러한 예로서는 IBM이 MCA(Micro Channel Architecture)를 1987년 표준으로 설정하고도 다른 기업들이 호환 성분을 생산하지 않자 1989년 무료로 MCA bus를 양도함으로써 표준으로 정착되었던 것을 들 수 있다. Sony사가 자신의 Betamax버전을 공개하지 않은 결과 표준으로 정착되지 않는 것도 다른 한 예이다.

3) 경쟁 기업이 비대칭인 경우

지금까지 우리는 모든 면에 있어 유사한 두 기업이 표준을 둘러싸고 경쟁을 하는 상황을 살펴보았다. 그러나 기업들 간의 비대칭성이 존재하는 경우에는 각 기업은 표준화 자체에 대해 상충된 이해관계를 가지게 된다.[22] 여기서는 이와 같이 기업들 간 비대칭성이 존재하는 경우에 있어서의 표준화 결정에 대해 학습해 보도록 한다.

한 기업이 다른 기업에 비해 상대적으로 훨씬 많은 고객을 확보하고 있거나, 기술적으로 월등하거나, 소비자들로부터 탁월한 명성을 얻고 있는 경우와 같이 두 기업이 시장에서의 경쟁력 차이가 클 때에 선도 기업은 표준 경쟁에서 승리할 자신이 있기 때문에 협상을 통한 표준화를 기피하게 되고, 추종 기업(또는 후발 기업)은 표준 경쟁을 하는 것보다 표준화를 통해 호환성을 확보하는 것이 유리하므로 협상을 통한 표준화를 원하게 된다.

이와 같이 선도 기업은 자사 기술이 후발 경쟁 업체의 기술과 호환되기를 바라지 않고 후발 기업은 표준화를 통한 호환성이 달성되기를 바라는 상황 하에서 크게 두 가지, 즉 선도 기업이 후발 기업의 전략적

22) 즉 새로운 진입 기업이나 소규모 기업은 시장을 지배하는 선도 기업의 기술과 호환성을 확보하여 지배 기업의 네트워크에 참여하기를 원하며, 선도 기업은 이를 저지하려는 유인을 가진다는 것이다. 이 경우에 기업들은 표준화를 전제로 한 경쟁 전략보다는 표준화 자체를 대상으로 하기 위해 경쟁하는 양상을 띠게 된다.

의지와는 상관없이 자사의 기술을 고수하고자 하는 경우와 선도 기업이 후발 기업의 호환성을 저지할 수 있는 경우를 각각 다음에 보기로 한다.

먼저 시장에서 지배적인 위치를 확보하고 있는 선도 기업은 후발 기업의 전략적 의지와는 상관없이 자사의 기술을 고수하고자 할 것이다. 실제적으로 시장에서 이러한 상황은 흔히 발견되고 있는데 대표적인 예로는 IBM과 같은 초대형 컴퓨터 업체가 특정 기술 사양을 발표하고 수많은 클론(clone) 업체들이 이를 그대로 따르는 경우를 들 수 있다.

다음으로 선도 기업이 후발 기업의 호환성을 저지할 수 있는 경우를 생각해 볼 수 있다. 선도 기업이 추종 기업의 호환성 추구를 효과적으로 저지할 수 있는 전략적인 수단은 크게 자사 기술에 대한 특허 출원 등을 통해 지적재산권을 보호하는 방법과 자사의 기술 사양을 자주 변경하는 방법 두 가지가 있다. 다음에는 이러한 두 가지 전략을 보다 자세히 학습하고 나서 선도 업체의 이러한 전략에도 불구하고 추종 업체들이 자사의 제품을 선도 업체와 최소한 부분적으로라도 호환하도록 하는 경우를 보도록 하자.

선도 기업은 추종 기업들의 모방이나 역분해(reverse engineering)를 지적재산권을 통해 저지하는 방법을 강구하는 데, 이러한 사례는 수없이 많이 존재한다. 과거 인텔은 마이크로프로세서를 둘러싼 기술 표준 경쟁에서 승리한 후 타 기업이 자사 기술을 모방하는 것을 막기 위해 386, 486칩 등에 적극적인 특허전략을 취한 바 있다. 이와 유사하게 애플도 자사 운영체제(OS)에 대한 지적재산권을 발동함으로써 애플 호환기종 클론업체들을 효과적으로 견제할 수 있었다. 또한 로터스사가 자사 스프레드시트 소프트웨어인 1-2-3의 소스코드를 지적재산권을 통해 보호함으로써 경쟁업체의 모방을 저지한 것과 같이 컴퓨터 소프트웨어와 비디오게임 산업에서도 시장 주도권을 잡고 있는 업체가 지적재산권을 이용하여 자사 기술에 대한 경쟁자들의 접근을 저지하는 경우를 흔히 목격할 수 있다. 심지어는 소프트웨어의 소스코드뿐만 아니라 외관, 디자인까지 특허를 통해 모방을 방지하는 경우도 있다. 특허가 법률적 구속력을 갖는 한 선도 기업은 자신이 원하지 않는 경우 여타 업체가 자사의 기술을 모방하여 호환성을 갖는 것을 방지할 수 있다.

선도 기업이 자사 기술의 사양을 자주 변경함으로써 추종 기업이 호환성을 추구하는 것을 저지하는 방법도 자주 이용되는 전략인데, 이러한 사례로는 과거 IBM이 컴퓨터 인터페이스를 자주 전환하는 것과, 코닥이 새롭게 변경된 카메라 및 필름 포맷에 대한 정보 제공을 여타 업체들에게 지연하는 사례를 들 수 있다. 사실 이러한 전략은 가끔 불공정경쟁관련 소송의 대상이 되기도 한다. 이러한 분쟁의 소지를 없애기 위해 미국 연방통신위원회(Federal Communications Commission)는 공중전화사업자가 네트워크 관련 표준 변경이 있을 때 전화기 제조업체나 부가통신사업자들에게 미리 이에 대한 충분한 정보를 제공하도록 의무화하고 있다.

선도 업체가 자사의 기술을 모방하지 못하도록 전략을 강구한다고 하더라도 추종 업체들은 자사의 제품이 선도 업체와 최소한 부분적으로 호환되도록 할 수 있다. 예를 들어 IBM은 마이크로소프트의 윈도우즈가 시장점유율을 훨씬 높고 응용소프트웨어의 지원도 월등했기 때문에 자사의 OS/2 설계 시에 OS/2 용뿐만 아니라 윈도우즈용 응용프로그램이 이용될 수 있도록 설계하였다. 그러나 OS/2용 응용프로그램은 윈도우즈 환경 하에서 사용될 수 없는 것이 일반적이다. 유사한 예로는 썬마이크로시스템스사는 윈도우즈용 응용프로그램이 SUN System이나 Unix System에서 사용될 수 있도록 하는 인터페이스 소프트웨어를 개발한 것을 들 수 있다.

이상의 논의를 정리하면 다음과 같다. 네트워크 시장에서의 표준화가 결정되는 과정은 수많은 복잡한 경쟁 전략을 내포한다. 특정 표준을 지원함으로써 또는 여타 업체가 표준화 기술을 모방하는 것을 저지하는 과정을 통해 기업들은 시장의 경쟁 환경에 많은 영향을 미치게 된다.

3.6 네트워크 시장에서의 경쟁전략

지금까지 우리는 네트워크효과가 존재하는 시장에서의 경쟁원리 및 그 특징에 대해 살펴보았다. 이를 바탕으로 본 절에서는 네트워크 시장에서의 경쟁우위 요소 및 기업의 경쟁 전략을 간단하게 요약해 보기로 한다.

3.6.1 경쟁력 우위 요인

물론 비용, 품질, 가격, 생산성, 제품 차별화 등 일반적인 시장에서 경쟁력의 원천으로 여겨지는 전통적인 요인도 여전히 시장 경쟁에 영향을 미치나 이와 더불어 네트워크 시장에서는 다음과 같은 네트워크 효과에 관련된 요인이 기업의 경쟁력을 결정하는 역할을 한다.

- 선점에 따른 우위(first-mover advantages)
- 소비자들로부터의 명성(reputation), 브랜드 이미지 등과 같은 무형자산의 축적
- 시장에서의 선두적인 위치(market leadership)
- 매몰비용(sunk cost)을 수반하는 대규모 투자 능력
- 소비자, 경쟁업체, 시장 전개 상황에 대한 정보력 및 예측력(market information and prediction)
- 개방시스템(open system)화에 대한 대응

3.6.2 경쟁 전략

위와 같은 시장에서의 경쟁 우위 요인은 기업의 경쟁 전략에 영향을 미치게 된다. 네트워크 효과가 지배적인 시장에서는 다음과 같은 전략적 수단이 기업의 경쟁력 강화에 있어 중요한 역할을 하게 될 것이다.

- 시장 창출(market creation)
- 전략적 제휴(strategic alliance) 또는 조인트벤처(joint venture)의 결성
- 관련부문의 수직 통합(vertical integration) 및 배타적 계약(exclusive contracts)의 활용
- 외부조달(out-sourcing)의 활용
- 임대(Rent or Leasing) 등 판매 방식의 다양화
- 네트워크 효과를 반영하는 적절한 가격전략 구사
- 전략의 유연성 유지(strategic flexibility)
- 네트워크 조직(network organization)

복 습 문 제

1. 표준화가 정해지는 여러 가지 형태, 그 특징 및 예를 설명하시오.

2. 공적 표준이 정해질 때, 그 장점 및 단점은 무엇인가?

3. 사실상의 표준(de facto standardization)을 설명하고 그 예를 들어라.

4. 네트워크 외부성의 개념, 네트워크 외부성이 존재하는 이유, 네트워크 외부성이 초래하는 직접적인 효과와 간접적인 효과를 설명하시오.

5. 네트워크 외부성이 존재하는 경우에 과잉 관성(excess inertia)과 과잉 반응(excess momentum) 에 대하여 설명하시오.

6. 호환성에 관련하여 제품(기술) 선택에 대한 기업의 전략들과 그 이유를 아는 대로 열거하시오.

7. 네트워크 효과를 내포한 산업에서 시간에 걸쳐 행해지는 기술 선택의 문제에서 기존 제품(또는 기술)과 새로운 제품 간의 선택에 대해서 설명하시오.

8. 호환성의 사회적 편익과 비용을 설명하시오.

9. 네트워크 효과가 존재하는 산업에서 기업의 전략에 대해서 설명하시오.

10. 표준 경쟁의 유형 세 가지를 지적하고, 각 유형별로 기업 전략을 설명하시오.

11. 다음 용어들에 대하여 설명하시오.
  1) 외부성

2) 공유지의 비극
3) 외부 불경제
4) 사적비용과 사회적 비용
5) 사실상의 표준과 공적 표준
6) 침투 가격 전략

연 습 문 제

1. 네트워크 외부성의 존재와 독과점 시장구조간의 관계를 사례를 중심으로 하여 설명하시오.

2. 네트워크 외부성이 존재하는 경우 경제 비효율 즉 저생산과 저소비가 나타남을 그림을 그려 설명하시오.

3. 쌍방향 통신 네트워크에서 직접 네트워크 효과로 인해 사회적으로 비효율적인 저생산 및 저소비 현상을 초래할 수 있다는 점을 설명하시오.

4. 하드웨어/소프트웨어 시스템에서 간접 네트워크 효과로 인해 사회적으로 비효율적인 저생산 및 저소비 현상을 초래할 수 있다는 점을 설명하시오.

5. 네트워크 효과가 초래하는 산업에서 생산 및 소비의 비효율성을 개선시킬 수 있는 정부 정책이 가능한가, 그리고 그러한 정부 정책은 무엇인가를 설명하시오.

6. S사는 새로운 컴퓨터 칩을 개발하여 특허권을 취득하였다고 하자.
   가) 이 새로운 칩 시장의 소비자 잉여, 생산자 잉여, 총 잉여를 나타내는 그래프를 그려라.
   나) 만약 이 기업이 완전 가격차별을 할 수 있다면 위의 세 가지 잉여에는 어떤 변화가 있겠는가? 후생 순 손실에는 어떤 변화가 일어나는가? 어떤 소득의

재분배가 일어나는가?

7. 완전 경쟁 시장을 전제로 할 때 네트워크 효과로 인한 비효율성이 어떻게 독점 시장구조 하에서 극복될 수 있는가를 설명하시오.

8. 네트워크 효과가 존재할 때 소비자들의 수요를 촉진시키기 위해 기업이 취할 수 있는 전략을 열거하고 설명하시오.

9. 시장에서 복수의 비호환 시스템이 경쟁을 하는 경우에 나타나는 시장구조 형태와 이러한 시장구조에 영향을 미치는 요인에 대하여 설명하시오.

제 2 편

IT 산 업 론

2편에서는 IT 산업에 대하여 학습하기로 한다. 이를 위하여 IT 산업에서 가장 핵심적인 구성 요소 중의 하나인 정보통신망(4장)을 먼저 학습한 후에 통신 산업(5장)과 방송 산업(6장) 및 인터넷 산업(7장)에 대하여 소개한다. 마지막으로 디지털 홈 산업(8장)에 대하여도 학습하기로 한다.

제4장

정 보 통 신 망

4장에서는 국가 정보통신 인프라인 정보통신망의 변천 과정 및 개념을 소개한다. 특히 미래 네트워크 인프라인 광대역통합망에 대하여 자세히 소개한다. 그리고 광대역통합망이 실현됨에 따라 나타나게 될 융합서비스에 관하여 보기로 한다.

4.1 네트워크 인프라

통신에 대한 기간망의 초기 형태는 공중전화망(PSTN: Public Switched Telephone Network)으로 구성되었다. 국가 기간망(backbone network)의 근간이라 할 수 있는 공중전화망은 아날로그 전송 방식에 기반을 둔다.

반도체 기술과 광통신 기술 등의 발달을 배경으로 디지털화가 급진전되면서 교환·전송망 및 가입자 단말의 디지털화를 전제로 통합하기 시작하여 디지털 방식을 기반으로 하는 초고속 정보통신망(B-ISDN:

Broadband Integrated Services Digital Network)으로 발전하게 된다. 1980년대 초기만 하더라도 대부분의 통신 전문가들은 다음 세대의 정보통신망으로 종합 정보통신망(N-ISDN: Narrow-band Integrated Services Digital Network)이라고 부르는 디지털 통합망의 출현을 전망하였었다. 이러한 종합 정보통신망은 데이터 정보나 정지 영상 정보를 전송하기 위한 저대역폭에 초점을 맞추고 있었기 때문에 동영상 정보를 전송하는 데에 어려움이 있다. 이에 따라 제시된 것이 국가 기간망으로 동영상 정보까지 전달 가능하게 하는 초고속 정보통신망(B-ISDN)이다.

초고속정보통신망(B-ISDN)은 유선 통신망 위주의 정보인프라를 기반으로 하고 있다. 그러나 현재에는 유/무선 통신은 물론 방송·인터넷 부문을 모두 융합가능하게 하는 차세대 정보인프라 개념인 광대역통합망(BcN: Broadband convergence Network)의 실현으로 나아가고 있다. 이것은 고객들이 융합서비스를 원하게 되었을 뿐만 아니라 기술의 진화에 의해 융합서비스의 출현이 가능해졌기 때문이다.

4.1에서는 공중전화망(PSTN), 초고속정보통신망(B-ISDN), 광대역통합망(BcN) 및 광대역통합망 구성의 하나로 주목받는 u-센서 네트워크(USN: Ubiquitous Sensor Network)의 특징에 대하여 살펴보기로 한다.

4.1.1 공중전화망(PSTN)

공중전화망(PSTN: Public Switched Telephone Network)은 교환기를 통하여 사용자들의 전화를 연결하여 음성 정보의 교환 서비스를 제공하는 통신 네트워크를 말하며, 간단히 전화망이라고 하기도 한다. 기본적으로 일반 가정의 전화 이용에 있어 음성정보 교환 서비스를 지원하며, (비록 저속이지만) 각종 데이터 통신 서비스도 공중전화망에 의해 가능하다. 공중전화망에서의 전송은 아날로그(analog) 신호를 기본으로 하며, 제공 가능한 서비스로는 음성 서비스, 저속 데이터 서비스가 가능하다.

〈그림 4-1〉 전통적인 정보통신망 구조

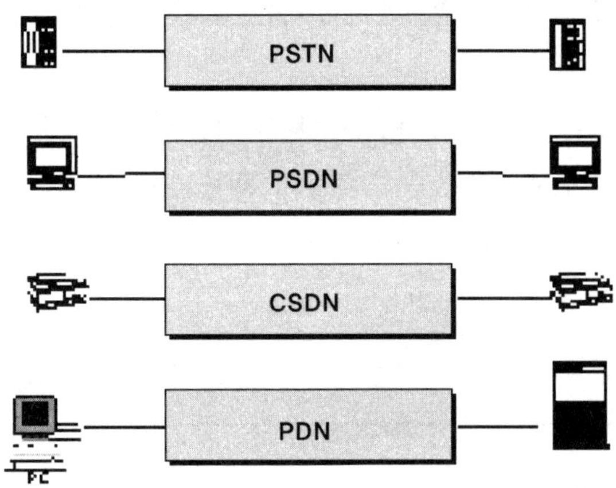

4.1.2 초고속 정보통신망

1) 초고속 정보통신망의 개념

초고속 정보통신망(B-ISDN: Broadband Integrated Services Digital Network)이라는 말은 국가마다 혹은 사람에 따라서 상이한 용어와 개념으로 지칭되고 정의되고 있다. 즉 정보고속도로(information super-highway), 국가 정보 기반구조(NII: national information infrastructure), 신사회 간접 자본 등 다양한 용어로도 사용되었다.

2) 초고속 정보통신망의 의미

정보통신망을 서비스의 목적별로 분류하면 전화망, 전신망, 데이터 통신망 및 인터넷망 등으로 나뉘는데 종래에는 이들 서비스 분야마다 별도의 네트워크를 구축하거나 일단 음성 대역의 아날로그 신호로 변환시켜 공중전화망(PSTN)으로 전송했었다. 그러나 공중전화망에 의해서는 음성 이외의 다른 정보의 전송은 속도와 비용측면에서 적당치 않았었다. 이에 따라 나타난 것이 이들 서비스를 하나로 묶어 디지털 전송 방식에 의해 네트워크를 통합하는 정보통신망이 초고속 정보통신망(B-ISDN)인 것이다.

B-ISDN은 초고속 및 대량 정보의 전송을 가능하게 하기 때문에 서비스 특성에 관계없이 음성 정보나 문자·도면은 물론 동화상 정보까지 다양한 서비스를 제공할 수 있으며, 다양한 종류의 네트워크를 통합할 수 있다는 특징이 있다.

〈그림 4-2〉 B-ISDN 구조

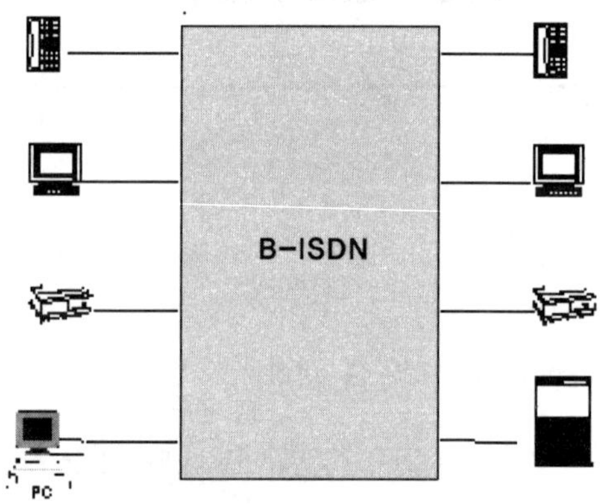

〈그림 4-1〉은 공중전화망(PSTN), 패킷 교환 네트워크(PSDN, Packet Switched Data Network) 그리고 회선 교환 네트워크(CSDN, Curcuit Switched Data Network) 등이 개별적으로 제공되는 전통적인 네트워크 구조를 나타내며, 〈그림 4-2〉는 이러한 개별 네트워크들의 통합된 형태인 초고속 정보통신망(B-ISDN)을 나타낸다. 전통적인 정보통신망 구조 하에서는 서비스별 회선과 네트워크 장비가 별도로 필요

하나 B-ISDN 구조 하에서는 단일 회선과 네트워크 장비만 갖추면 된다.

3) 제공 가능한 서비스

초고속 정보통신 기반 하에서는 음성, (고속) 데이터에서부터 시작하여 동영상의 전송을 실시간으로 가능하게 하기 때문에 제공 가능한 서비스는 다양하다. 이를 분류하자면 ① 고속 데이터 통신 서비스, ② 음성, 문서, 데이터, 정지화상, 동화상을 포함하는 멀티미디어 통신 서비스와 ③ 주문형 비디오(VOD: Video On Demand)나 영상 회의와 같은 비디오 서비스로 구분한다.

이 서비스들 중 주문형 비디오 서비스는 일반 사용자들이 통신 네트워크로 연결된 컴퓨터 또는 TV를 사용하여 원격 제어 장치(리모콘)로 자신이 원하는 영화를 선택하면 중앙에 있는 비디오 센터에서 통신 네트워크를 통하여 사용자가 원하는 영화를 가정에서 감상할 수 있는 서비스를 말한다.

4) 초고속 정보통신망의 전송방식

초고속 정보통신망의 전송 방식은 공중전화망의 전송 방식과는 달리 디지털 전송 방식이다.[1] 또한 초고속 정보통신망의 핵심은 셀 전송에 있다. 이용자는 셀 형태로 상대방에게 정보를 고속 전송한다.[2] 초고속 정보통신망에서는 모든 정보가 셀의 형태로 전송되는데, 전송과정에서 원래의 정보가 어떤 정보형태 즉 영상 · 음성 · 데이터 중 어느 것이었

1) 비음성(non-voice) 정보가 디지털로 전송되며, 디지털 가입자 댁내 장비가 필요하게 된다. 한편 음성(voice) 정보를 디지털로 전송하기 위해서 가입자 댁내 장비에 코덱(codec)이 필요하게 된다. 코덱은 아날로그인 음성 정보를 디지털로 변환하여 보낸 다음 아날로그로 바꾸어 수신하게 하는 기능을 가지고 있다.

2) 음성 · 영상 · 데이터 및 네트워크 제어 · 신호(Signaling)용 데이터 등의 정보를 '셀(cell)'이라고 불리는 디지털 정보의 소단위로 분할하여 교환기를 통해 발신지에서 착신지로 전송한다.

는가는 알 필요가 없고 알 수도 없다. 셀 전송에 관한 이용자의 정보 즉 요구용량, 정확성, 긴급성 등을 알고 있을 뿐이다. 셀이라는 단순한 형식에 의해서 정보를 전송하기 때문에 초고속 정보통신망은 단일의 네트워크상에서 다양한 서비스 요구를 충족시킬 수가 있다. 이러한 것은 기술발전에 의해 즉 원래의 정보 즉 음성·영상·데이터 등을 셀 형식으로 변환해서 보내고 수신 후에 원래의 형태로 복원이 가능하게 되었기 때문이다.

5) 초고속 정보통신망의 구성요소

초고속 정보통신망에 필요한 장비는 첫 번째로 가입자 댁내 장비, 두 번째로 ATM교환기, 세 번째로 광전송장치이다. ATM은 비동기 시분할 다중 송신 시스템으로 번역될 수 있는데, 통신 전송방식 중의 하나로 비동기 전송 방식(Asynchronous Transfer Mode)의 약어이다. ATM 교환기는 회선 및 패킷 교환망을 독자적으로 건설할 필요 없이 하나로 통합하여 음성, 데이터, 동화상을 동시에 처리할 수 있게 하는 교환 시스템이다. 전송 장비로 미국에서는 SONET(Synchronous Optical Network), 유럽에서는 SDH(Synchronous Digital Hierarchy)가 표준으로 채택되었다. 광전송 장치에는 광케이블, 전송부(transmitter), 수신부(receiver) 및 광섬유 간을 결합하여 주는 수동소자(connector)가 있다.

- 교환기 (전전자식 교환기, ATM 교환기)
  ATM / Asynchronous Transfer Mode / 비동기 시분할다중송신 시스템
- 전송 부문(광케이블, 광섬유 네트워크)
- 단말 부문(복합 단말 가입자 댁내 장비, Set Top Box)

4.1.3 광대역통합망

1) 광대역통합망 개념

광대역통합망(BcN; Broadband convergence Network)이란 통신·방송·인터넷을 하나의 네트워크로 통합하여 서비스 품질을 보장하는(즉 품질 보장형) 광대역 융합 멀티미디어서비스를 언제 어디서나 단절 없이(seamlessly) 이용할 수 있도록 하는 차세대 통합 네트워크라고 정의된다.[3] 이에 따라 광대역통합망은 높은 전송속도를 시현하는 진화된 네트워크 개념일 뿐만 아니라, 통신·방송·인터넷 부문의 서비스, 단말들의 융합을 가능하게 하는 네트워크 기반으로서, 새로운 사업 모형(business model)을 창출하는 데 이바지하는 품질 보장형 네트워크를 지향하고, 정보보호기능을 강화하여 안정성을 추구한다.

3) 2003년 구축 계획안이 발표된 우리나라의 차세대 정보통신망의 근간이 될 광대역통합망은 유/무선 및 방송/통신이 융합되는 정보통신 환경에서 광대역 멀티미디어 서비스를 고속으로 이용할 수 있는 차세대 통합 네트워크로 정의하고 있으며, 디지털 홈네트워킹을 통한 u-사회(u-network society)의 실현을 목표로 하고 있다. 통신·방송·인터넷을 하나의 통합네트워크로 묶는 차세대 통신 인프라인 광대역통합망 구축의 비전은 세계 최초 첨단 정보인프라 구축, 세계최고 수준의 정보통신서비스 제공, 지식정보화의 전면화 등 정보통신일등국가 실현과 IT 신성장 동력의 핵심기반이다. 그리고 광대역통합망 실현을 위해 구성된 그룹으로 KT, SK텔레콤, 데이콤을 중심으로 3개 컨소시엄이 선정된 바 있다.

〈그림 4-3〉 BcN 개념도

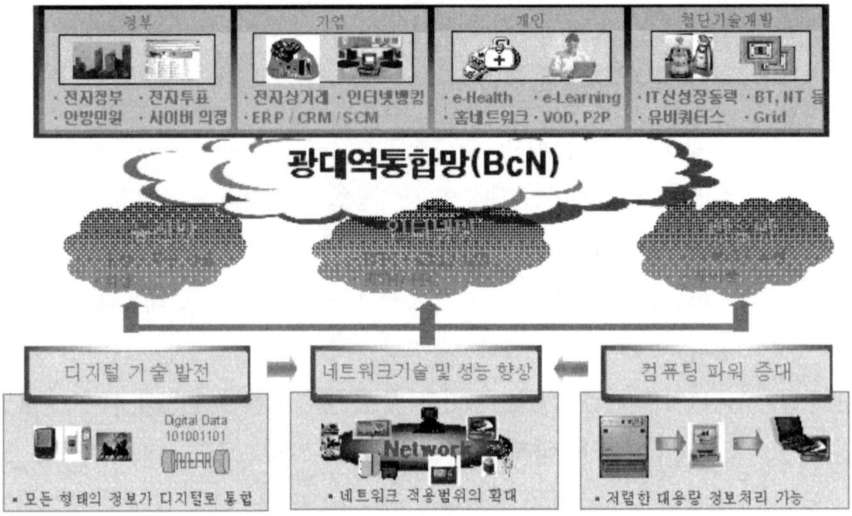

광대역통합망(BcN) 구축의 목적은 첫째, 언제 어디서나 어떤 단말기로도 편리하고, 저렴하게 이용할 수 있는 세계 최고수준의 고품질 멀티미디어 서비스 이용환경을 조성하는 것이다. 둘째, 홈쇼핑, 전자상거래, 원격교육, 인터넷 방송, 전자정부, 인터넷 금융 등 전 정보통신(IT) 부문을 하나의 통합된 네트워크에 의해서 연결하여 음성/데이터, 유선/무선, 통신/방송 등 매체 및 서비스간의 상호 통합을 가능하게 함으로서 미래 정보사회(Broadband network society)에서 통합 및 융합의 실현을 가속화시키는 것이다. 즉, 컴퓨터, 통신, 방송 등 모든 정보통신(IT) 부문이 하나의 네트워크에 연결되는 광대역통합망(BcN) 기반의 구축은 다양한 분야의 융합을 가속화시키는 미래 정보사회 건설을 가능하게 한다.

2) BcN 장비 분류 체계

〈표 4-1〉 BcN 장비 분류 체계

	소분류/대표적인 장비	
서비스 및 제어 장비	OSS BSS OpenAPI 장비 소프트스위치	
전달망 장비	교환장비	공중망라우터(사업자용) Media Gateway
	전송장비	SDH/SONET MSPP WDM장비 OXC
가입자망장비	유선가입자장비	엑세스라우터 및 서비스장치 집선장비 xDSL장비 HFC장비 FTTH장비 Carrier Class Ethernet
	기업용장비	Contact Center System 구내교환장비
홈 Network 장비 및 BcN단말	홈 Network 장비	홈 Gateway/서버 Set-top Box PLC모뎀 홈네트워크 단말기
	BcN단말	VoIP단말 영상단말 복합단말

3) 광대역통합망 구축 기술

BcN은 기존 망과 서비스 기능을 무시하여 새로운 망을 구축한다는 것이 아니라 기존에 존재하는 여러 망을 통합하여 기존의 서비스는 물론 통합에 따른 다양한 서비스들도 제공한다는 개념이다. 즉 광(光) 기간망(optical backbone network)과 가입자 선로에 해당하는 HFC(광동축혼합망), FTTH(광가입자망; Fiber To The Home), xDSL(디지털가입자선로) 등 모든 종류의 유선망이 융합되는 것은 물론 무선망과 방송망도 BcN이라는 거대한 틀 속에 통합된다는 것이다.

유/무선 및 통신/방송이 융합된 다양한 복합 서비스가 가능하기 위해서는 네트워크의 고속화를 위한 광대역화 기술과 함께 다양한 응용 서비스의 창출과 네트워크 자원의 효과적 이용을 지원하는 융복합화 기술의 확보가 전제되어야 한다.

광대역화 기술은 광대역통합망의 기반 기술로서, HDTV 급 대역폭을 필요로 하는 초고속, 고품질의 멀티미디어 서비스 시장에 대한 고객의 요구에 부응하기 위해 네트워크의 속도와 품질을 획기적으로 개선할 수 있는 기술이다. 광대역화 기술에 대한 예로는 FTTH 기반의 광가입자망 기술과 고밀도 파장분할다중화(DWDM; Dense Wavelength Division Multiplexing) 및 서비스 품질(QoS; Quality of Service) 기반의 광전송망 기술 등을 들 수 있다.[4] 가입자망 기술은 기존의 ADSL, VDSL 기술에서 보다 진보된 광가입자기술이 요구되고 있으며, 이러한 기술로는 수동 광통신망(PON; Passive Optical Network) 방식, WDM-PON 방식을 들 수 있다.[5] 광전송망 기술은 음성, 데이터, 화상 등 인터넷 정보를 광파장 신호로 변환하여 빛의 속도로 교환, 전달, 처리하는 기술이다. 광전송망 기술은 이론적으로 향후 광섬유 한 가닥을 통해 최대 수십 Tbps(Tera bit per second)까지 전송할 수 있다고 한다.

FTTH망을 기반으로 통신과 방송을 융합하는 기술에는 광전송로의

4) DWDM은 하나의 광케이블에 여러 개의 빛 파장을 동시에 전송하는 광 전송 방식이다. DWDM은 때로 WDM(wave division multiplexing)이라고 불리기도 한다.

5) PON은 광섬유를 저렴하게 최종가입자에게 연결하는 광가입자 시스템이다. PON에서 passive 즉 "수동"이란 일단 신호가 네트워크를 통해 지나가면 광전송을 위해 전력 에너지 또는 활성 전자부품이 더 이상 필요 없다는 것을 의미한다.

구성모형과 광다중화 기술 측면에서 AON과 PON 방식이 있다. 두 방식은 방송채널 및 그에 따른 소요대역폭 등에서 큰 차이가 존재한다. 한편 또 다른 차이점은 FTTH PON 방식은 통신과 방송의 통합지점이 통신사업자의 전화국사이거나 케이블 TV 사업자(SO)의 건물인 반면, FTTH AON 방식은 사용자가 주거하는 아파트단지 내의 구내 통신실에서 통/방 통합이 가능하다는 것이다.

BcN의 전달망이 갖추어야 할 요건은 다음과 같다. 광대역 멀티미디어 서비스의 단대단(end-to-end) 최소 속도 확보 및 서비스 품질(QoS)이 보장되어야 하며, 고도의 통신망 관리 및 보안기능(Security)을 갖추어야 한다. 또한 유/무선 및 통신/방송이 융합된 다양한 복합 서비스 창출을 위해서는 각각 개별 네트워크로 구축 운용되고 있는 PSTN, IP, ATM, CDMA, CATV 등을 통합하여야 하여야 하는데, 이를 위해서는 개방형 망구조(Open API) 및 차세대인터넷 주소체계(IPv6)를 도입하여야 한다.

4) 광대역통합망과 초고속정보통신망간의 차이

초고속정보통신망(B-ISDN)은 유선 통신망 위주의 정보인프라를 기반으로 하고 있는 데에 반하여, 광대역통합망(BcN)은 유선 통신은 물론 무선 통신 · 방송 · 인터넷이 융합되는 환경에 대비한 차세대 정보인프라이다. 초고속정보통신망에서는 통신 · 방송 · 인터넷이 제각기 구축 · 운용됨으로써 시스템간의 연계 부족, 융/통합 서비스 출현의 저해 및 중복투자 등의 문제점이 존재한다. 반면에 광대역통합망은 초고속정보통신망 구축에서는 고려되지 않은 융/통합 서비스에 대비한 대역폭을 고려하며, 보다 높은 서비스 품질(QoS) 보장과 보안체계를 갖출 뿐만 아니라, u-사회(u-network society) 환경 구현에 필요한 주소자원 부족을 IPv4 체계에서 IPv6체계로 변환함으로써 해소한다.

또한 초고속정보통신망(B-ISDN)에서는 동영상을 포함한 초고속 인터넷서비스 제공을 실현하기 위한 기반망인 반면, 광대역통합망(BcN)

은 IT 전 영역에 걸친 융합을 실현하여 다양한 통합 서비스를 가능하게 하는 차세대 정보인프라로서 초고속정보통신망에 비해 50배 정도 빠른 50~100 Mbps의 실현을 목표로 하고 있다.

시대적 배경측면에서도 초고속정보통신망은 광대역통합망과 구별된다. 초고속정보통신망의 구축이 무난하게 추진될 수 있었던 시대적 배경에는 당시 공기업이던 KT가 Han B-ISDN 사업을 주도하고 국책 연구기관인 ETRI를 중심으로 삼성/현대/대우를 비롯한 통신장비 업체들이 공동으로 TDX 등 핵심 장비 개발이 순조로이 이루어졌다는 데에 있다. 즉 초고속정보통신망과 관련된 새로운 장비개발 및 그에 따른 기술력 제고가 정부 주도의 연구개발 선도와 참여업체들 간의 경쟁과 협력을 통해 이루어졌다.

광대역통합망을 추진하는 시점에서 KT는 민영화를 이유로 수익이 없는 사업에 대한 투자는 어려운 실정이다. 이것은 광대역통합망 관련 사업자들이 신규 투자를 하고자 할 경우에 과거 사업을 대체하는 과정에서 나타나는 잠식효과를 고려하여 투자 결정을 하고자 할 것이기 때문이다. 이러한 예로 PSTN보다 나은 네트워크로 나아가는 네트워크 전이과정(migration)에서 나타나는 시장 잠식효과를 들 수 있다. 이에 따라 광대역통합망이 성공적으로 구축되기 위해서는 기존 서비스와의 잠식 효과를 충분히 보상할 수 있는 사업 모형(business model)이나 핵심 응용(killer application)의 발굴이 필수적일 것이다.

5) BcN의 구축과 번들링(bundling) 서비스 출현

BcN의 구축은 유/무선 및 통신/방송이 융합된 다양한 서비스들의 융합을 가속화시킨다. 이와 같이 BcN 환경 하에서 나타나는 신규 묶음(bundle) 서비스에 대한 예로서는 VoIP, 인터넷 및 방송이 결합된 TPS(Triple Play Service; 영상, 음성, 그리고 데이터가 결합된 묶음 서비스), 무선LAN/무선인터넷 결합 서비스, 원폰(유선전화+이동전화) 재화 등을 대표적으로 들 수 있다.

융합 유형은 대부분의 경우에 대체성과 보완성이 혼재하지만, 서로 무관한 상품들이 대체/경합 관계를 갖게 되는 대체성 융합과 서로 보완성을 갖게 되는 보완성 융합으로 구분한다. 대체성 융합은 기존의 대체 가능한 상품/서비스들의 물리적 결합을 의미한다. 즉 대체 패러다임(1+1=1 paradigm)을 통해 설명할 수 있다. 보완적 융합은 자원과 역량이 전혀 다른 사업자들이 기존의 기능들을 보완하는 새로운 서비스를 개발, 기존의 서비스와 화학적으로 결합하는 것을 의미한다. 기존 서비스들은 그들만의 고유한 특성을 그대로 유지하면서 동시에 새로운 기능과의 융합을 통해서 더욱 향상된 서비스로 다시 태어난다는 것이다. 이러한 보완적 융합은 보완(cooperative or complementary) 패러다임(1+1=3)을 통해 설명할 수 있다.

대체성 융합은 성숙기의 유선전화와 이동전화의 관계 그리고 PC와 휴대폰의 관계에서 찾아볼 수 있다. 이동전화는 도입 초기에 가격이 매우 높고 휴대성이 부족하여 일부 계층에서만 차량용으로 사용하였으므로 유선전화와는 독립적이면서 보완적인 관계였다. 그러나 성숙기에는 기술발전에 의한 단말기 소형화에 의한 사용 편리성의 제고 및 요금 인하로 유선전화를 상당한 정도로 대체하면서 경쟁/대체적인 관계로 자리매김하게 되었다.

다음에는 PC와 이동전화의 관계를 보기로 하자. 이동전화와 PC는 초기에는 용도가 전혀 다른 별개의 제품이었다. 초기에 이동전화는 음성 통신 목적으로, PC는 개인이나 기업 내부 조직의 정보처리 목적으로 사용되었다. 성숙기에 들면서 이동전화 단말기인 휴대폰이 스마트폰으로 진화하게 되면 인터넷 플랫폼 역할을 할 수 있게 되며, PC는 데이터 처리는 물론 음성 통신까지 모두 지원하는 정보통신 플랫폼 역할을 하게 될 것이다. 이에 따라 이동전화와 PC는 성숙기에는 대체적인 관계가 될 것이다.

TPS(Triple Play Service)도 대표적인 대체성 융합 서비스이다. 방송과 통신사업자들이 제공하는 기존의 서비스들(초고속 인터넷, 케이블

/위성, 그리고 전화 서비스)을 묶은 TPS는 각각의 기존 서비스와 상호 대체 가능한 대체성 융합 서비스라고 할 수 있다.

휴대폰에 디지털 카메라 기능을 통합하여 영상 파일을 휴대폰에 저장하고 다른 사람에게 전송할 수 있게 된 것은 휴대폰/카메라 기능이 통합된 보완성 융합의 대표적인 사례이다. fax, 복사기 및 스캐너 기능을 결합한 복합 사무기기 및 코드리스 폰과 휴대폰이 결합된 형태의 원폰도 또 다른 보완성 융합의 예이다. 복합 사무기기(fax+복사기+스캐너)는 문서를 복사하고 복사된 문서를 다시 팩스로 전송하며 이를 다시 스캐너를 이용하여 컴퓨터에 저장하던 과정을 하나의 기기에서 해결하게 함으로써 개별 제품의 단순 결합 형태가 아닌 보완적 융합 상품인 것이다.

BcN의 구축은 다양한 서비스/재화들의 융합을 가속화시키면서 BcN을 기반으로 하는 멀티미디어서비스 시장의 출현을 예고한다. 이에 따라 BcN 서비스시장은 상호작용적(interactive)이며 진보된 멀티미디어 기능들이 구현되는 융합 상품/서비스가 광대역 유/무선망을 통해 제공되는 시장으로 정의할 수 있다. 이러한 BcN 서비스 시장의 주체는 방송사업자들(지상파, 케이블/위성방송), 통신사업자들 및 인터넷 사업자들과 장비 업체들이다.

4.1.4 USN/RFID

1) RFID

무선 식별코드(RFID; Radio Frequency IDentification)란 사물에 전자칩(RFID 태그)을 부착하고 무선통신 기술을 이용하여 사물의 정보·위치를 확인하고 주변 상황정보를 감지하는 센서 기술로서, 활용 분야는 식료품부터 축산물 관리, 폐기물 관리, 환경 관리, 물류·유통, 보안 등 우리 생활의 다양한 분야이다. RFID 유형으로는 수동/능동형 RFID,

센싱형 RFID이 있다.

RFID(Radio Frequency Identification) 칩은 반도체 칩 소재의 공정기술 및 패키징 기술을 초소형 센서 융합기술 개발과 연계하여 ISO 표준식별코드 및 IPv6 주소체계와 접목시킴으로써 저가화·초소형화를 통해 u-사회(u-network society) 실현을 가속화할 수 있다. 즉 RFID는 점차적으로 통신기능이 부가되고 주위 환경을 감지하는 센싱 기능이 부가되어 능동적으로 정보를 처리하는 능력이 향상되는 데 비하여 가격은 저렴하게 될 것이다. 이에 따라 물류, 유통분야뿐만 아니라 축산물관리, 환경, 재해예방, 의료관리, 식품 관리 등 실생활에서의 이용이 확대될 전망이다.

2) USN

유비쿼터스(ubiquitous)란 "어디서나 어떤 기기로든 자유롭게 통신망에 접속해 정보나 자료들을 주고받을 수 있는 환경"을 뜻하는 단어로 순수 우리말로는 "두루누리"라고 한다.[6) 여기서는 광대역통합망 구성의 하나로 주목받는 u-센서 네트워크(USN; Ubiquitous Sensor Network)에 대하여 보기로 하자. USN(Ubiquitous Sensor Network)은 센서에 네트워크 개념을 추가해 사물의 존재 및 위치를 감지하면서 실시간으로 관련된 정보를 관리하고 제어하는 네트워크 개념으로서, 사물의 정보화를 위한 첫 걸음임과 동시에 u-사회(u-network society) 구현을 위한 기반구조가 될 것이다. 즉 필요한 모든 사물에 RFID를 부착하고(Ubiquitous), 이를 통하여 사물의 인식정보는 물론 주변의 환경 정보(온도, 습도, 오염정보, 균열정보 등)를 탐지하여(Sensor), 이를 실시간으로 광대역 통신망(BcN)에 연결하여 정보를 관리하기 위한 네트워크(Network) 개념이다.

이러한 u-센서 네트워크는 농축산물 관리, 상품 및 식품관리, 환경,

6) 국립국어연구원에서는 "유비쿼터스(ubiquitous)"의 순수 우리말로 '두루누리'를 선정한 바 있다.

교통, 유통, 물류, 의료 등 광범위한 실생활에 적용되어 국민 생활의 편의성을 증대시키며, 반도체 산업을 기반으로 전자태그, 센서 등 첨단 신산업 창출과 물류 체계의 혁신을 선도할 기반구조로서 기능할 것이다. 궁극적으로 USN은 모든 사물에 컴퓨팅(computing) 및 통신(communication) 기능을 부여하여 anytime, anywhere, anything 통신이 가능한 환경을 구현하기 위한 u-네트워크(u-network)로 발전할 것이다.

〈표 4-2〉 핵심요소기술과 그 활용

핵심요소기술	활 용
지능형 로봇	- 정확한 위치 인식 및 환경 센싱 - 사람의 건강상태를 파악하는 등 비상시 구조 및 의료체계와 연계
홈네트워크	- 가정 내 사물들 간에 네트워크를 구성하여 자동관리(채광, 실내온도, 실내조명, 주인인식, 문 자동개폐 등)
차세대 PC	- 초단거리 사물 간 통신으로 풍부한 주변 환경정보 습득 가능 - 무선 센서 활용으로 사용자 인터페이스 편리성 증대
차세대 이동통신	- 사물 대 사물 간 통신에 의해 효과적인 WPAN(Wireless Personal Area Network)실현
텔레매틱스	- 타이어, 차량 주변의 상태를 인식하여 운전 편의성 및 안전성 제고 - 도로, 거리 등에 전자태그를 설치하여 위치 안내 등에 활용

u-network로의 발전은 지금까지의 사람 중심 정보화에서 사물을 중심으로 정보화의 지평을 확대시킬 수 있는 신정보화의 출현을 의미한다. 이와 같이 RFID/USN은 사물과 인간 또는 사물과 사물간의 통신을 가능하게 하여 생활 전반에 걸쳐 편리성, 안정성, 효율성을 제고시킬 수 있게 한다. 다시 말하자면 사물의 정보화를 가능하게 하고, 이를 기반으로 다양한 애플리케이션 개발 및 서비스의 출현에 의해 u-사회(u-network society)를 구현가능하게 한다.

〈그림 4-4〉 RFID/USN 시스템 구성도

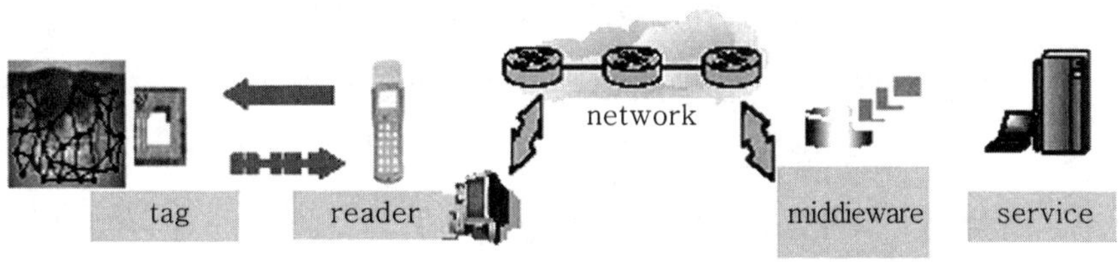

〈그림 4-4〉는 RFID/USN 시스템 구성도를 나타낸다. RFID/USN 시스템은 태그, 리더, 미들웨어 등으로 구성되고 인터넷망에 연동되어 응용서비스를 제공한다. RFID/USN 구현을 위해 요구되는 기술에는 센서 기술, MEMS(Micro Electro Mechanical System), 위치추적 기술, IPv6 등이 있다.

USN을 보는 견해는 크게 두 가지로 구분된다. 하나는 센서노드를 연결한 '인프라'의 속성을 갖는 네트워크라고 보고 있는 것이며, 다른 하나는 각각의 개별적이고 독립적인 컴포넌트 개념으로 접근해야 한다는 것이다. 네트워크로 보는 견해에서는 "예를 들어 지능형로봇이 개발됐을 때, 이 로봇이 사물이나 사람에게서 오는 정보를 감지해 일을 처리하려면 USN이 필요하고 이런 의미에서 USN은 지능형로봇과 홈네트워크의 인프라"라는 것이다. 반면 컴포넌트라고 보는 견해는 "예를 들어 홈네트워크에 연결된 디지털 냉장고가 있다고 할 때 이 냉장고에 센서노드를 넣는다면 이 센서노드가 통신하는 것은 냉장고 안에 있는 온도나 습도뿐일 것"이라며 "인식대상이 자동차냐, 건강 관련이냐 등에 따라 다른 만큼 네트워크가 아닌 컴포넌트 개념으로 접근하는 게 옳다"는 것이다.

USN을 네트워크 개념이나 컴포넌트 개념 중의 어떤 하나로 접근하더라도 그 기술적 차이는 없다. 하지만 비즈니스 모델을 만드는 데에는 영향을 미칠 수 있다. 네트워크로 볼 경우 각종 센서 네트워크를 연결하는 통신망의 역할이 강조되고, 컴포넌트로 볼 경우에는 센싱이나 위치정보 등 다른 기술들이 강조되기 때문이다.

인프라 관점에서 정부의 조기투자에 의한 USN의 구축은 민간 수요 창출을 기대할 수 있다. 기업들이 RFID를 도입하려는 것은 최신의 정보를 그때그때 이용해 자신의 사업 효율성을 제고하려는 것인데, 이를 위해서는 이동하는 물품을 체크하여 연동할 수 있는 USN의 구축이 선행되어 있어야 할 것이다. 즉 기업이 RFID/USN을 적극적으로 이용하려고 하는 유인은 관련된 비즈니스 절차의 모든 단계에서 - 예를 들어 수입 쇠고기를 파는 기업이라면 검역소부터 - RFID/USN이 구축되어 있느냐에 달려 있다.

USN 구축은 장기적으로는 그 효과가 있겠지만 단기적으로는 그 효과가 미지수이다. 이에 따라 자국의 경제 현실과 수요, 기술 수준을 고려하지 않은 채 USN 구축으로 모든 것이 해결된다고 생각하여 정부가 USN 구축에 대한 투자를 강행하는 경우에, 적어도 단기적으로는 그 효과가 가시적으로 나타나지 않을 수 있다. 다음에는 USN 구축의 성공적 실현을 위해 선행되어야 하는 사항들을 보기로 한다. 하나는 RFID 태그 인식율 제고와 저렴한 RFID 태그 가격 등이 선행되어야 한다. 또한 센서노드는 한번 달면 1년 이상 사용할 수 있도록 해야 하는 전력 문제를 해결해야 한다.

3) IPv6

IPv6(Internet Protocol version 6)는 기존 IPv4에 이어 개발된 인터넷 프로토콜(IP) 주소 체계의 차세대 버전이다. IPv4 주소체계의 단점을 개선하기 위해 개발된 새로운 IP 주소체계로 차세대 인터넷통신규약이라는 의미에서 IPng(IP next generation)라고도 한다.

기존 IPv4는 32비트 체계로서 약 42억, 즉 2의 32제곱개의 IP주소를 가지고 있다면, IPv6는 128비트 체계로 2의 128제곱개라는 거의 무한대에 가까운 IP주소를 생성한다. 즉 향후 BcN(광대역통합망)과 같이 "All-IP" 기반의 유무선 통합 네트워크 환경, 즉 u-network 환경 하에서 항만시설과 같은 사회간접자본에서부터 물류/유통 모니터링용 전자 태그(RFID; Radio Frequency Identification)에 이르기까지 모든 사물에 인터넷 주소를 할당한다면 IPv4의 주소체계로는 사실상 불가능하다. 이러한 IP주소 고갈 문제를 해결해 주는 것은 IPv6 체계이다.

4.2 융합 현상과 전략적 제휴

4.2.1 융합 현상과 통합 서비스

1) 디지털 융합과 통합

디지털 융합(Digital Convergence)이란 디지털 기술을 매개로 하여 인터넷, 가전, 통신 및 방송 등의 기기와 서비스 등이 서로 유기적으로 융합되는 현상을 의미한다. 즉, 디지털 융합은 디지털 기술을 기반으로 하여 IT 제반 부문 간 융합이 일어나는 현상이다. 이러한 디지털 융합 현상은 PC, 전화기, 가전제품, 휴대폰 등과 같은 단말기기 뿐만 아니라 콘텐츠, 네트워크, 서비스 분야의 통합은 물론 더 나아가서는 기업 통합 등 IT 제반 분야에서 일어나고 있다.

이러한 IT 제반 부문간 융합 이외에도 생명공학기술(BT; Bio-technologies), 청정기술(CT; Clean Technologies), 나노 기술(NT; Nano-Technologies) 등과 IT 산업을 접목시키는 퓨전(fusion) 현상도 급속하게 진전되고 있다.[7)]

---

7) NT는 10억분 1m의 정밀도로 소재·소자·시스템을 만드는 극미세 가공 기술이다. 나노기술은 원자나 분자 단위의 극미세 물질을 인위적으로 조작하여 기존에는 불가능했던 새로운 성질과 기능을 가진 물질이나 장치를 만들 수 있게 한다. 일례로 나노 기술을 반도체 공정에 적용하면 손톱만한 크기의 칩에 수백 메가를 저장할 수 있는 대용량 반도체를 만들 수 있다. 이에 따라 나노 기술은 산업 간 기술 융합을 촉진, 기존 산업의 다각화나 다

2) 유/무선 통합과 통/방 융합

IT 부문 간 융합에 따른 서비스는 일반적으로 통신, 방송, 인터넷 산업 간의 융합 전개 과정에서 등장하는 새로운 서비스를 의미한다. 이러한 IT 부문 간 융합 서비스로는 IPTV, 디지털 멀티미디어 방송(DMB), 휴대인터넷, 인터넷 방송(Webcasting) 등을 들 수 있다. IT 부문 간 융합(Convergence) 현상은 크게 유/무선 통합과 통/방 융합으로 구분된다.

(1) 유/무선 및 통방 융합 개념

유/무선 및 통신/방송 통합은 과거에는 독립적으로 운영되고 있었던 유선과 무선 통신 부문 및 방송 부문의 서비스, 네트워크, 단말기 및 영업활동을 통합하는 것으로 정의할 수 있다. 이러한 정의를 바탕으로 유/무선 및 통신/방송 통합의 개념을 분류해 보면 〈표 4-3〉과 같이 네트워크 통합(Network convergence), 서비스 통합(Service convergence), 단말기 통합(Terminal convergence) 및 마케팅 통합(Commercial convergence)으로 구분할 수 있다.

네트워크 통합은 하나의 네트워크에서 유/무선 및 통신/방송 서비스를 동시에 제공하는 것으로 원폰이 그 대표적인 예이다. 단말기통합은 단말 분야에서는 유/무선 통신 및 방송 단말기가 하나로 통합되는 것이다.

른 분야로의 진출을 지원하는 역할을 한다. 일례로 나노기술과 바이오의 융합에 의한 나노/바이오 기술은 나노미립자 스크리닝·미세가공에 의한 재생의료 등 다양한 새로운 산업을 창출하게 된다. 또한 u-network를 실현하기 위해서는 소형·경량의 반도체·디스플레이·전지 등 나노기술이 절대적으로 필요하다. 이외에도 나노 기술은 차세대 디스플레이·차세대 대용량 메모리·양자컴퓨터· 광메카트로닉스·바이오센서·금형 등 분야에도 적용가능하다.

〈표 4-3〉 유/무선 및 통신/방송 통합

네트워크 통합	정의	유/무선 통신 및 방송 서비스를 동시에 제공하는 하나의 네트워크
	주요 사례	BcN
단말기 통합	정의	유/무선 통신 및 방송 단말기가 하나로 통합되는 것
	주요 사례	유/무선 및 방송 멀티모드 단말기
서비스 통합	정의	유/무선 통신 및 방송 서비스를 단절없이 제공
	주요 사례	개인번호 서비스, UMS, 단일 단말서비스, 개인 도우미 서비스
마케팅 통합	정의	유/무선 및 방송 서비스 이용자에 대한 고객 서비스, 과금 및 마케팅 활동 통합
	주요 사례	고객 서비스 통합, 통합 과금

서비스 통합은 서비스 전송에 사용되는 기술에 관계없이 고객이 유/무선 통신 및 방송 서비스의 영역을 느끼지 못하도록 유/무선 통신 및 방송 서비스를 단절 없이 제공하는 것을 말한다. 개인번호서비스, UMS, 개인 비서 서비스 등이 그 주요 예이다.

마케팅 통합은 유/무선 통신 및 방송 이용자에 대한 고객서비스, 과금 및 마케팅 활동 등을 통합하는 것으로 유/무선 통신 및 방송 부문의 자원을 통합 관리함으로써 비용절감 효과를 얻기 위한 것이라고 할 수 있다. 마케팅 통합의 주요 사례로는 고객서비스 통합 및 통합 과금 등을 들 수 있다.

〈그림 4-5〉 수직계층 구조에 의한 유/무선통합

Service 계층	ML LM traffic 증대 유/무선 서비스 연동 및 통합
Application 계층	개인화된 solution 제공 및 Contents 통합 유/무선 Application 통합
단말 계층	유/무선 통합 단말기 유/무선 단말기 통합
네트워크계층	IP망으로 통합 진화 유/무선 네트워크 공유 및 통합

(2) 유/무선통합의 의미

유/무선 통합(FMC; Fixed Mobile Convergence, WWI; Wireline and Wireless Integration)은 〈그림 4-5〉에서 보는 바와 같이 수직계층 구조에 의거한 유/무선망의 각 계층 간 통합이나 연동으로 나타난다.

네트워크 계층에서는 유/무선망이 공히 완전 IP 망(All-IP network)으로의 진화를 통해 유/무선 네트워크의 공유나 통합을 실현한다. 이러한 유/무선 네트워크 통합은 궁극적으로는 단말기 그리고 더 나아가서 애플리케이션(application)이나 서비스의 통합을 지원하기 위한 수단으로서의 의미를 갖는다.

단말 계층에서는 유선단말기와 무선단말기가 하나의 단말기로 통합된 원폰(OnePhone)을 고려할 수 있다. 이외에도 전화기와 휴대전화, TV, 셋톱박스, PC 등의 기능을 하나로 합친 복합 단말기도 고려할 수 있다. 서비스 계층에서 유/무선 통합은 고정전화에서 발신되어 이동전화에 착신되는 LM(Land to Mobile)과 이동전화에서 고정전화에 이르는 ML(Mobile to Land) 통화량(traffic)의 증대를 초래할 것이다.

〈표 4-4〉 유/무선통합의 모습

유/무선 통합의 모습	설 명
1 Phone	· 하나의 유/무선 통합 단말
1 Number	· SIM 카드를 통해 하나의 번호로 모든 서비스를 받을 수 있는 체제 구축 · 이는 서비스 프로 파일에서 특정 단말을 지정할 수 있는 기능을 부여함에 의해 가능
1 Voiec Mail	· 유선과 이동전화에서 별개로 운용되고 있는 음성 사서함을 통합 운영 · 이용자에게 비용 절감과 편리성 제공
1 Monthly Fee	· 몇 개의 서비스가 합쳐진 서비스 묶음에 대해 단일 기본료 부과 · 통합 과금으로 저렴한 요금체계를 제공함으로 이용자에게 가입 유인 제공
1 Tariff Plan	· 과금 플랜을 유/무선 통신 서비스와 관계없이 하나의 체계로 통합
1 Bill	· 하나의 통합 과금 고지서로 청구
1 Stop Shopping	· 다양한 유/무선 통합 서비스를 한 장소에서 구매가 가능하도록 네트워크 구축
1 Customber Service	· 각 고객 센터에서 서비스별로 구축된 고객 DB를 하나의 고객 센터에서 하나의 DB로 일원화 즉 특정 고객이 가입하고 있는 모든 서비스를 하나의 창구를 통해 지원, 문의, 관리, 조회 가능
1 Interface	· 서비스 접속시 단일 또는 통합 browser를 통해 모든 서비스 접속 가능

유/무선통합은 공급측면에서보다는 수요측면 즉 고객 지향적인 서비스 제공에 기반을 둔다. 다시 말하면, 유/무선통합은 서비스 계층, 애플리케이션 계층의 순으로 수요측면에 중점을 두어 고려하는 것이 중요하다는 것이다. 서비스나 애플리케이션 계층 및 더 나아가서는 단말 계층에서 나타나는 고객 지향적인 서비스를 중심으로 한 유/무선통합의

모습은 〈표 4-4〉에서 보는 바와 같다.

(3) 통/방 통합

과거 일방적인 방송정보의 분배 기능에만 의존했던 것에서 양방향화가 추가될 뿐만 아니라 동영상 방송 정보가 고속으로 인터넷으로 전송되면서 기존의 방송과 통신의 경계 영역이 사라지는 것을 통/방 통합 또는 방송·통신 융합(Convergence)이라고 한다. 이종 네트워크와 다양한 단말기로 이루어진 통/방 통합 환경에서는 소비자가 원하는 언제 어디서나 방송 콘텐츠를 단절 없이 이용할 수 있는 콘텐츠 접속(Ubiquitous Content Access)이 가능하다.

통/방 융합에 대한 예로는 인터넷을 통한 방송인 IPTV와 위성과 지상파 방송 사업자에 의한 DMB를 통한 양방향 전자상거래(T-Commerce), 인터넷 학습(e-Learning) 등의 다양한 서비스들을 들 수 있다. 통/방 융합은 초기에는 통신부문의 디지털 매체인 인터넷 및 PC에 의해 주도되었지만 현재에는 디지털 방송 및 DTV(Digital TV)의 출현에 의해 방송부문에서도 가능하게 되었다. 이것은 과거 단방향 서비스만이 가능했던 방송 부문이 디지털 TV의 출현에 의해서 웹방송(webcasting) 등과 같은 쌍방향 서비스가 가능하게 되었기 때문이다.

방송·통신 융합에 따라 산업구조도 변화한다. 초기에는 동일 업종/매체 내 사업자간의 경쟁 구도였으나 방송·통신 융합 환경 하에서는 미국의 CNN.com, NBC.com 등에서 보는 바와 같이 방송사들의 인터넷 부문 진출 및 IPTV 방식의 등장과 함께 인터넷 업체들의 방송부문 진출 등과 같이 수직 계층 내에서의 여러 업종 및 매체간의 경쟁 양상으로 변화한다. 즉 초기에는 정보의 형태, 전송 매체 및 사용자 플랫폼에 따라 출판 산업, 방송 산업, 통신 산업 및 영화산업 등으로 각 산업 내부에서의 경쟁 체제 형태를 취하였으나, 디지털 융합 환경 하에서는 정보의 형태 및 전송 매체의 구분이 무의미해짐에 따라 상기 산업 간의 구분은 모호해지면서 대신에 콘텐츠, 애플리케이션, 서비스 및 네트워크 제공 산업 및 단말기 산업 등과 같이 수직 계층 내에서의 경쟁체제로 산업구조의 재편이 이루어진다.

3) 융합 서비스의 예

(1) 유/무선 통합 서비스

여기서는 대표적 유/무선 융합 서비스로서 단일번호(One Number) 서비스, 단일단말(OnePhone) 서비스, 통합 메세징(unified messaging) 서비스, 모바일 가상사설망(mobile virtual private network) 등을 소개한다. 여기 소개된 것 이외에도 과금과 고객서비스 통합 등의 서비스가 가능하다.

■ 개인번호(Personal numbering) 혹은 단일번호(One-number) 서비스

개인이 위치한 곳에 따라 이동전화 혹은 유선전화로 착신 전환이 가능한 지능망 서비스이다. 예를 들어 개인번호로 전화가 걸려오면 이동전화가 켜져 있는가를 확인하고 통화 접속이 이루어지지 않으면 유선망에 연결된 번호로 전환되고, 유선망에서도 착신되지 않으면 음성사서함으로 자동 연결 되도록 하는 것이다. 개인번호 서비스는 사업자 측면에서는 단일번호의 사용으로 인한 고객 관리의 편리성 제고 및 가입자의 위치에 따른 차별적 요금 등 다양한 요금제의 적용이 가능하다. 즉 이동전화 요금과 유선전화 요금간의 차액에 대해서는 이동전화 가입자가 일부 부담하는 착신 과금 방식을 이용하거나 발신자가 전액 부담하는 발신 과금 방식 등 다양한 요금제를 개발 할 수 있다. 사용자 측면에서는 유선과 무선을 개별적으로 가입하는 것보다 요금이 저렴할 뿐만 아니라 중요 통화를 놓치지 않는 장점이 있다.

■ 원폰(OnePhone) 서비스

원폰 서비스는 유/무선 통합단말기인 멀티모드 단말기(multimode terminal)를 이용하여, 가입자 위치에 따라 가입자가 원하는 형태로 유

선 단말기나 무선단말기로 기능을 바꾸어 사용할 수 있는 서비스이다. 원폰 서비스의 장점은 유선과 무선 별도의 전화번호를 사용할 수 있으며, 개인번호 서비스로도 이용 가능하며, 유선전화를 이용할 수 있는 곳에서는 저렴한 유선전화를 이용할 수 있다는 것이다. 영국의 BT가 제공한 "OnePhone Service"가 대표적인 예이다. 제공되는 주요 서비스로는 착신전환(Call Forwarding)을 기반으로 하는 개인번호(Personal Number) 서비스를 들 수 있다.

■ 단일음성사서함(Single voice-mail box) 서비스

메시지 입력 장치에 상관없이 메시지 송수신이 가능한 서비스이다. 예를 들면, 유선전화로 걸려온 메시지가 음성사서함에 저장되면, 이동전화 단말기에 SMS(Short Messaging Service)로 표시되고, 이 메시지 내역을 이용자가 휴대폰을 사용하여 확인하는 것이다.[8)] 또한 이동 단말기의 SMS와 SMS가 가능한 유선 단말기 간에도 상호 메시지의 송수신이 가능하다.

■ 개인비서 서비스(Personal Assistant Service)

개인비서 서비스는 사용자가 자신의 통신을 관리할 수 있도록 지원해 주며 사용자가 보다 쉽게 서비스에 접속하고 이용할 수 있도록 도와주는 기능을 제공한다. 세부 기능으로는 음성메일, Call back, 호 제한, 3자 통화, 개인번호 서비스, 통화대기 서비스, 팩스 메일, 음성 메시징 및 개인정보관리 등이 있다.

■ MMS(Multimedia Messaging Service)

MMS는 유/무선 인터넷상에서 서로 다른 가입자간에 영상 메시지를 주고받거나 영상통화를 가능하게 해주는 멀티미디어 서비스로서 PC및

8) SMS(Short Messaging Service)는 문자, 숫자, 기호 등으로 구성되어 있는 문자 메시지를 상대방의 무선 단말기(주로 핸드폰)에 보내주는 서비스이다.

PDA 환경에서 영상 메시지의 생성, 전송, 조회, 삭제, 전달 및 재생을 가능하게 한다. 이용자는 MMS 서비스를 통해 정지영상 및 동영상 등을 보낼 수 있다. 또한 애니메이션이나 동영상 정보 등의 광대역 메시지를 지원한다. MMS는 GPRS와 같은 2.5G 이상의 이동통신 네트워크에서 사용 가능하다.

■ 통합메시징 서비스(UMS; Unified Messaging Service)

통합 메시징 서비스는 음성, 데이터, 팩스, e-mail 및 쪽지 등을 서로 다른 단말기를 이용하더라도 상호간에 연동 및 통합하여 서비스를 일관되게 제공하거나 받을 수 있는 서비스이다. 예를 들면, 사전에 등록된 e-mail 계정으로 e-mail이 오면, 이를 이동전화로 확인할 수 있다.

■ 모바일 가상 사설망 서비스 (Mobile virtual private networks)

기업체 구성원들의 이동 전화를 기업체의 내선으로 통합 하는 것 즉, 유/무선망을 결합한 가상 사설망 서비스이다. Mobile VPN은 통합 서비스 중에서 가장 먼저 나타날 수 있는 서비스 중의 하나이다. 무선사업자들은 1990년대 중반에 Mobile VPN 서비스를 소개하기 시작했으며, 핀란드의 유선사업자들은 무선 사업자들이 VPN을 제공함으로써 수입이 감소한 바 있다.

■ 공중 무선랜(PWLAN; Public access WLAN) 서비스

일반 대중이 노트북이나 개인정보 단말기 (PDA; Personal Digital Assistant) 등 이동 단말기의 NIC (N/W Interface Card)를 사용하여 유동 IP를 할당받아 밀집 지역(Hotspot)에서 초고속(IEEE 802.11b 표준에 의할 경우 평균 3-5Mbps, 최대 11Mbps) 무선인터넷을 이용할 수 있는 서비스로서 유선의 저 비용, 고속/대용량 특성과 무선의 이동성, 편의성 및 서비스 지역의 광역성(wide service coverage) 등의 특성을 결합한 측면에서 대표적인 유/무선 통합 서비스이다.

■ 휴대인터넷서비스

휴대인터넷(Wibro)은 휴대용 무선단말기를 이용하여 이동 중에서도 인터넷에 접속하여 다양한 정보 및 콘텐츠의 활용/습득은 물론 방송까지 시청하는 서비스를 제공한다.

(2) 통방융합서비스

■ 이동 멀티미디어 서비스

이동 멀티미디어 서비스는 통화위주의 기존 이동전화 서비스는 물론 이동 중에서도 영화, 음악, 게임, 오락, 금융, 실시간 뉴스까지 멀티미디어 송수신이 자유로운 멀티미디어 서비스를 지칭한다. 여기서 제공되는 서비스로는 무선 네트워크를 통한 통신기능은 물론 VOD, MOD, 화상전화, 멀티미디어 메시지, 인터넷과 TV 방송서비스가 있다.

■ DMB 서비스

DMB(Digital Multimedia Broadcasting)는 이동 중에서도 TV 동영상, 라디오 및 문자방송 수신이 가능한 멀티미디어 방송 서비스를 제공한다. 개인휴대형 DMB 단말기에 이동통신 기능이 탑재되어 있기 때문에 이용자의 요구사항이 TV 서비스 제공업자에게 전달되고 반영될 수 있어 방송·통신 융합을 실현시킬 수 있게 된다.

■ IPTV(IP-TV)

DMB 서비스가 무선 분야의 통/방 융합 서비스라고 한다면, IPTV (Internet Protocol Television) 서비스는 유선 분야의 통/방 융합 서비스라고 할 수 있다. IPTV는 방송용 전파가 아닌 IP 네트워크를 기반으로 하여 기존의 방송매체가 제공하는 드라마, 뉴스 및 스포츠 영상물 등을 제공한다. IPTV는 양방향서비스가 가능함으로 언제든지 고객의 개별적인 요구에 맞추어 개인화된 서비스를 제공할 수 있다.

연 습 문 제

1. Broadband IT KOREA 건설을 위한 광대역통합망(BcN) 구축 기본계획이 정보통신부에 의해 세워졌다.
   - 이와 같이 계획이 정부에 의해서 세워질 필요가 있는지, 그 효과가 무엇인지를 설명하시오.
   - 국가적인 사업 추진에 있어서의 성과 및 문제점과 정부, 기업, 학교간의 협력에 대한 역할 분담에 대하여 논하시오.

2. 광대역통합망(BcN) 구축 기본계획과 관련하여 다음에 대하여 토의하시오.
   - 비전, 추진목표 및 전략
   - 광대역통합망 구축 추진 주요 내용
   - 광대역통합망 관련 기술개발 계획
   - 광대역통합망 구축을 위한 시범계획 수립

3. 광대역통합망 장비의 시장 및 산업 구조를 글로벌 차원에서 설명하시오.

4. 광대역통합망이 구축됨에 따라 나타날 잠재적 사업 모형을 제시하시오.

5. u-city 건설의 현황과 과제에 대하여 논하시오.

6. u-서비스의 발전 방향에 대하여 조사하시오.

7. 유비쿼터스 컴퓨팅 환경에서의 상거래 비즈니스 모델에 대하여 조사하시오.

8. u-Healthcare 서비스의 현황과 과제에 대하여 논하시오.

9. 정보통신서비스 산업의 융합 현상 및 사례에 대하여 토론하시오.

제5장

통 신 산 업

통신 서비스는 유선 통신 서비스와 무선 통신 서비스로 구분 가능하다. 대표적인 유선 통신 서비스로는 전화(시내, 시외, 국제 전화)를 들 수 있으며, 무선 통신 서비스로는 이동전화, 주파수공용통신(TRS) 등을 들 수 있다. 그러나 4장에서 본 바와 같이 광대역통합망의 등장은 유/무선 통합을 전제함으로 향후 그 구분은 무의미할 수 있다.

5.1 유선 통신 서비스

5.1.1 세계 유선통신 시장의 변천

전통적인 아날로그 방식의 공중 전화망(PSTN)에서는 정보통신망의 구성이 단순·소박했기 때문에 전송망, 교환기, 유지·보수서비스 및 영업활동까지 전부를 단일 사업자가 독점적으로 행하였다. 미국에서는 1960년대까지 단말기의 생산도 독점적인 정보통신 사업자인 AT&T에 의해 영위된 적도 있었다. 그러나 1969년 이후에는 정보통신기술의 발전에 의해 과거에 단일의 사업자에 의해서 독점적으로 제공되고 있었던 서비스를 분할하여 복수의 사업자를 탄생시킬 수 있게 되었다. 이러한 여러 사업자의 탄생은 접속 기준을 표준화함으로서 여러 사업자들 간의 접속을 가능하게 함으로써 가능하였다. 한편 2000년대 중반 이후에는 광대역통합망 실현에 의하여 유/무선 통합 및 통신/방송/인터넷 통합에 의한 융합 시장의 출현에 의해 또 다른 새로운 산업구조의 탄생을 예고하고 있다.

1) 미국

미국의 정보통신 산업 변천사는 〈표 5-1〉에서 보는 바와 같이 독점기, 경쟁 도입기와 본격 경쟁기로 구분된다. 독점기는 AT&T에 의하여 시내 부문 및 장거리 서비스 부문의 독점 체제가 지속되었던 1960년대까지에 해당한다. 이러한 독점의 해체는 1969년 FCC가 "MCI 결정(MCI Decision)"을 통해 MCI에게 주간(州間) 무선 회선의 구축과 운영, 업무용 이용자에 대한 전용 회선 임대를 허가하는 면허를 부여함에 따라 장거리 전화 시장에서 AT&T와 경쟁하도록 함으로써 가능하게 되었다. 그러나 이러한 경쟁의 도입은 장거리 전화 서비스 시장 만에 해당하는 것이어서 시내 전화 서비스 시장에서는 여전히 AT&T에 의하여 독점 체제가 유지되고 있었다.

시내(local) 전화 서비스 시장의 경쟁 도입은 '84년 "수정동의 판결(MFJ: Modified Final Judgement)"에 의해 (구) AT&T를 분할함에 의하여 가능하게 되었다. 즉 수정동의 판결에 의해 AT&T의 시내 전화 사업 부문의 분할에 의한 7개의 지역 전화 사업자(또는 지역 벨 사업자(RBOCs: Regional Bell Operating Companies)라고도 함)가 탄생하게 되었으며, 이에 따라 장거리 시장뿐만 아니라 시내 전화 시장에서의 독점 체제도 해체되었다.

〈표 5-1〉 미국의 정보통신 산업 변천사

	독점기 (~ 1960년대)	경쟁도입기(1970년대-1980년대 후반)		본격 경쟁기 (1990년대)
		1970년대-1980년대 초	1980년대 후반	
특징	단일(AT&T) 기업만이 존재	MCI의 장거리서비스 부문 진입으로 경쟁체제 돌입	1984년 AT&T의 분할(시내부문과 장거리 및 州間부문을 분할)	- 시내, 州間 및 장거리 부문 모두에 진입 제한 철폐
결과	전(서비스)분야 독점적인 상황	장거리(서비스)분야의 경쟁 체제 돌입(접속료 부담으로 불리한 경쟁)	- 시내부문은 독점 -장거리 및 州間부문은 본격적인경쟁	- 전 서비스분야에서 총체적인 경쟁 체제
판결		1969년 executive 판결 (MCI 결정)	Greene판사의 수정 동의 판결 (MSF)	1996년 새로운 통신법 (1995년 통과된 Pressler법안(상원)과 Bliley법안 (하원)을 단일 조정)
배경	규모의 경제가 작용하는 자연 독점부문으로 인식	MCI의 microwave 기술에 의한 장거리 서비스 시장 진입 성공	경쟁분야와 독점분야간의 내부상호보조를 구조적으로 분리	규제완화가 있는 곳에 경쟁이 존재한다는 인식

이와 같이 7개의 지역 전화 사업자의 탄생에 의한 시내 전화 시장의 경쟁 체계는 지역 간 경쟁(yardstick competition) 형태이다. 이러한 지역 간 경쟁은 또 다른 형태의 독점적 성격을 지닌다. 이에 따라 실질적인 경쟁은 '90년대에 들어 각주에서 LATA(Local Access and Transport Area) 내 통신 시장에 대하여 경쟁적으로 진입을 허용함에 의해 가능하게 되었다.

'96년 2월 통신법의 개정을 통해 시내전화 사업자와 장거리전화 사업자간의 상호 진출이 공식적으로 허용되었다. 이에 따라 시내전화 사업자와 장거리전화 사업자간, 또는 시내전화 사업자들과 장거리전화 사업자들 간에 합병 인수가 본격화되었다.

2) 우리나라

우리나라의 정보통신 사업은 정보통신부(당시 체신부)에서 우정업무와 같이 영위되어 왔지만, 1981년에 한국전기통신공사(현 한국통신 KT)가 설립되어 공사(公社) 형태가 도입되었으며, 1990년대 말에 민영화되었다. 1990년도부터 정보통신분야에 경쟁 체제를 도입하여 현재와 같은 시내, 시외 및 국제 전화 서비스, 이동통신 및 인터넷 접속 서비스 부문에 경쟁 체제 구도가 성립되었다.

(1) 경쟁 확대

우리나라 통신 서비스 시장에 대한 경쟁도입은 정부의 세 차례에 걸친 통신사업 구조개편에 의해 추진되었다. '91년 국제전화, '95년 시외전화의 경쟁도입에 이어 '96년 개인휴대통신 등 27개 부문에 신규사업자가 허가되고, '97년에 경쟁도입의 마지막 단계인 시내전화 부문의 신규사업자가 선정됨으로써 국내 통신서비스 전 부문에 대한 경쟁 체제가 구축되었다.

(2) 규제 제도 개편

정부는 향후 규제정책을 WTO/GBT에서 타결된 원칙에 의거하여 추진한다는 기본전제를 확립하고, '97년 8월 28일 전기통신 사업법 및 시행규칙 개정을 통해 규제를 대폭 완화했다. 규제제도 개편의 기본방향은 첫째, 통신사업 진입 · 퇴출을 원칙적으로 자율화하고, 둘째, 경쟁원리에 기초하여 통신사업을 규제하며, 셋째, 요금규제 제도의 투명성을 제고한다는 것이다. 이처럼 정부의 개입이 감소함에 따라 향후 통신서비스 시장의 구조개편은 사업자들의 자유의사와 시장기능에 의한 활발한 인수 · 합병 · 제휴에 의해 이루어지게 될 것이다.

5.2 무선 통신

무선 통신 시스템(서비스)으로는 1세대로부터 3세대 이후(Beyond 3G)에 이르는 이동통신 시스템, 무선 호출, 주파수 공용통신(TRS), 무선 LAN 등이 있다. 여기서는 이러한 무선 통신 서비스 중 1세대로부터 3세대 이후(Beyond 3G)에 이르는 이동통신 시스템과 무선 LAN에 대하여 보기로 한다.

5.2.1 이동통신 시스템

오늘날 이동통신은 미래 정보사회로 발전해 나아가는 데 있어서 중요한 역할을 담당하고 있다. 이동통신시스템이 추구하고 있는 주목적은 사용자가 언제, 어디서나, 누구와도 통화가 가능하도록 하기 위하여 가입자가 무선을 매체로 전체 통신망의 기능을 활용할 수 있도록 하는 데 있다.

미국의 벨(Alexander Graham Bell, 1847~1922)이 1876년 최초로 전화기를 발명하였으며, 1970년대 이후에 정보통신기술 발전에 의해 전화를 통한 음성 위주의 통신에서 멀티미디어 중심으로 발전해왔다. 특히, 음성통화 시장의 포화와 폭발적인 댁내 인터넷 사용의 증가 및 초고속 전송에 따른 광대역 서비스를 이동 중에서도 이용하고자 하는 사용자의 요구에 따라 이동 무선 멀티미디어 서비스에 대한 관심이 높아졌으며, 이로 인해 다양하고 새로운 이동통신서비스가 출현하게 되었다. 이러한 이동통신서비스로는 셀룰러전화, 개인휴대통신(PCS; Personal Communication Service), 무선 데이터통신 서비스, 그리고 주파수공용통신(TRS; Trunked Radio Service) 등이 있다.

미국은 '83년부터 일반에게 AMPS 셀룰러 서비스를 제공하였다. 이러한 셀룰러 시스템은 음성 신호가 아날로그 방식으로 변조된 아날로그 기술을 기반으로 한 것으로 1세대(1G: 1st Generation) 시스템에 해당한다. 이후 1990년대에 디지털 방식에 의한 2세대(2G) 시스템이 탄생하며, 그 다음으로는 패킷 기반의 서비스의 2.5세대(2.5G) 시스템 및 최대 2Mbps 정도의 데이터 전송 속도를 목표로 하는 3세대(3G)의 시스템이 등장한다. 마지막으로 보행이나 정지 상태에서 1Gbps의 전송속도를 목표로 하는 4세대 이동통신시스템의 출현이 예정되어 있다.

1) 시스템 구성

이동통신시스템은 크게 이동국, 기지국, 이동통신교환국으로 구성된다. 첫째, 이동국(MS: Mobile Station)은 서비스 영역 내에서 이동하는 무선가입자의 단말기를 말하며 기지국과 무선채널을 통하여 통신한다.

둘째, 기지국(BS: Base Station)이 있다. 이동통신시스템에서는 무선채널의 효율적인 이용을 위하여 커다란 지역을 셀이라는 작은 지역으로 분할하여 각 셀에 기지국을 두고 이를 통하여 이동국과 무선통신을 수행한다. 즉, 기지국은 자신이 관할하는 셀 내에 있는 이동국에서 발사된 신호를 무선채널로 수신하여 이동교환국으로 전송하고, 역으로 이동 교환국으로부터 오는 신호를 무선채널을 통하여 이동국에 송신하는 기능을 수행하는 것이다.

셋째, 이동 교환국(MSC: Mobile Switching Center)으로, 공중전화망(PSTN)과 이동통신망의 접점 역할을 담당하여 가입자들에게 교환서비스를 제공할 뿐만 아니라 무선자원(Radio Resource)의 관리기능, 이동국의 위치를 추적하여 항상 서비스 가능하도록 하는 기능, 통화 중 이동국이 이동하더라도 통화를 지속시켜주는 기능 등을 제공한다.

2) 1G 이동통신 시스템

이동통신 시스템의 진화는 1981년에 북유럽지역에서 최초의 상업적인 셀룰러 서비스를 시작한 Nordic Mobile Telephone(NMT) 방식과 1983년에 상용화된 미국의 Advanced Mobile Phone System(AMPS) 방식으로부터 시작되었다. 유럽에서는 NMT 이외에도 영국, 아일랜드, 스페인, 오스트리아 등지에서 채택한 TACS(Total Access Cellular System), 독일의 C-Netz, 프랑스의 RC2000 및 이탈리아의 RTMS 시스템 등이 있다. 또한 일본에서는 NTT, JTACS(Japanese TACS), NTACS(Narrowband TACS) 등이 있었다. 이러한 1세대(1G) 시스템은 음성 신호가 아날로그 방식으로 변조되는 아날로그 기술을 기반으로 한다.

3) 2G 이동통신 시스템

이동통신서비스에 대한 수요가 급격히 증가함에 따라, 아날로그방식으로 수용할 수 있는 용량이 한계에 도달하였으며, 새로운 수요의 증가에 따라 전 세계적으로 디지털 방식이 등장하게 되었다. 이러한 디지털 시스템은 각 기지국당, 주파수 대역당 아날로그 시스템보다 더 많은 가입자를 수용할 수 있을 뿐만 아니라 고밀집 지역에서도 경제적으로 서비스를 제공할 수 있다는 장점이 있으며, 음성 서비스와 저속의 단문서비스(SMS: Short Message Service)를 제공할 수 있다. 대표적인 2세대 디지털 이동통신 시스템으로는 시분할다중접속(TDMA: Time Division Multiple Access) 방식인 유럽의 Global System of Mobile(GSM) 방식과 코드분할다중접속(CDMA: Code Division Multiple Access) 방식인 미국의 cdmaOne 등을 들 수 있다.

시분할 다중접속방식(TDMA)에서는 각 무선채널이 여러 개의 시구간(time slot)으로 구성되며, 각 사용자들에게 특정의 주파수와 시구간이 할당되어진다. 따라서 하나의 셀 안에서 사용자는 특정 시간에 주어진 주파수 채널만을 사용할 수 있다. 코드분할다중접속방식(CDMA)은 확산된 주파수대역을 사용자가 공유하여 사용할 수 있도록 하는 방식이다. TDMA 방식와 CDMA 방식은 기지국의 무선 하드웨어를 여러 사용자가 공동으로 이용할 수 있다는 장점이 있다.

이와 같이 전 세계 2세대 디지털 시스템은 다중화 방식에 따라 TDMA 계열과 CDMA 계열로 분류되어 기술적인 복점 구조 형태를 취하고 있다. 2000년대 중반 기준으로 기술적 측면에서는 CDMA 방식이 우위를 보이고 있으나, 시장지배력 측면에서는 TDMA 방식이 압도적으로 우세한 상황이다.

4) 3세대(3G) 시스템

최대 2Mbps 정도의 데이터 전송 속도를 목표로 하는 3세대(3G)의 시스템 IMT-2000으로는 3GPP(3rd Generation Partnership Project) 계열의 WCDMA 시스템, cdmaOne 시스템 계열의 cdma2000 시스템 등을 들 수 있다. IMT-2000의 진화된 기술로는 WCDMA 진영의 HSDPA(High Speed Downlink Packet Access), CDMA2000 진영의 CDMA2000 1x EV-DV와 CDMA2000 1x EV-DO 등을 들 수 있다.

3GPP에서 하향 링크에서의 고속 패킷 전송을 위한 패킷 전용 접속방식인 HSDPA는 3.5세대 시스템이라고 할 수 있다. HSDPA 기술은 기존의 비동기 IMT-2000 표준의 진화 단계에 위치한 방식이며, 획기적으로 진전된 전송속도와 더불어 IP 멀티미디어 서비스의 제공에 효율적인 시스템으로 인식되고 있다. 비동기 IMT-2000 시스템은 GSM-MAP 기반의 핵심망을 가지고 있어서, 2세대의 주류를 이루었던 GSM 망을 대체할 3세대 기술의 핵심으로 고려되었다. 그러나 3세대 이동통신 시장의 초기 진입 단계에서 동기 방식의 1x EV-DO에 비해 도입이 늦어지면서 전세계적으로 비동기 IMT-2000 진영이 3G 서비스의 조속한 도입을 위하여 노력하고 있는 기술이 HSDPA이다. 즉 HSDPA는 W-CDMA의 진화된 3G 서비스로서 멀티미디어 이동통신

서비스 제공을 목표로 하고 있다.

최초의 HSDPA 표준은 WCDMA FDD(Frequency Division Duplexing) 표준에서 제정되었으며, 상하향 10MHz 전송 대역을 사용하는 FDD 모드에서 최대 10Mbps 전송속도를 제공한다. 또한 FDD에 이어서 TDD(Time Division Duplexing) 방식에 대한 HSDPA 표준이 제정되었다. 3GPP TDD 모드는 5MHz 대역을 사용하는 HCR(High Chip Rate) TDD 모드와 1.6MHz 대역을 사용하는 LCR(Low Chip Rate) TDD 모드의 두 가지 모드가 존재하는데, HCR TDD 모드의 경우 최대 10.2Mbps, LCR TDD 모드의 경우 최대 2.8Mbps의 전송률을 지원한다.

5) Beyond 3G

IMT-2000이 구현되어 있는 시점에서 차세대 이동통신 기술을 논의하는 과정에서 Beyond 3G, Super 3G, 4G와 같은 다양한 단어들이 사용되고 있다. IMT-2000 이후의 시스템인 B3G(Beyond 3G; Systems Beyond IMT-2000)는 Enhanced IMT-2000, 휴대인터넷, 초고속 무선 LAN 및 위성이동통신을 포함하는 개념으로, 음성, 문자, 동영상 등의 멀티미디어 정보를 인터넷망과의 연동을 통하여 고속, 고품질로 이동중에서도 서비스 제공을 가능하게 한다. 이와 같이 Beyond 3G는 IMT-2000 시스템과 전혀 다른 새로운 시스템이 아니라 여러 시스템이 서로 연동하면서, 사용자가 주어진 환경 하에서 최적의 서비스를 단절없이 받을 수 있도록 하는 시스템이다.

Beyond 3G 시스템의 요구사항은 고속이동시 10Mbps, 보행이나 정지 상태에서 1Gbps의 전송속도, 서비스 품질(QoS)이 보장되는 단절없는 서비스 및 주파수 효율성 등이다. 이와 아울러 Beyond 3G 단말기에서는 폴더, 스위블 및 슬라이드업 등 다양한 디자인의 폼팩터(Form factor)는 물론이고 유/무선, 통/방 및 BT/IT 등이 결합된 첨단 융합 단말기가 시장에서 경합을 이룰 것이다. 물론 이들 단말기들은 그래픽 영상게임과 고음질의 음향 서비스와 같은 대용량의 멀티미디어 정보를 초고속으로 송/수신할 수 있어야 한다.

Beyond 3G 시스템은 다음과 같은 세 가지 영역을 포괄한다. 하나는 높은 이동성을 가지고 중급 속도(10~100Mbps)로 서비스할 수 있는 영역, 둘은 새로운 이동통신 접속(New Mobile Access) 기술에 의해 중간 혹은 높은 이동성을 가지고 고속의 속도(100Mbps 이상)를 제공하는 서비스 영역, 셋은 새로운 무선 LAN망(New Nomadic/Local Area Wireless Network)에 의해 낮은 이동성을 가지지만 1Gbps에 이르는 고속의 속도를 제공하는 영역이다. 따라서 ITU에서 정의한 Beyond 3G 시스템은 어떤 특정한 하나의 새로운 기술이 아니라 기존의 IMT-2000이 제공하고 있는 서비스를 근간으로 하되 IMT-2000이 가지는 한계(속도, 비용 등)를 보완할 수 있는 새로운 기술들을 추가하고 이들 간에 단절 없는 연동이 가능하도록 한 시스템을 통칭한다.

이러한 접근 방법은 기존에 막대한 투자가 이루어진 IMT-2000 시스템을 그대로 활용하면서도 사용자에게는 기존의 IMT-2000보다 훨씬 진보된 서비스를 제공할 수 있다는 점에서 서비스 제공업자와 사용자 모두의 요구조건을 충족시킬 수 있는 최선의 방법이다.

5.2.2 무선 LAN

무선 랜(WLAN: Wireless LAN)은 주로 2.4GHz ISM(Industry, Science, and Medicine) 대역을 중심으로 IEEE802.11 시리즈를 표준으로 하는 전송방식으로, 수십 m 내에서 기존 유선 LAN망과의 연동을 도모하기 위하여 구내/댁내 사설망 용도로 개발한 시스템이다.

통신 사업자가 제공하는 무선 LAN 서비스의 구성은 〈그림 5-1〉과 같다. 〈그림 5-1〉에서 보는 바와 같이 무선 LAN 서비스는 무선구간과 유선구간이 복합된 유/무선통합서비스라고 볼 수 있으며 무선 LAN 영역, 접속 구간, 인터넷 기간(backbone)망으로 구성되어 있다.

〈그림 5-1〉 무선랜 서비스 구성

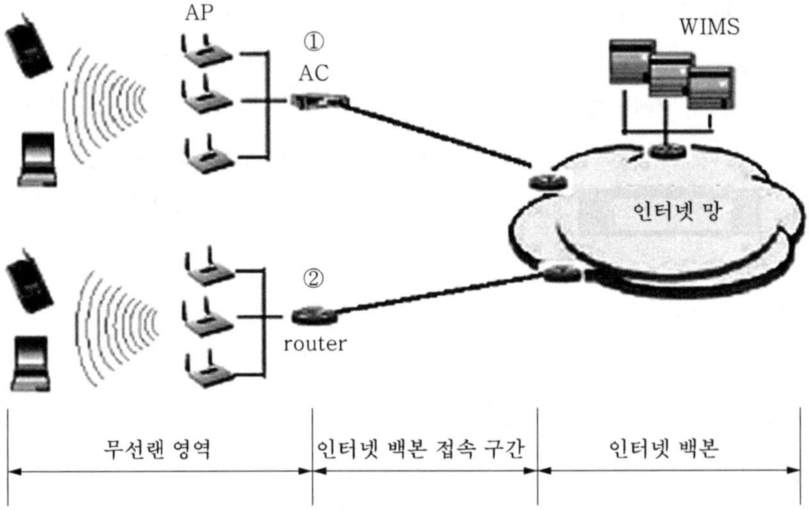

AC : Access AP : Access Point WIMS : Wireless Internet Management System

①의 경우 가정과 도심에 설치한 AP(Access Point)는 무선 단말기와 데이터를 주고받는 기지국 역할을 하며 AC(Access Controller)는 인증, 과금, 기타 정보 제공 등의 역할을 한다. ②의 경우에는 AC 대신에 라우터를 설치한 경우이다. 인터넷 백본 구간은 전용회선, xDSL, 케이블 모뎀 방식 등 경우에 따라 다양하게 구성할 수 있다. 인터넷 기간망(backbone) 구간에서는 무선 LAN 영역에서 들어오는 데이터를 다른 데이터들과 동일하게 처리하며 WIMS(Wireless Internet Management System)에서는 무선 LAN 서비스에 대한 관리기능을 수행한다. 무선 LAN은 형식적으로 무선통신에 해당되지만 실질적으로 가입자망을 제외한 나머지 상당 부분은 유선 LAN의 기술을 바탕으로 하며, 무선 LAN 확장을 위해서는 무선통신기술과 더불어 광범위한 유선 기간(backbone)망이 확보되어야 한다. 한편 무선 랜의 전송속도는 IEEE 802.11 시리즈 표준에 따라 차이가 있다.[9]

무선 LAN은 높은 전송속도, 설치의 용이성 및 시스템 가격의 저렴함에도 불구하고 서비스에는 여러 가지 장애요인이 존재한다. 무선 LAN 서비스의 통신 거리는 최대 약 300m이나 이는 가시적 경로가 확보되었을 경우에 한하며, 실제 운용거리는 30~100m에 불과하다. 즉 정보전달의 마지막 구간(last mile)을 무선으로 초고속 전송(인터넷 접속)이 가능하다. 이와 같이 무선 LAN은 근거리 이용을 전제로 개발한 시스템이므로 서비스 범위(coverage)가 협소할 뿐만 아니라 거리가 증가함에 따라 전송속도가 현저히 저하되며 이동 중에는 서비스 제공이 어렵다는 단점이 있다. 또한 무선 랜의 성능 측면에서는 하나의 AP에 5명 이상의 가입자가 동시에 액세스할 경우 AP의 전송용량(Throughput)이 저하되기 시작하여 서비스 품질(Quality of Service)에 문제가 발생한다.

5.2.3 무선 IT 산업의 진화과정

유/무선 통합 환경 하에 무선 IT 산업이 진화하는 과정에 대한 시각에는 유선사업자와 무선사업자간에 차이가 있다. 유선사업자 측에서는 유선 기반 무선 랜에 이동성이 부가된 휴대인터넷, 그리고 4G로 진화한다고 보고 있고, 무선사업자 측에서는 이동통신 기반으로 EV-DO, WCDMA에서 HSDPA/EV-DV을 거쳐 4G로 진화한다고 보고 있다(〈그림 5-2〉 참조).

9) 초고속 무선 LAN의 전송 속도는 802.11a(5GHz 대역)에서는 6~54Mbps, 802.11b(2.4GHz 대역)에서 2, 11Mbps, 802.11g에서는 20Mbps, 802.11n에서는 100Mbps이다.

〈그림 5-2〉 무선 IT 네트워크의 진화방향

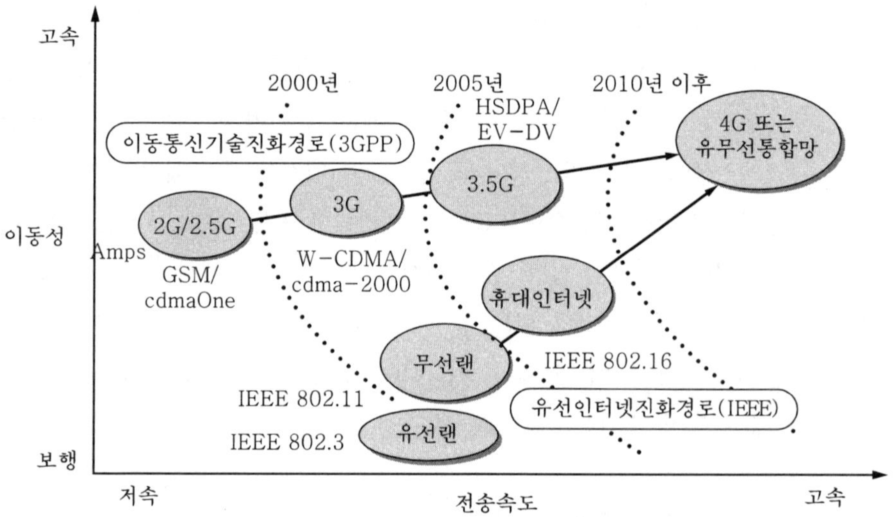

5.2.4 이동전화 서비스

1) 미국 시장

FCC가 지역별로 2개의 면허를 지역전화회사 이외의 무선통신사업자(RCC, Radio Common Carrier)와 지역전화회사(RBOC) 계열의 이동전화사업자로 구분하여 부여함에 따라 복점적인 시장구조가 형성되었다.

미국의 이동전화 시장의 특징은 범위의 경제를 추구하기 위해 사업자들 간의 M&A가 활발히 전개되고 있다는 것이다. RCC의 경우 동일 지역의 타 사업자에 대한 M&A는 금지되었지만 다른 지역의 사업자에 대한 인수는 허용되었기 때문에 각 지역별로 소유권이 나뉘어 있던 RCC들 간의 합병이 추진되었다. 이러한 M&A 움직임은 1986년 자신들의 해당 영업 지역이 아닌 경우에는 RBOC도 이동전화 서비스를 제공할 수 있다는 Herold Green 판사의 판결에 기초하여 더욱 가속화되었다. 이 판결 이후 셀룰러 이동전화시장에서는 RBOC에 의한 사업권 매수가 활발히 진행되었으며, 그 결과 RBOC들 간에 경쟁하는 지역도 발생했다.

'96년 통신법 개정에 의한 규제완화, PCS 사업자 허가 등으로 이동통신 시장은 동일한 산업의 경쟁 사업자는 물론 장거리/방송 산업의 사업자들과의 M&A와 전략적 제휴 등이 급속히 일어나면서 더욱 가파른 속도로 변화하여 왔다. 대표적인 예로는 AT&T는 당시 가장 규모가 큰 이동전화사업자인 McCaw Cellular를 인수하면서 이동통신 시장에 진출하였으며, 이후 변화를 통해 나타난 AT&T Wireless가 Cingular Wireless에게 인수되면서 사라진 예를 들 수 있다.

2) 국내 시장

국내 이동통신 시장은 1984년 한국이동통신(이후 SK Telecom으로 변경)의 독점적 서비스 제공으로 출발하여 1980년대 말부터 폭발적인 증가세를 유지하여 왔으나 2000년대 중반에는 가입자 포화 등의 이유로 성장의 전환점에 있는 실정이다. '95년 말까지 SK Telecom의 독점체제였던 이동통신시장은 '96년 신세기통신의 시장 진입으로 복점체제로 전환되었으며, 이후에 PCS 3사가 등장하면서 본격적인 경쟁구조로 변하였다. 그러나 SK Telecom과 KTF가 각각 신세기통신과 한솔텔레콤을 합병하면서 새로운 이동통신 시장의 판도가 형성되었다.

연 습 문 제

1. 최근의 글로벌 정보통신부문에서의 시장과 산업 동향을 조사하시오.

2. 미국 정보통신 부문의 변천 과정을 설명하여라.

3. 이동통신서비스로는 어떤 것이 있는지를 나열하고 각 서비스 특징에 대하여 설명하시오.

4. 이동 전화시장이 '90년대 높은 성장세를 기록한 요인은 무엇인가?

5. 미국과 한국의 이동 전화시장의 변천 과정을 비교/설명하시오.

6. 이동통신 사업자들 중 하나를 골라서 사업 전망과 마케팅 전략을 설명하시오.

7. 다음 용어들에 대하여 설명하시오.
   1) 번호 이동성(Number portability)
   2) 사전 등록제(Presubscription)
   3) 지역 벨 사업자(RBOCs)
   4) 수정동의 판결(MFJ)
   5) 경쟁 접속 사업자(CAPs)

응 용 문 제

1. 미국 정보통신의 변천 과정과 우리나라의 변천 과정을 비교하여 설명하고 시사점을 제시하시오.

2. 우리나라 정보통신서비스 시장을 전망하고 그 시사점을 제시하시오.

3. 다음 3국(미국, 일본, 한국) 주요 통신 사업자의 변천 과정에 대하여 조사하시오. 주요 변화 사항, 변화 시점 별 제공된 각종 서비스 및 서비스별 시장 점유율 등에 초점을 두어 분석하시오.
   - AT&T
   - 한국통신(Korea Telecom)
   - NTT

4. SK Telecom과 KTF의 변천 과정을 조사하시오. 주요 변화 사항, 변화 시점별 제공된 각종 서비스 및 서비스별 시장 점유율 등에 초점을 두어 분석하시오.

5. 우리나라 이동통신 사업자들의 변천 과정이나 기업 전략에 대하여 조사하시오.

6. 이동통신사업자가 휴대폰 제조업체에게 보조금을 지급하는 것에 대하여 기업 전략 관점과 후생 관점에서 설명하시오.

7. 이동통신사업자인 SKT가 휴대폰을 제조하는 자회사인 SK teletech의 지분을 다른 휴대폰 제조업체인 팬텍에게 양도하였다. 그러한 이유를 기업 전략 관점에서 설명하고 시장에 미치는 효과를 설명하시오.

8. 우리나라의 이동통신시장의 시장 및 산업 구조에 대하여 설명하시오.

9. 통신 위성을 공동으로 운영하는 국제기구에 대하여 조사하여 서술하시오.

10. 유선통신 서비스 산업의 세계 및 국내 시장 현황과 전망 및 유선통신 서비스 각 부문별(시내 전화, 시외 전화 및 국제 전화) 시장 현황 및 전망을 조사· 분석하여 제시하시오. 다음에 제시된 항목과 표 제목을 참조할 수 있다.
   1) 유선통신 서비스 시장 환경
   2) 세계 및 국내 유선통신 서비스 산업 동향
      〈표 1〉 세계 및 국내 유선통신 서비스 시장 현황 및 전망
   3) 세계 및 국내 유선통신 서비스 각 부문별 산업 동향
      〈표 2〉 유선통신 서비스 각 부문별 세계 및 국내 시장 현황 및 전망
   4) 국내 유선통신 서비스 각 부문별(시내 전화, 시외 전화 및 국제 전화) 지배적 기업들의 시장 집중도 분석(시장 점유율 조사를 통한 집중 지수 구함)

11. 무선통신 서비스 산업의 세계 및 국내 시장 현황과 전망 및 이동통신 서비스 시장 현황 및 전망을 조사·분석하시오. 다음에 제시된 항목과 표 제목을 참조할 수 있다.
   1) 무선통신 서비스 시장 환경
   2) 세계 및 국내 무선통신 서비스 산업 동향
      〈표 1〉 세계 및 국내 무선통신 서비스 시장 또는 가입자 현황 및 전망
   3) 세계 및 국내 무선통신 서비스 각 부문별 산업 동향
      〈표 2〉 무선통신 서비스 각 부문별 세계 및 국내 시장 또는 가입자 현황 및 전망
   4) 국내 이동통신 서비스 사업자들의 시장 집중도 분석(시장 점유율 조사를 통한 집중 지수 구함)

12. 정보통신 산업 전체(서비스 및 기기)의 세계 및 국내 시장 현황과 전망 및 정보통신 산업 각 부문별(유선통신, 무선통신, 방송 및 정보) 시장 현황 및 전망을 조사·분석하여 제시하시오. 다음에 제시된 항목과 표 제목을 참조할 수 있다.
   1) 시장 환경의 변화
   2) 세계 정보통신 산업 동향
      〈표 1〉 세계 및 국내 정보통신 시장 규모 성장률

〈표 2〉 세계 및 국내 정보통신 시장 규모 및 성장률 추이 비교

3) 세계 정보통신 부문별 산업 동향

〈표 3〉 정보통신 각 부문별 세계 시장 규모

〈표 4〉 정보통신 각 부문별 미국 및 국내 업체의 시장 점유 현황

〈표 5〉 정보통신 각 부문별 세계 지역별 시장 규모

13. 아시아 여러 국가는 1990년대에 있어서 세계경제의 성장 축으로서 발전하여 왔다. 정보통신은 그 불가결한 인프라로서 위치 지워져 자유화를 수반하면서 급속히 성장해 왔다. 아시아 여러 국가 중 개정 · 개방정책을 추진해 온 중국의 정보통신 정책 동향에 대하여 토론하시오.

14. 다음 국내외 주요 정보통신 기업들의 변천 과정이나 과거와 미래 기업 전략 등에 대하여 논하시오.

1) AT&T 2) NTT 3) MCI-WorldCom 4) AOL(America Online, Inc.)

5) Microsoft Corporation 6) Cisco Systems, Inc. 7) Lucent Technologies

8) Intel Corporation 9) Qualcomm Incorporated 10) 한국통신(Korea Telecom)

11) Dacom 12) SK Telecom

제6장

방 송 산 업

방송 산업은 전통적으로 무선 방송 산업(지상파 방송산업, 위성 방송 산업) 및 유선 방송 산업(CATV 산업)으로 분류하며, 방/통 융합에 따라 2005년 DMB 산업이 출현하였다. 지상파 방송 산업은 다시 중파(AM) 방송 산업, 초단파(FM) 방송 산업, 단파 방송 산업, FM 문자다중방송을 포함하는 무선 음성 방송 산업과 TV 방송 산업이 있다. 본 장에서는 6.1과 6.2에서 무선과 유선 방송망으로 네트워크 측면을 소개하며, 6.3에서는 DMB 산업을 소개하기로 한다. 마지막으로 6.4에서는 IPTV에 대하여 학습하기로 한다.

6.1 무선 방송망

1) 무선 음성 방송

무선 음성 방송의 방식은 크게 AM(Amplitude Modulation)과 FM(Frequency Modulation)으로 나뉜다. 이 때 변조 신호가 아날로그

신호인지, 혹은 디지털 신호인지에 따라 아날로그 변조 방식과 디지털 변조 방식으로 나뉜다. AM 방식은 아날로그 변조 방식으로 지상 방송이나 케이블을 사용하는 일부 유선 방송에 사용되는 변조방식이다. 반면 FM방식은 디지털 변조 방식으로 야외 중계나 원거리 마이크로웨이브 전송, 위성 통신 등의 무선 전송 분야에 쓰이는 텔레비전 전송의 가장 일반적인 변조방식이다.

2) 무선 TV 방송

TV 신호는 대부분 FM방식으로 전송되는데 음성 신호는 FM-FM방식으로 영상 신호와 함께 동시 전송된다. 컬러 TV 신호는 반송파 변조방식에 따라 NTSC방식, PAL(Phase Alternation by Line)방식 · SECAM(Séquentiel Couleur à Mémoire)방식으로 나뉜다.

NTSC(National Television System Committee)방식은 미국 텔레비전 시스템 위원회(National Television System Committee)에 의해 미국에서 인정된 방식으로 미국을 위시하여 캐나다 일본 한국 등이 채택하고 있다.

PAL 방식은 독일의 텔레푼켄社가 개발하여 유럽 남미 대양주 여러 나라에서 채택하고 있는 데, 색 반송파의 위상을 주사선마다 반전시키는 TV 방송 표준 방식을 말한다. PAL방식을 채택하면 색 재현에 있어서 일관성과 안정성이 높지만 별도의 회로가 필요하여 TV수상기 가격은 다소 비싸지는 단점이 있다.

SECAM 방식은 주사선마다 색차 신호를 순차적으로 교차시키는 TV 방송 표준방식을 말한다. SECAM방식은 프랑스에서 제안하여 소련을 비롯한 동유럽국과 일부 중남미 및 아프리카 국가에서 표준으로 채택했으며 주파수 진폭에 따른 영상의 일그러짐을 없앴지만 수직방향의 해상도가 떨어진다는 약점이 있다.

화질의 향상을 추구하여 현행 NTSC 방송 방식을 토대로 하는 고화질의 EDTV(Extended Definition TV: 일명 클리어 비전)가 개발되었고 지금은 선진 각국에서 보다 선명한 고해상도·고화질의 고선명 TV(HDTV, High Definition TV) 개발 경쟁이 치열하게 전개되고 있으며 우수한 고선명 TV가 속속 개발되고 있다.

3) 위성 방송

1979년 NASA의 응용 기술 위성 ATS-6에 의해 최초로 위성 방송 실험이 이루어졌다. 미국에서는 직접 방송 위성의 상용화를 위하여 HCI(Hughes Communications Inc.)에 의해 Direct TV 1호기가 1993년 12월에 발사되었다. 일본에서는 세계 최초의 실용 방송 위성 BS-2를 발사 성공하였으며, BS-3에 의한 3채널 방송과 HDTV 시험 방송을 하고 있다. 이와 같은 방송 위성의 이용 분야로는 위성 TV 방송 및 하이비젼 방송 및 백업용을 들 수 있다. 또한 직접방송위성(DBS, Direct Broadcasting Satellite) 서비스는 적도 상공 36000Km지점에 위치하여 지상의 지구국(地球局)으로부터 전파를 수신하여 각 가정에서 방송을 직접 수신할 수 있게 한다.

위성방송 관련 주요 국제 서비스로서 KT가 INTELSAT 위성이나 민간 사업자가 보유하는 위성(非 INTELSAT 위성의 C밴드)을 통해서 행하는 음성전송, 영상전송이 있다. 또한 외국 방송사업자에 의한 해외 프로그램의 방송에 관해서도 이들 위성이 사용되고 있다. 이외에도 저궤도 위성을 사용한 GMPCS 서비스를 들 수 있다.

6.2 유선 방송

CATV(Cable Television)는 케이블 TV 또는 종합 유선 TV라고 불리기도 한다. CATV는 TV 신호를 주로 동축(coaxial) 케이블을 통해 집중국(central office 또는 head end)으로부터 개별 가구에 전송·분배

한다. 대부분 국가의 경우에 지방 자치 단체 또는 중앙 정부에 의해 특정 지역에 장기적인 독점 사업권(franchise)이 주어진다.

CATV는 지상파 TV 방송의 재송신 기능 이외에 정보통신과 다채널 영상 서비스를 제공하는 기능을 가진다. CATV는 전국적인 공중파 TV 신호 및 인근 또는 원거리의 지역 공중파 신호를 재(再)전송하는 기능을 가진다. 또한 CATV는 광통신이나 뉴미디어 출현에 힘입어 쌍방향(雙方向) 통신이 가능해짐에 따라 지역 정보 외에 홈쇼핑・홈뱅킹 등을 제공함으로 통신 기능도 존재한다. 이밖에 방범・방재・수도검침・생활정보・원격 진찰 등도 가능하다. 다채널 영상서비스는 쉽게 말해 영화・교양・연예오락・스포츠 등 다양한 TV프로그램을 동시에 방영할 수 있는 것을 말한다. 이러한 기능을 수행하기 위해서는 PC와 고속 팩시밀리(G4 급) 장비가 필수적으로 구비되어 있어야 하며 전국 일원과 단일 통신권(통화권)에 있어야 한다는 기본조건이 전제되어야 한다.

이러한 기능을 제공하는 CATV 사업자는 크게 프로그램을 제작 및 배포하는 프로그램 공급업자(PP, Program Provider), PP들이 제작한 프로그램을 방송하는 종합 유선 방송국(SO, System Operator), 그리고 방송국에서 방송하는 프로그램을 각 가정까지 전송시켜 주는 전송망 사업자(NO, Network Operator)로 분류된다.

6.3 DMB 산업

DMB(Digital Multimedia Broadcasting)는 고품질의 음성 및 영상서비스를 언제 어디서나 제공할 수 있는 이동멀티미디어방송으로서, 뛰어난 이동수신 특성을 바탕으로 음악·문자·동영상 등 다양한 콘텐츠를 휴대형 TV(Portable TV), PDA 및 휴대폰 등을 통해 제공할 수 있다.

여기서는 DMB를 개괄한 후에 지상파 DMB와 위성 DMB에 대하여 보기로 한다.

6.3.1 DMB 개요

초기의 DMB(Digital Multimedia Broadcasting)는 오디오 중심의 전송 서비스로 DAB(Digital Audio Broadcasting)로 불리어졌다. 이것은 전파의 간섭이나 중첩 없이 CD 수준의 음질을 제공할 수 있으며, 이동 환경 중에도 지속적이고 안정된 수신을 할 수 있는 방송 서비스 개념이다. 그러나 기술의 발달로 전송하는 콘텐츠의 종류가 오디오 영역에만 머물지 않고 동영상을 포함한 각종 멀티미디어까지 포함하는 것이 가능하게 되자 DAB라는 용어는 더 이상 적절하지 않게 되었으며, 멀티미디어 방송을 의미하는 디지털 멀티미디어 방송(DMB)이라는 용어가 새로이 나타나게 되었다. 유럽과 미국에서 상용화된 DAB가 오디오 위주의 디지털 라디오 방송을 지칭하는 개념이라면, DMB는 보고 듣는 멀티미디어 방송으로 디지털 라디오 방송의 개념이 확대된 것이다.

DMB는 멀티미디어 방송의 이동수신이라는 측면에서는 기본적으로 동일하지만, 매체의 성격에 따라서 지상파 DMB와 위성 DMB로 나눌 수 있다. 지상파 DMB는 지상의 방송국만으로 방송망을 구축하는 반면, 위성 DMB는 고출력 위성(체)과 지상중계기(Gap Filler)를 이용하여 전파를 송신하는 방송망을 구축한다.

위성 DMB의 전송방식은 오디오, 비디오 및 데이터를 CDM 또는 TDM 방식으로 다중화하고 Ku 밴드 반송파 신호를 QPSK 변조하여 위성으로 전송한다. 위성은 이를 지상의 휴대폰, PDA 등의 이동(휴대형) 단말기에 2.6GHz 대역의 CDM 신호로 변환하여 직접 전송한다. 한편 위성신호를 직접 받기가 어려운 전파 음영지역에는 지상 중계기(Gap Filler)로 Ku 밴드의 TDM 신호를 보내고 중계기는 이를 다시 2.6GHz 대역의 CDM 신호로 변환하여 휴대용 단말기로 전송한다.

6.3.2 지상파 DMB

여기서는 지상파에 기반을 두고 CD 수준의 음질과 고품질의 동영상 서비스 등을 디지털화된 방송 신호로 보내 이를 개인 이동 단말기(차량용 수신기 포함)를 통해 시청하는 지상파 DMB(Terrestrial DMB)에 대하여 먼저 보기로 한다.

1) 지상파 DMB의 발전 배경

국내의 디지털 라디오 방송은 라디오의 디지털 전환이라는 목적아래 출발하여 초기의 음성 및 데이터 서비스에서 동영상 멀티미디어 서비스까지 개념이 확대되었다. 지상파 DMB는 음성방송의 디지털화가 진전됨에 따라 종전의 AM과 FM 라디오 수준을 넘어 CD 수준의 고품질 오디오 서비스뿐만 아니라 교통정보, 기상정보, 지리위치정보, 동영상 정보 등 다양한 멀티미디어 정보를 문자와 그래픽으로 전송할 수 있는 차세대 라디오라고 할 수 있다. 고스트 현상 등으로 화질이 심하게 찌그러진 아날로그 TV와는 달리 DMB는 고속주행 중에서도 디지털 멀티미디어 방송을 화질의 변화 없이 선명한 화면을 유지하여, 고품질의 음성과 영상을 언제 어디서나 제공할 수 있다. DMB가 이동 TV 수신의 대안으로 부각됨에 따라 지상파 DMB는 고화질(HDTV)·고음질을 추구하는 지상파 DTV와 상호 보완/대체적인 관계를 가진다.

지상파 DMB에서 제공 가능한 서비스로는 데이터 방송, 동영상 방송, 전자 신문, 광역 호출, 자동항법 시스템(Navigation) 서비스, GPS, 교통정보 서비스, 인터넷 방송과 AOD, VOD 등과 같은 주문형 서비스를 들 수 있다.

2) 표준방식

ITU-R에서는 지상파 DMB의 기술특성 및 서비스 요구사항을 규정하고 있으며 권고되는 시스템은 Eureka-147(ITU-R 디지털 시스템 A)과 ISDB-TSB(ITU-R 디지털 시스템 F)의 두 가지이다.

세계적으로 디지털라디오 표준방식은 크게 주파수 대역에 따라 Out-of-Band 방식과 In-Band 방식으로 대별된다. 유럽 및 일본의 Out-of-Band 방식은 기존 FM 대역 이외의 주파수를 사용하는 것이고 미국의 In-Band 방식은 기존 FM 대역을 사용하는 방식이다.

유럽의 Eureka-147 방식은 텔레비전 방송용으로 사용하는 VHF 대역을 주로 사용하고 일부 L-Band를 사용하기도 하는 것으로 1개 밴드(1.536MHz)에 여러 개의 오디오 프로그램 및 데이터를 다중화하여 전송하는 것이 특징이다. 반면 미국의 IBOC 방식은 1개의 오디오 채널과 여분의 비트로 데이터 서비스를 제공하는 방식으로 양방식의 특징을 비교하면 〈표 6-1〉과 같다. 우리나라에서는 Global standard를 지향하고, 미래형 방송서비스 수요에 탄력적으로 대응할 수 있도록 Eureka-147방식을 DMB 표준으로 공식 채택하였다.

유럽에서는 Eureka-147 이외에도 Nokia가 DVB-H(Digital Video Broadcast-Handheld)를 새로운 표준으로 제시하고 있으며, 미국에서는 CDMA2000 1x EV-DO 이후를 위해 퀄컴이 제시한 이동 방송 표준으로 MediaFLO(Forward Link Only)를 채택한 바 있다. DVB-H는 유럽의 디지털 TV 표준(DVB-T)을 이동방송 수신용으로 사용하고자 하는 별도의 표준을 의미한다. DVB-T가 다채널 고화질이 목표라면 DVB-H는 2Mbps 이하의 SD급 화질을 고속으로 이동 중에서도 시청가능 하도록 하는 것이 목표이다. 또한 이동방송에 있어서 방송용 주파수로는 상향채널구축이 불가능하나 DVB-H는 이동통신과의 결합을 통해 이동방송에서의 양방향 서비스를 제공한다.

〈표 6-1〉 Eureka-147과 IBOC방식 비교

구 분	Eureka-147(유럽)	IBOC(미국)
주파수대역	주로 VHF TV방송 대역(174~216MHz)	FM방송 대역(88~108MHz)
대역폭	1.536MHz	140kHz (아날로그FM의 측파대 이용)
전송방식	OFDM	OFDM
오디오방식	MPEG-1,2 및 4(적용가능)	PAC
표준화 시기	1994	2002
선택 국가	유럽, 호주, 캐나다 등	미국
유효전송속도	0.8~1.7 Mbps	144~160 Kbps
오디오채널수	6	1
다중경로영향	우수	양호
SFN	가능	완전디지털화전 불가
서비스 범위 (FM방송대비)	대등(1/10 출력시)	축소
주요특징	ㅇ 한 채널에 여러 개의 프로그램 및 데이터를 다중화하여 전송 ㅇ 다양한 데이터 서비스 가능 (교통정보, 동영상 등)	ㅇ 한 채널에 1개 프로그램(동시 방송) 및 데이터를 전송 ㅇ 다양한 서비스 제공에 제약

6.3.3 위성 DMB

여기서는 고출력 위성과 지상중계기(Gap Filler)를 이용하여 전파를 송신하고, 이를 휴대용 단말기에서 수신함으로써 원하는 곳 어디에서든지 방송을 시청할 수 있는 위성 DMB(Satellite DMB)에 대하여 보기로 한다.

1) 위성 DMB 개요

위성 DMB는 위성을 방송 매체로 사용하여 이동 중에도 개인휴대단말기나 차량용 단말기를 통해 비디오 방송 및 정지화상, CD 음질의 오디오 방송과 각종 데이터 서비스와 같은 멀티미디어(Multimedia) 서비스를 시청/청취할 수 있는 방송이다. 즉 위성 DMB는 이동 중에서도 다채널 방송을 시청할 수 있는 서비스인 바, 주파수의 대역폭에 따라 제공되는 채널의 종류와 수가 다양하게 결정될 수 있다. 위성 DMB는 방송 서비스 이외에도 〈표 6-2〉에서와 같이 교통 정보, 프로그램 연동 정보, 인터넷 기능 등 다양한 서비스의 제공이 가능하다.

〈표 6-2〉 위성 DMB 서비스 유형

교통정보	• 교통메시지, 네비게이션, 여행(숙소, 관광)정보
프로그램 연동정보	• 음악의 곡명, 작곡자 등 관련 정보제공 • 뉴스헤드라인, 사건영상 • 방송 중 관련 정보 제공
인터넷 기능	• 웹사이트 • EPG, 광고 및 쇼핑, e-mail, 게임판, 원격강의 등 가능
동영상 전송	• 프로그램 연동정보 • IP스트리밍 미디어 • 이동 TV방송

위성 DMB는 이와 같이 방송 서비스와 데이터 서비스를 동시에 제공함으로써, 방송과 통신이 융합된 서비스이다. 국내의 위성 DMB 서비스는 S밴드 대역(2.605~2.655GHz)을 이용한 새로운 휴대형 디지털 방송 서비스로 비디오, 오디오, 데이터 등 다양한 콘텐츠 및 멀티미디어 서비스 제공을 목표로 하고 있다.

단말기는 위성으로부터 직접 신호를 수신하거나, 위성 신호가 도달하지 않는 음영지역에서는 지상중계기(Gap Filler)를 통해서 신호를 수신하게 된다. 국내 위성 DMB 표준방식은 2003년 5월에 ITU-R BO 1130-4 시스템 E 방식으로 최종 확정되었다.[10] 국내 위성 DMB용 주

10) 위성 DMB 시스템 표준으로는 ITU-R Digital System A(Eureka-147), ITU-R Digital System B(VOA-JPL 시스템), ITU-R Digital System

파수로는 2.605~2.630㎓ 대역의 주파수 자원을 확보함에 따라 2.605~2.655㎓ 대역의 총 50㎒를 사용할 수 있게 되었다.

2) 위성 DMB와 디지털 위성방송

국내에서는 KT가 주축이 되어 설립한 한국디지털위성방송(KDB)에 의해 'Skylife'라는 디지털 위성 방송 서비스가 제공되고 있다. Skylife는 위성을 이용한 디지털 방송으로서 아날로그 방송에 비해 음질과 화질이 뛰어나며, 140여개의 다양한 채널을 제공할 수 있는 장점을 지닌다. 또한 Skytouch 서비스를 통하여 제공되거나 제공될 서비스로는 게임, 교육, 생활 정보 T-Commerce, TV-mail, SMS 및 폴링(Polling) 등 다양한 멀티미디어 및 쌍방향 서비스가 있다.

위성을 통해 방송 서비스를 제공한다는 측면에서 디지털 위성방송은 위성 DMB와 유사하다. 그러나 이동성이라는 서비스 속성에 있어서는 차이가 있는데, 이에 관해 살펴보면 다음과 같다. 디지털 위성방송의 이동형 상품은 차량용과 휴대용 두 가지로 구분된다. 차량용 서비스는 위성 DMB의 차량용 서비스와 서비스 속성에 있어서 뚜렷한 차이가 없지만, 휴대용 서비스는 위성 DMB의 휴대용 서비스와 다른 속성을 가지고 있다.

위성 DMB는 휴대폰, PDA, 전용 단말기 등을 통해 서비스가 제공될 것이므로 휴대가 간편하다. 안테나 기술의 발달에 의해 단말기의 소형화가 가능해짐에 따라 위성 DMB 단말기도 휴대폰 크기와 비슷하다. 이에 따라 휴대폰을 이용하는 것과 같이 개인이 일상생활 중에 단말기만 휴대하면 TV를 보고 싶을 때마다 별도 장비의 설치 절차 없이 위성 DMB를 이용할 수 있다는 특성을 가지고 있다. 즉, 디지털 위성방송

D(Worldspace 시스템), ITU-R Digital System E(일본의 CDM 시스템)가 있다. 국내 위성 DMB 표준은 시스템 A, B, Ds, DII, E 등 다섯 가지 표준 중에서 시스템 A인 OFDM 방식과 시스템 E인 DS/CDM-QPSK 방식이 경합을 벌였으나, 2003년에 전력 효율적인 디지털 시스템 E 방식을 국내 표준으로 확정한 바 있다.

의 휴대용 서비스가 실외에서 고정된 형태의 단말기를 통하여 TV를 시청하기 위한 서비스인데 반하여, 위성 DMB의 휴대용 서비스는 개인화된 소형의 단말기를 통하여 비교적 자유롭게 이동하면서도 TV를 시청할 수 있는 서비스라는 차이가 있다.

3) 위성 DMB와 지상파 DMB의 비교

우리나라에서 지상파 DMB는 통신 사업자들에 의해 추진되고 있는 위성 DMB와는 달리 기존의 지상파 방송 사업자들에 의해 주도되고 있다. 〈표 6-3〉은 위성 DMB와 지상파 DMB의 비교를 요약한다.

〈표 6-3〉 위성 DMB와 지상파 DMB

구분	위성 DMB	지상파 DMB
네트워크	위성망+지상중계기	지상망
주파수 및 전파특성	2.605-2.655GHz 직진성(가시거리 확보 필요)	174-216MHz 회절특성(장거리 도달 가능)
서비스	CD급 오디오, 데이터, 영상 서비스	CD급 오디오, 데이터, 영상 서비스
TV 채널수	13개 TV 채널	VHF TV 1개 채널로 3개의 블록 할당(블럭당 6개 채널)
이동 수신	위성 출력 보조 및 지상 장비	다수 송신소
대상 시장	개인 및 차량	개인 및 차량
커버리지	전국 방송	지역 방송/전국 방송
수익 모델	가입자 기반 유료 서비스(수신료)	광고 시장 기반 무료서비스(광고료)
참여 주체	통신사	방송사

채널의 수에 있어서 위성 DMB가 사업자별로 약 40개의 오디오, 비디오, 데이터 채널을 가질 예정인 반면, 지상파 DMB의 제공 예정 채널은 6개이며, 이 중 의무 전송 채널 2개가 포함된다. 채널의 수에 관해서만 보면, 위성 DMB가 지상파 DMB에 비해 경쟁 우위에 있다고 할 수

있다.

위성 DMB는 서비스 개시 초기부터 한반도 전역에 전국방송이 가능한 반면에 지상파 DMB의 경우 초기에는 일부(수도권) 지역에서만 서비스를 제공한 후 전국적으로 서비스가 가능할 것이다. 즉, 지상파 DMB의 네트워크는 지역에 따라 주파수를 바꾸지 않고도 단일 주파수로 전국 방송을 가능케 하는 SFN(Single Frequency Network) 방식을 취하고 있지만, 지방에서 이미 지상파 DMB용 VHF TV 채널 12번을 다른 방송 용도로 사용하고 있어 디지털 전환을 통해 이를 비워줄 때까지는 상당한 시간이 소요될 전망이다. 따라서 위성 DMB의 서비스 권역이 지상파 DMB 보다 훨씬 넓다.

위성 DMB는 위성체 발사, 지상중계기 설치 등으로 인해 막대한 초기투자가 필요하며, 유료서비스인 반면 지상파 DMB는 무료로 제공된다. 또한 지상파 DMB의 후보 기술인 Eureka-147 시스템은 250km/h의 고속으로 주행하는 기차나 자동차에서 1.2Mbps 이상으로 데이터를 전송할 수 있다. 지상파 DMB가 가격 경쟁력에 더해 이동성을 갖추게 되면서, 위성 DMB의 강력한 경쟁상품으로 등장할 가능성이 높다.

6.4 IPTV

IPTV(Internet Protocol TV, 인터넷 기반 TV)는 인터넷 기반 즉, IP 망을 통하여 고화질(HD: High Definition) 동영상 서비스를 각 가정의 TV에 제공하는 시스템 또는 서비스를 말한다. 즉, IPTV(또는 IP-TV)는 방송용 전파가 아닌 IP 망을 이용하여 인터넷 방송처럼 스트리밍 방식의 방송 프로그램 서비스를 제공한다.

기존 TV 방식에서는 방송사에서 편성한 프로그램을 수동적으로 수용했던 데 비해 IPTV 방식에서는 사용자 자신이 원하는 시간에 원하는 방송을 제공받을 수 있다. 즉 일방향 서비스가 아닌 양방향/맞춤형 멀티미디어 서비스 기능을 제공한다. 인터넷 기반의 TV 서비스인 IPTV 서비스로는 TV를 통해 방송 프로그램 서비스 제공은 물론 인터넷 방송, 뉴스 전달 서비스, 주문형 비디오(VOD), 디지털영상저장(DVR) 서비스 및 TV 스크린을 통한 인스턴트 메시지 전송 서비스 등이 있다.

통신사업자 측면에서 IPTV는 기존의 통신/인터넷 서비스 기반위에서 방송 서비스를 제공할 수 있기 때문에 TPS(Triple Play Service)를 제공하는 데 중요한 역할을 하는 시스템이다. 한편 이러한 인터넷 기반의 TV 서비스는 국가별로 다른 용어를 사용하고 있다. 예를 들어 미국의 경우 IPTV, 유럽의 경우는 ADSL TV, 일본은 브로드밴드 방송이라고 부른다.

IPTV가 인터넷 방송과 다른 점은 컴퓨터 모니터가 TV 브라운관으로 바뀌고, 키보드 및 마우스가 리모콘으로 바뀐다는 것이다. 따라서 컴퓨터를 다루기 쉽지 않은 이용자까지 서비스를 손쉽게 이용할 수 있다는 장점이 있다. 즉, 어린이나 노약자 등 PC에 익숙하지 않은 사람이라도 간단히 리모콘이나 무선 키보드를 이용하여 인터넷 검색은 물론 영화감상, 홈쇼핑, 홈뱅킹, 홈 트레이딩, 화상서비스, 온라인 게임, 노래방, MP3 등 인터넷이 제공하는 다양한 콘텐츠 및 부가서비스를 제공받을 수 있다.

복 습 문 제

1. 우리나라 케이블 TV 산업 현황을 설명하고, 향후 우리나라 케이블 TV산업의 전망에 대하여 논하시오.

2. 우리나라 케이블 TV 산업구조를 설명하시오.

3. 다음 용어들에 대하여 설명하시오.
   1) AM, FM
   2) NTSC, PAL/SECAM
   3) PP, SO, NO
   4) HDTV, IPTV

응용문제

1. 방송 산업의 세계 및 국내 시장 현황과 전망 및 방송 각 부문별(지상파 방송, 유선 방송, 위성 방송 및 DMB) 시장 현황 및 전망을 조사·분석하여 제시하시오. 다음에 제시된 항목과 표 제목을 참조할 수 있다.
   1) 방송 시장 환경
   2) 세계 또는 국내 방송 산업 동향
      〈표 1〉 세계 및 국내 방송 시장 규모 및 성장률
   3) 세계 또는 국내 방송 부문별 산업 동향
      〈표 2〉 방송 각 부문별 세계 및 국내 시장 규모
      〈표 3〉 방송 각 부문별 미국 및 국내 업체의 시장 점유 현황
   4) 국내 방송 서비스 각 부문별(지상파 방송, 유선 방송 및 위성 방송) 지배적 기업들의 시장 집중도 분석(시장 점유율 조사를 통한 집중 지수 구함)

2. IPTV 산업의 현황 및 발전 방향을 조사하시오.

3. 주요국의 DMB 방송 산업의 현황 및 발전 방향을 조사하시오.

제7장

인터넷 산업

인터넷은 1980년대 출현한 이래 폭발적으로 보급되었으며, 이에 따라 인터넷 산업의 급성장을 가져왔다. 여기에서 인터넷 산업이란 TCP/IP를 이용한 컴퓨터 네트워크 상에서의 상거래 및 그 네트워크 구축과 상거래에 관계되는 기업군(群)으로 정의된다. 또한 인터넷 산업은 단순히 수입의 전부 또는 일부를 인터넷 또는 인터넷과 관련된 재화와 서비스로부터 벌어들이는 산업으로 정의되기도 한다.

7장에서는 인터넷 산업 분류에 대하여 살펴본 다음, 인터넷 상거래(Internet Commerce), 인터넷 접속 산업, 인터넷 관련 산업, 인터넷 전화, 포털 서비스, 무선인터넷 및 휴대인터넷에 대하여 차례로 학습하기로 한다.

7.1 인터넷 산업 분류

1) 개요

최종 서비스를 이용하기 위해 필요한 재화나 서비스의 구축단계별 기준에서 인터넷 산업은 크게 인터넷 기반산업, 인터넷 지원 산업, 인터넷 응용산업으로 분류할 수 있다. 인터넷 기반산업(Internet Infrastructure Industry)은 인터넷의 물리적인 망을 구성해 주고 이용자들을 인터넷에 연결해 주는 장치 또는 서비스 산업이다.

〈표 7-1〉 인터넷 기반 산업

소 분 류	보 기
정보통신기기 산업	네트워크 장비 가입자망 장비 인터넷 단말 장비
정보통신서비스 산업	네트워크 서비스 인터넷 접속 서비스
기타 기반산업	물류 산업

인터넷상에서 정보가 정확하고 빠르게 전달되기 위해서는 정보통신기기 및 서비스의 이용이 필수적이며, 인터넷이라는 가상공간에서 이루어진 거래를 완성하기 위해서는 물류 부문의 지원이 필요하다. 이에 따라 인터넷 기반 산업은 정보통신기기 산업, 정보통신 서비스 산업, 물류 부문을 포함하는 기타 기반 산업으로 분류될 수 있다.

인터넷 지원 산업(Internet Support Industry)은 최종 이용자들이 인터넷 물리적 기반 위에서 인터넷을 활용하는 것을 지원하는 미들웨어에 해당되는 산업으로서, 정보보호 산업, 콘텐츠 산업, 기타 지원 산업으로 분류될 수 있다.

〈표 7-2〉 인터넷 지원 산업

소 분 류	보 기
정보보호 산업	항바이러스(anti-virus), 방화벽(firewall) 암호화제품(encryption) 가상사설망(VPN:Virtual Private Network) 공개키기반(PKI:Public Key Infrastructure) 인증(authentication) 보안관리 및 시스템
컨텐츠 산업	컨텐츠 제작 도구 멀티미디어 컨텐츠
기타 지원산업	Portal 서비스 홈페이지 제작 서비스 웹호스팅

인터넷 응용산업(Internet Application Industry)은 실제 이용자들이 자신의 효용을 증대시키기 위해 인터넷상에서 활용하고 있는 응용서비스에 해당하는 산업으로서, 인터넷 상거래, 인터넷 문화산업, 인터넷 방송/통신이 있다.

〈표 7-3〉 인터넷 응용 산업

소 분 류	보 기
인터넷 상거래	인터넷 쇼핑, 인터넷 중개, 인터넷 경매 인터넷 금융(은행/증권/보험) 인터넷 무역, 인터넷 기획 전자결재(전자지불시스템)
인터넷 문화산업	인터넷 도서관/박물관, 인터넷 학교, 인터넷 의료 인터넷 게임, 인터넷 시네마 인터넷 가라오케, 인터넷 콘서트
인터넷 방송/통신	인터넷 방송국(TV/리디오) 인터넷 신문/잡지, 인터넷 광고 인터넷 메일, 인터넷 전화, 인터넷 팩스

이외에도 인터넷 산업을 분류하는 여러 가지 기준이 있지만 다음에 하나만 소개하기로 한다. 인터넷 산업은 위 재화나 서비스의 구축단계

별 기준과 다소 중첩되기는 하지만 네 가지 계층, 즉 인터넷 기반 계층(Internet Infrastructure Layer), 인터넷 애플리케이션 기반 계층(Internet Application Infrastructure Layer), 콘텐츠 계층(Intermediary Market Maker Layer), 인터넷 상거래 계층(Internet Commerce Layer)으로 구분하기도 한다. 이와 같은 인터넷 산업에 대한 연구는 시스코(Cisco)의 후원으로 美 텍사스 오스틴 대학에서 작성한 인터넷 경제 지표(Internet Economy Indicators)에 의한다.

인터넷 기반 계층은 인터넷의 활성화를 위한 전제 조건이 되는 통신 서비스 업체, 인터넷 서비스 제공업자(ISP; Internet Service Provider), 인터넷 백본 제공 업체, 최종 이용자 네트워킹 장비 제조업체 등으로 구성된다. 인터넷 애플리케이션 기반 계층은 웹 거래와 거래 중개를 용이하게 하는 소프트웨어 재화와 서비스들로 구성된다. 이외에도 포털에서 전자상거래 사이트에 이르기까지 모든 유형의 웹사이트를 설계하고 유지하는 컨설턴트, 서비스 업체를 포함한다. 콘텐츠 계층은 직접적으로 전자 상거래에 의해 수입을 얻지는 않지만 웹 콘텐츠를 제공하여 광고, 회비, 수수료를 통해 수입을 얻는 웹 기반 기업들을 지칭한다. 인터넷 상거래 계층은 웹 기반 상거래를 관리하는 회사들을 포함한다.

2) 인터넷 기반산업

인터넷 기반산업은 정보통신 기기 산업, 정보통신 서비스 산업, 기타 기반 산업으로 분류된다고 한 바 있다. 인터넷 네트워크 인프라를 구축하기 위한 정보통신 기기로는 네트워크 장비, 가입자망장비, 인터넷 단말 장비가 있다. 네트워크 장비는 일반적으로 근거리 통신망(LAN)의 구성에 가장 기본이 되는 하드웨어를 지칭하는 것으로, 이에는 라우터, 스위치, 허브, 네트워크 접속 장비(NIC : Network Interface Card), 리피터, 브리지 및 전송 장비 등이 포함된다.

가입자망 장비는 가입자를 기간 전송망에 연결시켜주는 통신망이다. 인터넷 서비스에 적당한 고속 가입자망 기술로는 xDSL(Digital

Subscriber Line), 케이블 모뎀 및 무선 방식 등이 있다. 인터넷 단말 장비로는 인터넷의 최종사용자들이 이용하는 장비로서, 대표적인 것으로 노트북과 데스크톱을 포함한 PC와 PDA 등이 있다.

인터넷 기반산업으로서의 정보통신 서비스 산업은 인터넷 이용을 위한 네트워크 구축에 필요한 서비스를 제공하는 간접 서비스와 이용자에게 인터넷 접속 서비스를 제공하는 직접 서비스로 나누어 볼 수 있다. 간접 서비스는 전용회선 서비스, 프레임릴레이 서비스, 가상회선서비스 등이 있으며, 직접 서비스로는 PC 통신 서비스와 ISP 서비스가 있다.

3) 인터넷 지원 산업

인터넷 지원 산업(Internet Support Industry)은 최종 이용자들이 인터넷 물리적 기반 위에서 인터넷을 활용하는 것을 지원하는 미들웨어에 해당되는 산업으로서, 세부 분류는 정보보호 산업, 콘텐츠산업, 기타 지원 산업이 있다.

인터넷을 통해서 주고받게 될 주요한 대상인 콘텐츠는 문자, 음성, 정지영상 및 동영상이라는 정보가 디지털로 제공되고 정보수용자와 정보제공자 사이의 양방향성을 보장해주는 디지털 정보를 말한다. 콘텐츠 산업에는 전자출판, 온라인신문, 전자잡지, 양방향 TV, 디지털 영화, 양방향 게임 등의 멀티미디어 콘텐츠 부문과 DB S/W, 홈페이지 작성 S/W, 이미지프로세싱 툴 등의 콘텐츠 제작도구 부문이 포함된다. 멀티미디어 콘텐츠 부문은 또한 영상 콘텐츠, 교육 콘텐츠, 게임 콘텐츠, 출판 콘텐츠로 분류할 수도 있다.

정보보호는 인터넷을 포함한 정보통신망이나 단말에서 처리되는 음성, 영상, 데이터 그리고 멀티미디어 서비스에서 정보의 유출 및 손상, 시스템 파괴, 바이러스 등의 각종 보안 위협 요소로부터 정보통신 시스템을 보호하고 정당한 사용자의 신분을 확인함으로써 정보공유 및 근거리/원거리 접근 등의 각종 정보서비스의 가용성을 보장하고 활성화시키기 위한 기술적 활동을 의미한다. 이에 따라 정보보호 산업은 정보보호를 위한 하드웨어 및 소프트웨어 제품·서비스를 설계, 개발, 생산, 구축하고 이를 이용한 정보보호대책 마련 및 사후관리 활동을 포함하는 경제활동으로 정의할 수 있다.

정보보호산업은 다시 정보보호 시스템을 구축하기 위한 하드웨어와 소프트웨어 등의 정보보호 제품과 전체 시스템의 보안 최적화를 위한 정보보호 제품의 통합 및 효율적인 활용방안을 수립하는 정보보호 서비스로 구분할 수 있다. 정보보호 제품에는 항바이러스(anti-virus), 방화벽(firewall), 암호화 제품(encryption), 가상 사설망(VPN : Virtual Private Network), 공개키 기반(PKI : Public Key Infrastructure), 인증(authentication), 보안 IC카드, 보안 관리(security management), 보안 시스템(secure system) 등이 있고, 정보보호 서비스에는 전문서비스(professional service), 시스템 통합(system integration), 보안관리 서비스(security administration), 인증 서비스(CA service) 등이 있다.

4) 인터넷 응용산업

인터넷의 이용자는 자신의 효용을 증대시키기 위해 정보를 교환하고, 물건을 거래하며, 문화 활동을 한다. 정보통신 인프라와 미들웨어 기반에서 최종 이용자에게 직접 서비스를 제공하는 영역 내에서 인터넷 응용 산업을 정의한다면, 이 산업은 인터넷 상거래, 인터넷 문화 산업, 인터넷방송 및 통신으로 분류될 수 있다. 이 중에서 인터넷 상거래를 사업 영역으로 구분하면, 인터넷 쇼핑, 인터넷 기획, 인터넷 중개, 인터넷 금융(은행/증권/보험), 인터넷 무역 등으로 구분할 수 있다.

7.2 인터넷 상거래

인터넷을 이용하여 재화와 서비스의 수·발주를 행하는 인터넷 상거래란 TCP/IP를 이용한 컴퓨터 네트워크상의 상거래라고 정의할 수 있다. 이 인터넷상거래에는 기업-소비자 간의 거래인 B2C(Business to Consumer)시장과 기업 간의 거래인 B2B(Business to Business)시장이 있다. 기업 간 인터넷 상거래(B2B)는 다시 기업의 중간재(원재료) 조달과 최종 소비재 구입으로 분류할 수 있다. 이외에도 소비자간 거래인 C2C(Customer-to-Customer), 역경매 거래인 C2B(Customer-to-Business; 소비자와 기업간 거래), 정부조달 사업에 이용되는 B2G(Business-to-Government; 기업과 정부간 거래) 및 시장간 조달인 M2M (Marketplace-to-Marketplace; 장터와 장터간 거래)가 있다.

여기서는 기업 간 인터넷 상거래(B2B)에 해당하는 중간재(원재료) 조달과 최종 소비재 구입(MRO), 기업-소비자 간의 거래(B2C)에 해당하는 주문 생산(BTO) 및 e-Marketplace에 대하여 보기로 하자.

1) 원재료 조달

업무의 효율화나 제조주기의 속도 향상을 도모할 목적으로 인터넷을 이용한 원재료 조달시스템을 도입하는 기업이 증가하고 있다. 대표적인 예로는 미국 제너럴 일렉트릭사(GE: General Electric Co.)의 TPN (Trading Process Network)을 들 수 있다.

2) 주문 생산(BTO)

인터넷 상거래는 점포를 필요로 하지 않기 때문에 제조업자가 직접 소비자에게 상품을 판매할 수 있다. 이와 같은 직접 판매방식의 도입은 판매시의 중간비용을 절감시킴과 동시에 소비자의 주문을 받고 나서 제품을 생산하는 주문 생산(BTO : Built To Order)을 가능하게 한다. 소비자에게 있어서 주문 생산(BTO)의 장점은 자신이 필요로 하는 사양의 제품을 주문할 수 있다는 점이나 싼 가격에 구입할 수 있는 점에 있다. 한편 제조업자는 재고가 남지 않아 재고 관리비용을 절감할 수 있고 또한 항상 최신제품을 판매할 수 있게 된다.

미국의 델 컴퓨터사(Dell Computer)(http://www.dell.com/)는 직접 판매 방식이나 BTO에 인터넷을 융합해 성공한 바 있다.

3) e-Marketplace

e-Marketplace는 기초적 B2B거래가 더욱 발전된 형태로 인터넷상에서 불특정 다수의 공급자와 수요자간의 비즈니스 거래를 유발시켜주는 가상의 시장을 지칭한다. e-Marketplace과 B2B의 차이점은 B2B는 기업이 협력업체를 대상으로 사이트를 구축하는 데 반해, e-Marketplace는 경쟁 업체들이 전략적 제휴형태의 구매사이트 구축한다는 것이다. e-Marketplace의 대표적인 예로는 자동차업계의 e-Marketplace CONVISINT와 소매/유통업계의 GNX, WWRE, RMX와 Transora을 들 수 있다. CONVISINT는 미국의 GM, Ford, Daimler Chrysler가 동일 지분의 합작회사를 설립하여 초대형 전자상거래 사이트를 구축한 것이다.

2000년 2월 미국 제 2위 소매업체인 Sears-Roebuck와 구미 최대의 소매업체인 Carrefour가 공동조달 사이트 Global Net Xchange(GNX) 설립을 구상하였다. GNX 설립에 대항하는 형태로 2000년 4월 구미 대규모 소매업체 K Mart나 Target, Tesco 등 17개 사가 공동으로 출자를 구상한 대규모 업계 컨소시엄형 e-Market Place인 WWRE(소매)가 있다. 한편 CPG 업계의 제조업체들은 2000년 3월 Transora 라고 불리는 원료 및 자재조달을 위한 e-Market Place 구축을 구상하였다.

4) 최종소비재 구입(MRO)

기업 간 전자상거래에서는 MRO(Maintenance, Repair and Operation)라고 불리는 분야에서 기업을 대상으로 한 인터넷 상거래가 주목할 만하다. MRO란 기업이 경비나 간접비로 지출하는 최종소비재의 구입을 말한다. 구체적으로는 문구, 서적, PC관련 상품, 사무용가구 등 중간투입이 없는 지출부문을 가리킨다. 미국의 인스틸사(Instill Corporation, http://www.instill.com)가 운영하는 E-Store는 MRO로 성공한 사례의 하나이다. 또한 업계 컨소시엄형 e-Market Place로는 "Total MRO.com"이 대표적이다. Ariba나 Commerce One과 같은 기업간 전자상거래 시스템을 취급하는 전문업체는 독립형 e-Market Place가 차차 설립되는 가운데 업계 주도형으로 Total MRO.com을 설립하였다.

7.3 인터넷 접속 산업

인터넷 접속 산업은 인터넷 접속 서비스 부문과 인터넷 접속 단말기 부문으로 분류된다. 여기서는 먼저 인터넷 접속 서비스 부문을 학습한 후에 인터넷 접속 단말기 부문을 학습하기로 한다.

1) 인터넷 접속 서비스

인터넷 접속 서비스는 기간 망(backbone network)과 가입자 선로를 통하여 인터넷 접속을 가능하게 하는 서비스이다. 이러한 인터넷 접속 서비스는 소비자와 기업에게 직접적으로 인터넷 접속 서비스를 제공하는 경우와 또 다른 서비스 업체를 위하여 네트워크 관리, 시스템 통합과 기간 네트워크 접속 서비스를 제공하는 경우가 있다. 이와 같이 인터넷 접속 서비스를 제공하는 사업자를 인터넷 서비스 제공업자(ISP, Internet Service Provider)라고 한다.[11)]

인터넷 서비스를 제공하는 서비스는 크게 유선을 매체로 하는 서비스와 무선을 매체로 하는 서비스로 나눌 수 있으며, 〈표 7-4〉와 같이 여러 가지 서비스가 존재한다.[12)]

〈표 7-4〉 유/무선 인터넷 접속 서비스

System 및 기술특성	전송속도	사용기술	Coverage	이동성	사용 대역폭	애플리케이션 적용범위
2G(GSM)	9.6-384kbps	TDMA, CDMA	35km	높음	900,1800, 1900 MHz	모든 환경
3G (IMT-2000)	-2Mbps	WCDMA cdma2000	30m-20km	높음	2GHz	모든 환경
WLAN (IEEE802.11a)	20Mbps	OFDM, TDD	50-300m	낮음	5GHz	기업 또는 Hot spots
TDMB(DAB)	1.5Mbps	OFDM	〈100km	높음	176-230MHz	음성송출
TDMB (DVB-T)	5-31Mbps	OFDM	〈100km	중간 정도	TV영역	비디오송출
유선(Cable Modem)	10-40Mbps	FDD	5-20km	없음	60-40MHz	가정용
유선(ADSL)	640kbps-8Mbps	DMT	2-6km	없음	Baseband	SoHo 및 가정용

* DVB-T는 유럽의 디지털방송기술 표준을 의미한다.

유선을 기반으로 한 인터넷 접속 서비스로는 ADSL, VDSL(Very High Speed Digital Subscriber Line), HFC(Hybrid Fiber/Coax)망을 활용하는 Cable Modem, FTTH(Fiber To The Home) 서비스 등이 있다. ADSL에서 진화된 VDSL은 속도측면에서 최대 13~52Mbps까지 가능하고 ADSL이 가지는 상향속도의 한계를 보완한 장점을 지니고 있으나, 전송거리의 한계(1Km 이내)로 인해 아파트 등 공동주택이 아닌 단독주택에서는 사용의 한계를 나타내고 있다.

11) ISP는 인터넷망을 구축하거나 네트워크 사업자로부터 필요한 망을 임차하여 확보하고 여러 다른 형태의 가입자 네트워크를 통해 이용자에게 인터넷 접속 서비스를 제공하는 역할을 담당한다.
12) 인터넷 서비스를 제공하는 서비스는 유선/무선을 매체로 하는 서비스 이외에도 Hybrid 서비스가 있다.

무선을 기반으로 한 서비스 중에 이동 단말기인 휴대폰의 경우에는 화면 크기가 작고, 액정의 해상도가 낮아서 멀티미디어 콘텐츠 제공에는 적절하지 않다. 또한, 통화접속 시간에 따른 과금 체계와 추가적인 정보 이용료에 대한 부담으로 인하여 보편적인 인터넷 접속 기능을 제공하는 수단으로서는 근본적인 한계가 있다. 2.5G의 cdma2000 1x망의 구축에 따라 패킷 기반의 서비스가 제공되면서 패킷 단위의 요금체계가 적용되었으나, 여전히 그 요금이 과다하여 보편적인 인터넷 접속 서비스로 보기 어렵다. 한편, 2000년대 초에는 동기식 CDMA의 또 다른 형태인 cdma2000 1x EV-DO (Data Only)13) 서비스가 도입되면서 이론적으로는 최대 2.4Mbps까지 지원할 수 있는 데이터 중심의 고속 서비스가 가능해졌지만 여전히 정액제 요금 체계에 필요한 경제성을 확보하지 못하였다.

한편, 노트북 PC와 저가 무선 LAN(WLAN; Wireless LAN) 장비의 보급이 확대되면서 무선으로 ASDL에 준하는 속도로 인터넷에 접속할 수 있게 되었다. 다시 말하자면 공중 무선 LAN을 통한 밀집지역(hot spot) 서비스가 제공되면서, 휴대형 무선 단말기를 이용하여 11Mbps급의 무선 인터넷 접속이 가능해 졌다. 이와 같은 고속의 전송속도와 더불어 노트북 PC나 PDA 등과 같은 휴대형 무선 단말기는 멀티미디어 콘텐츠에 적합한 충분한 크기의 화면 및 표준 키보드를 제공하기 때문에 유선 환경에서와 거의 유사한 품질로 인터넷 접속이 가능하다. 또한, 저가 무선 LAN 장비의 공급으로 정액제 요금 체계가 가능하므로 기존 유선 초고속 인터넷에서와 마찬가지로 요금에 대한 부담이 매우 적은 것이 장점이다. 그러나 무선 LAN은 기술적으로 반경 수십 m 내외의 제한적인 지역만을 커버하기 때문에 이동성이 취약한 단

13) CDMA 2000 1X EV-DO는 CDMA 2000 1X로부터 진화한 이동통신 서비스로서 EV(Evolution)는 1X로부터의 진화를 뜻하고 DO(Data-Only)는 음성과 데이터 중 데이터 속도만 상승했음을 의미한다. 고속 고용량 데이터 전송에 최적화된 무선 접속 기술 표준으로서 상향 153.6kbps, 하향 2.4Mbps의 속도를 제공한다.

점이 있으며, 실외 환경에서는 신뢰성이 높고 무결한 서비스를 제공하는데 기술적인 한계가 있다.

이와 같은 기존 서비스의 한계를 극복하면서 ADSL 수준의 품질과 비용으로 중속 이동 중에도 고속 인터넷 접속이 가능한 무선인터넷 서비스가 등장하게 되는 데, 이것이 "휴대인터넷" 서비스다. 휴대인터넷 서비스는 정액제 요금으로 언제 어디서나 ADSL급 수준의 전송속도와 품질을 보장하기 때문에 다른 무선 인터넷 서비스와는 구분된다.

2) 인터넷 접속 단말기

인터넷 접속 단말 부문은 인터넷에 접속되는 PC 등의 단말기기를 대상으로 한다.인터넷 이용인구가 증가함과 동시에 인터넷에 접속 가능한 단말기의 종류도 다양화되고 있다. 인터넷 접속 단말기로는 PC가 대부분을 차지하지만 이 밖에 휴대 정보 단말기, DTV, 정보가전제품 및 전화 등이 있다. 또한 X-Box와 같은 가정용 게임기도 인터넷 접속 기능을 보유하고 있다.

7.4　인터넷 관련 산업

인터넷 관련 산업은 크게 인터넷 구축 관련 부문 및 주변 부문의 2가지로 나눌 수 있다. 인터넷 구축 관련 부문은 인터넷 접속 단말기 이외의 인터넷 관련 기기, 인터넷 관련 소프트웨어 및 인터넷 구축·운용 서비스를 포함한다. 주변 부문에는 전자 지불 서비스, 광고뿐만 아니라 인터넷 상거래에 의해 수·발주를 한 상품의 발송에 관계되는 우편소포, 배달 등의 물류서비스가 포함된다.

1) 전자 지불

인터넷 상거래에서는 상품이나 서비스의 수·발주 및 지불을 동일

홈페이지 상에서 처리할 수 있다. 기존의 전자지불방식으로는 신용카드 번호를 홈페이지 상에 입력하는 신용카드방식과 금융기관의 계좌번호를 직접 인터넷을 통하여 송신하는 은행계좌이체 방식이 있다. 신용카드방식은 인증 서비스를 이용한 SSL(Secure Sockets Layer)이나 SET(Secure Electronic Transaction) 등에 의해 송신하는 정보를 암호화하는 방법을 이용하여 안전성을 유지하는 경우가 일반적이다.

현재의 전자지불시스템으로는 기존의 신용카드방식, 은행계좌이체 방식에 IC 카드형 전자화폐, 네트워크형 전자화폐, 무선 지불, ARS, 전자우편, 버추얼카드, 전자수표 등 새로운 방식들이 도입되면서 다양한 방식이 존재한다. 이러한 다양한 지불수단의 등장과 함께 복합 지불 수단이 등장하였다. 즉, 다양한 지불수단들이 복합되어 나타난 형태의 지불 시스템이 존재한다는 것이다. 예를 들어 구매자가 소프트웨어 방식의 무선 지불시스템을 이용해 상품을 구입하였다고 할 때, 구매대금은 이동통신요금에 합산되어 신용카드 방식의 전자지불시스템에 의해 처리되고, 신용카드사는 신용카드 결제금액을 구매자의 은행에 제시하는 것과 같이 복합적인 지불 시스템이 나타난다는 것이다. 이와 같은 다양한 형태의 지불시스템과 복합 지불 시스템의 출현은 전자 지불 산업구조의 변화를 촉진시킨다. 즉, 다양한 형태의 지불시스템의 등장은 시스템 이용자들의 선택의 폭을 넓혔다는 점에서, 복합 지불 시스템의 출현은 서로 다른 지불시스템의 통합 및 연동을 가져온다는 점에서 전자지불산업의 산업구조를 변화시킨다는 것이다.

전자지불산업에는 전자지불시스템과 전자지불서비스 이외에도 사용자 인증, 전자서명 등의 인증 시장이 있다. 여기서 인증 서비스란 인터넷을 매개로 한 통신에 필요한 안전·신뢰성을 확보하기 위한 인프라라고 할 수 있다. 인증을 위해서는 다양한 방식이 이용되고 있는데, 이러한 것으로는 공개키 암호 방식(PKI), SET, SSL 방식 등이 있다. 이와 같이 암호화와 관련한 보안 산업이 전자 지불 산업의 성장을 지원하는 산업으로서 밀접한 관계를 형성하고 있다. 이것은 인터넷 상거래에 있어서는 당사자들이 대면하지 않고 거래를 행하기 때문에 거래의 안전 · 신뢰성의 문제가 발생하기 때문이다. 즉 거래하는 상대방이 정말로 본인인가, 송신된 정보가 통신 도중에 첨삭되거나 혹은 유출되지 않는가를 확인할 필요가 있다. 이에 따라 여기서는 보안 산업 중 공개키 암호 방식에 대해 간단히 보기로 하자.

공개키 암호방식의 흐름도는 〈그림 7-1〉에서 보는 바와 같다. 점포 및 고객은 인증기관에게 각자 공개키(public key) 증명서인 인증서의 발행 신청을 한다(①). 인증기관은 당해 신청에 대해 심사를 하고 승인 후 각자에게 인증서를 발행한다(②). 점포 및 고객은 발주부터 상품의 송부에 이르기까지 인터넷을 통해 거래를 행하는 경우 당해 인증기관으로부터 발행된 인증서를 첨부한다(③). 인증서는 공정하고 중립적인 제삼자인 인증기관이 거래 당사자가 확실하게 본인이라는 것과 통신내용이 도중에 첨삭되지 않았음을 보장함으로써 인터넷 상거래의 안전 · 신뢰성을 확보할 수 있게 하여 준다(④, ⑤).

〈그림 7-1〉 공개키 암호방식의 개요

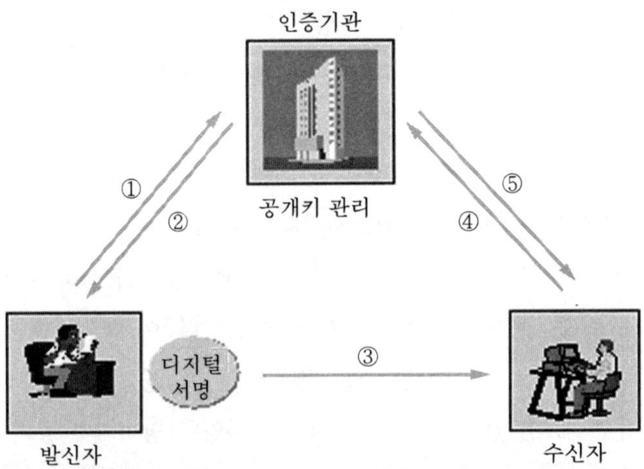

2) 인터넷 금융

인터넷 금융서비스는 인터넷을 이용하여 금융 자산관리를 행하는 서비스를 말한다. 이러한 서비스는 인터넷 금융업과 인터넷 증권거래로 크게 나눌 수 있다. 인터넷 금융업(internet banking)은 유/무선 단말기를 이용하여 인터넷을 통해 금융기관에 접속해 잔액조회, 송금 등의 서비스를 받을 수 있는 금융 서비스이다. 우리나라의 일반가정에서 이용되는 금융 서비스로는 ARS, PC와 휴대폰에 의한 홈뱅킹 등이 있다. 인터넷 증권거래 서비스는 이용자가 자택/사무실에서 인터넷으로 증권시장의 동향을 실시간으로 파악하여 매매 주문을 낼 수 있다는 장점이 있다. 또한 인터넷 금융서비스는 가계부 소프트웨어 등과 연동시킴으로써 개인자산 관리나 인터넷 상거래의 결제수단으로 사용되고 있다.

3) 인터넷 광고

인터넷 광고란 홈페이지 상의 배너 광고, 메일 매거진에 게재되는 메일광고 등으로 대표되는 인터넷을 이용한 상용 광고를 말한다. 특히 커뮤니티 사이트에서는 특정의 동호인들로 구성된 이용자가 모이기 때문에 특정 광고에 대한 극대적인 효과를 도모할 수 있다.

4) 인터넷 학습(e-learning)

전국에 지점이 흩어져 있거나 연수 시설을 갖지 않은 기업에게 수강자를 동일한 장소에 동일한 시간에 모이게 하는 것은 어렵기도 하며, 이동 및 업무 지체 등에 수반되는 폐해가 존재한다. 이러한 어려움은 수강생 측면에서도 발생한다. 인터넷 학습(e-learning)은 이러한 점들을 극복하고 비용을 절약하기 위해서 원하는 시간에 적당한 장소에서 인터넷을 통하여 웹상의 콘텐츠에 접속해 학습을 가능하게 하는 온라인 교육시스템이다.

5) 인터넷 임대업

인터넷 임대업은 기업고객들에게 매달 저렴한 이용료를 받고 통신 네트워크를 통해 필요한 SW나 DB를 지원하는 사업이다. 중소 및 벤처 기업들은 목돈을 들여 고가의 SW를 사지 않아도 되고, 구입 후 전문 인력을 두면서 유지, 관리, 보수 등을 걱정할 필요도 없다는 장점이 있다.

대표적인 인터넷 임대업으로는 인터넷상에서 프로그램을 유・무상으로 임대해 주는 응용 서비스 제공업자(ASP, Application Service Provider)와 인터넷을 통해 서버 관리 서비스를 담당하는 인터넷 데이터 센터(IDC, Internet Data Center) 등이 있다. IDC란 원래 인터넷 사업자들의 서버 컴퓨터를 초고속 광케이블이 설치돼 있는 곳 즉 서버 호텔을 의미하는데, 이와 같은 서버 컴퓨터를 책임지고 관리해 주는 사업으로 사용되기도 한다. 이와 같이 IDC는 기업고객들의 전자상거래 구축에서 "신경 센터"에 해당하는 역할을 가지며, 기업들의 서버 컴퓨터를 맡아 대신 관리해 주기도 하며 서버 자체를 빌려주기도 하는 등 다양한 서비스를 제공하는 사업이다.

6) 인터넷 전화 서비스

인터넷 전화란 인터넷을 경유해 음성 정보를 서로 주고받는 전화이다. 인터넷상에서 음성 통신을 행하는 애플리케이션은 초기에는 인터넷에 접속된 PC끼리만 통화하도록 하는 것이었지만 나중에 인터넷을 경유해 가입 전화간의 통화를 할 수 있게 되었다. 인터넷 전화의 통화 경로는 가입전화로부터 송신된 음성을 게이트웨이에서 음성 패킷 데이터로 변환하고 인터넷을 경유해 다시 음성으로 되돌려 가입전화에 연결하는 것이다.

인터넷 전화의 장점은 국제 통화나 장거리통화의 통화요금이 싸다는 점에 있다. 이는 인터넷의 이용에 대해서는 사용요금을 지불할 필요가 없고 가입전화로부터 인터넷에 연결되는 게이트웨이까지만 사용요금을 지불하면 되기 때문이다. 한편 인터넷 전화의 결점으로서는 일반전화보다 음질이 뒤떨어진다는 점, 음성의 지연이나 단절이 발생한다는 점이 지적되고 있다.

이제 다음에 인터넷 전화 서비스에 대하여 보다 자세히 살펴보기로 한다.

7.5 인터넷 전화 서비스

1) 개요

인터넷 전화 서비스로 불리기도 하는 VoIP(Voice over Internet Protocol) 서비스는 패킷 교환망인 인터넷망을 통해 음성신호를 실어 나르는 방식이며, 다양한 매체(동선, HFC, 광섬유, 무선 등)를 통해 전송된다.[14)] 한편 VoIP는 패킷교환(packet-switching) 방식에 의해 인터넷상에서 제공되기 때문에 회선교환(circuit-switching) 방식에 비해서 가용 대역폭을 보다 효율적으로 이용할 수 있다.

인터넷 전화를 둘러싸고 이루어진 초기의 기업 간 제휴는 주목할 만하다. 독일의 통신서비스업체인 DT는 '97년 8월 인터넷전화 소프트웨어 개발업체인 Vocaltec사의 주식 21%를 매입하여 거대 통신업체로는 처음으로 인터넷전화 서비스 사업에 참가하였으며, 미국 장거리 전화업체인 AT&T도 Vocaltec사와 제휴하여 인터넷 전화사업을 위해 설립한 ITXC사에 공동으로 참여하고 있다. 또한 지역 전화회사인 Bell Atlantic과 US West, 소프트웨어 업체인 Microsoft 역시 인터넷전화 업체인 VDO Net에 투자함으로써 인터넷전화 시장에 참여하고 있다.

14) 인터넷 전화는 또한 Internet Telephony, IP Telephony 등으로 불리기도 한다.

2) 서비스 방식 및 핵심 기술

인터넷전화는 서비스 내용에 따라 구분할 수 있는데 가장 기본적으로는 PC to PC, PC 대 전화(PC to Phone), 전화 대 전화(Phone to Phone) 방식의 세 가지로 구분가능하다. 이러한 세 가지 서비스를 협의의 인터넷전화 서비스라고 한다면, PC to fax, fax to fax 서비스와 인터넷 회의, 메시지 통합 처리 등을 포함하는 것을 광의의 인터넷 전화라고 할 수 있다. 전화 대 전화 방식에서는 전화사용자가 전화를 걸면 가장 가까운 게이트웨이로 연결되어 인터넷을 통해 수신자와 가까운 또 다른 게이트웨이까지 전송된 후 수신측 게이트웨이에서는 다시 공중전화네트워크를 이용해 수신자에게 음성데이터를 전송하는 만큼 전화 사용자들은 인터넷을 의식하지 않고 PSTN을 이용하는 것처럼 인터넷으로 통화할 수 있게 되었다.

인터넷 전화에서 가장 문제가 되는 부문은 안정된 통화품질을 보장하는 관련기술 및 소프트웨어의 개발이다. 인터넷전화 기술이 급진전되어 음성전달이 중간에 끊어지는 데이터 전송 지연 간격이 지속적으로 단축되었으며, 음질 개선과 멀티미디어 전송기능 등 기술개발이 진전됨에 따라서 인터넷 전화의 상용화가 가능하게 되었다.

3) 인터넷 전화 시장

인터넷망 이용대가에 대한 정산방식은 초고속 인터넷 요금 월평균 약 3만원 중 인터넷전화 처리에 필요한 상·하향 대역폭 비중의 약 5%에 해당하는 1,500원으로 산정했다. 이에 따라서, 인터넷전화(VoIP) 사업자는 자신이 모집한 가입자로부터 수수하는 요금에서 가입자당 월 1,500원의 정액 접속료를 인터넷망 제공사업자에게 지불하여야 할 것이다. 또한, 인터넷전화 사업자(예로 KT VoIP)는 자사의 인터넷(매가패스) 가입자뿐만 아니라 타사 인터넷(예로 하나포스)가입자를 대상으로 인터넷전화 서비스를 제공할 수 있으며, 타사의 인터넷을 이용한 경우에는 수익자 부담원칙에 의하여 그 대가를 지급하도록 되어 있다. 고객이 부담하여야 할 인터넷전화 요금은 VoIP 사업자가 자율적으로 결정하도록 되어 있다. 이러한 요금 체계는 기존 인터넷전화, 070 인터넷전화, 기존 PSTN 전화 간의 통화 품질 차이, 착신가능여부 그리고 119와 같은 긴급통화 제공 여부 등의 서비스 수준차이에 따라 결정될 것이다.

미국의 광대역 접속 서비스에 의한 VoIP 서비스 사업자로는 Vonage 등의 신규 사업자를 중심으로 하여 지역전화사업자, 장거리전화사업자, CATV 사업자와 같은 기존 대규모 사업자등이 있다. 전통적으로 미국에서는 일반전화/고정전화에는 전통적인 규제가 시행되고 있는 반면 인터넷 및 VoIP 서비스는 규제되고 있지 않는 비대칭 규제 원칙을 준수하고 있다. 이에 따라 기존의 지역전화회사(Incumbent Local Exchange Carrier; ILEC) 및 일부 주 공익사업위원회(Public Utility/Service Commission; PUC/PSC)를 중심으로 디지털 융합 환경에서 이러한 규제는 공정성을 결여하고 있다는 주장을 제기한 바 있다.

7.6 포털 서비스

포털이란 인터넷의 초기 화면을 의미하며, 포털 사이트는 이용자가 WWW에 접속하는 경우에 최초에 방문하는 관문(portal)이 되는 사이트이다. 포털 사이트에는 검색엔진, 뉴스속보, 온라인 쇼핑, 게시판 등 인터넷상의 다양한 정보가 집약되어 있다. 즉 초기에는 인터넷 검색 업체나 온라인업체 등 단순한 인터넷 초기화면 사이트로 시작했으나 점차적으로 전자메일, 게시판, 채팅, 게임, 뉴스, 온라인 쇼핑 등 이용자가 필요로 하는 다양한 서비스를 고객들에게 종합적으로 제공하여 광고수익, 전자상거래 수수료, 콘텐츠 판매, 디렉터리 임대 등에서 수익을 얻는 사업으로 발전하였다.

포털 서비스 산업의 구성요소는 콘텐츠(Contents), 커뮤니티(Community), 상거래(Commerce) 등 3C로 나눌 수 있다. 이 3C는 또한 인터넷 사업을 성공시키기 위한 핵심 요소이다. 이제 3C를 구체적으로 살펴보면 다음과 같다.

1) 콘텐츠

원래는 서적, 논문 등의 내용이나 목차를 일컫는 용어였으나 현재에는 각종 유무선 통신망을 통해 매매 또는 교환되는 디지털 정보를 통칭하는 말로 쓰인다. 예를 들면 인터넷이나 PC통신 등을 통해 제공되는 정보나 각종 프로그램, 비디오테이프나 CD롬 등에 담긴 영화 또는 음악, 게임 소프트웨어 등이 이에 속한다. 콘텐츠의 시장은 방송과 통신의 융합으로 급격히 성장하고 있으며 그 일례로 방송으로 제공되는 디지털로 생산된 각종 내용물들이 급증하고 있는 것을 들 수 있다. 콘텐츠 산업은 미디어 부문, 정보창출 부문, 정보 유통 부문으로 분류할 수 있다.

첫째, 미디어 부문의 콘텐츠 제공업자(CP: Contents Provider)는 정보나 오락 등을 제공하여 고객으로부터 가입비와 사용료를 받거나 광고주로부터 광고수익을 얻는 사업자로서 TV 방송 사업자, 라디오 방송 사업자, 케이블 방송 사업자, 신문사 등 전통적인 미디어 사업자와 포털사업자, 전자상거래 업체 등 인터넷을 기반으로 하는 사업자가 이에 해당한다.

둘째, 정보 창출 부문의 콘텐츠 사업자는 CP나 IP(Information Provider)를 지칭하는 것으로 여기에는 영상·음반제공자, 기업 정보 서비스 제공업자, 미디어 사업자를 통해 유통되는 프로그램을 창조하거나 제공하는 프로그램 제공업자와 게임, 소프트웨어 등 주로 인터넷을 통해 유통되는 소프트웨어 제공업자가 있다.

마지막으로 CP와 IP 들의 콘텐츠를 유통시켜주고 수수료를 받는 정보 유통 사업자가 있는데 비디오, CD, 음반 유통업자, 케이블방송사업자(VOD 제공의 경우)등 전통적 유통업자들이 이에 속한다. 또한 포털 사업자, 전자상거래 사이트 운영업자 들도 인터넷을 기반으로 이 사업에 참여하고 있다.

2) 상거래

(전자)상거래란 사람과 사람간의 물리적인 매체 전달을 통하여 상품을 사고파는 전통적인 상거래와는 달리 컴퓨터와 네트워크라는 전자 매체를 통해 상품을 매매하는 행위를 말하며, 좀더 많은 의미로는 기업 내 혹은 기업과 기업, 기업과 개인 간 그리고 개인과 개인 간의 모든 거래 관계를 전자 매체로 처리하는 상거래이다. 포털에서 다루는 전자상거래는 보통 기업과 개인 간의 거래를 의미하는 것으로 인터넷 쇼핑몰이 대표적인 예이다. 포털 사업자는 쇼핑몰을 운영하면서 일반 이용자들로부터 주문을 받아 이를 담당 회사에 연결시켜주는 역할을 한다.

3) 커뮤니티

커뮤니티(community)란 네트워크로 연결된 동호단체들은 의미하는데 직업별, 관심 주제별, 지역별, 동호회별, 성별 등 공동 관심사별로 커뮤니티를 구성하고 있으며, 물리적으로 또는 시간적으로 제약을 받지 않는다. 이들은 채팅, e-mail, 전자게시판, 카페 및 타운 등으로 연결되어 커뮤니티를 유지 발전시키고 있다.

7.7 무선인터넷

여기서는 휴대용 무선단말기를 이용하여 고속으로 인터넷에 접속하여 다양한 정보 및 콘텐츠의 활용을 가능하게 하는 무선인터넷시스템(또는 서비스)에 대하여 보기로 하자.

7.7.1 무선인터넷 개요

무선인터넷이란 이동 중 무선망(Wireless Network)을 이용해 이동 단말기에 내장된 인터넷 브라우저를 이용하거나 이동 단말기용 무선 모뎀을 탑재하여 인터넷 서비스를 제공하는 개념이다. 이러한 무선인터넷은 이동통신 기지국을 통해 서비스가 제공되기 때문에 서비스 범위가 넓고 이동 중에도 인터넷에 접속할 수 있는 장점이 있다.

유선인터넷 서비스를 전화망이나 기타 유선망을 통해 정보를 공유하는 개념으로 이해한다면 무선인터넷 서비스는 유선인터넷과 대비되는 개념으로 AP(Access Point)나 기지국까지는 유선으로 구성되면서, 사용자는 무선으로 접속하는 방식이다. 특히, 무선 랜은 무선 LAN 카드를 이용해 정지된 상태에서 인터넷 서비스를 받을 수 있다.

7.7.2 무선인터넷 서비스간의 특징 비교

무선인터넷 서비스는 크게 이동통신(2GHz), 휴대인터넷(2.3GHz), 무선랜(2.4GHz) 서비스로 구분될 수 있는데, 각각은 이용 주파수, 서비스 범위(coverage), 전송속도, 이동성, 단말기, 콘텐츠(기능), 요금, 기지국 당 가입자 수 등에서 차이가 있다.

〈표 7-5〉 무선인터넷 서비스 방식 비교

구분	무선인터넷	휴대인터넷	무선 랜
서비스 범위	전국	일부	특정구역
속도	수백 Kbps	1 Mbps	10 Mbps
서비스구역	옥내/외	옥내/외	밀집지역내
사용료	고	중저	저
주파수	2 GHz	2.3 GHz	2.4 GHz
이동 중 서비스	고속(100Km/h 이상)	50Km/h 수준	고정
기지국 당 가입자	수백 명	수백 명	수십 명

7.8 휴대인터넷

여기서는 휴대용 무선단말기를 이용하여 중속 이하의 속도에서 고속의 전송속도로 인터넷에 접속하여 다양한 정보 및 콘텐츠의 활용을 가능하게 하는 서비스인 2.3GHz 휴대인터넷을 보기로 하자.

7.8.1 휴대인터넷 개념

휴대인터넷(Portable Internet)은 무선인터넷(Wireless Internet)의 일종으로, 2.3GHz 주파수 대역을 이용하여 스마트폰, PDA, 소형 PC, 노트북 PC 등 다양한 휴대형 무선단말기를 이용하여 정지 및 중속 이동 중에도 언제 어디서나 고속으로 인터넷 접속이 가능한(Always Connected) 서비스를 제공하는 무선인터넷망 서비스이다. 이에 따라 휴대인터넷은 이동 중에서도 고속으로 다양한 멀티미디어 정보 및 콘텐츠 서비스를 제공하며, 이렇게 제공된 서비스를 휴대인터넷 서비스라고 한다. 특히 우리나라에서 채택한 휴대인터넷 시스템을 와이브로(WiBro; Wireless Broadband)라고 명명하기도 한다.

2.3GHz 주파수 대역을 이용한 휴대인터넷은 가정이나 사무실, 밀집지역(Hot spot) 등에서 초고속 인터넷을 통해 접속하는 것보다 전송속도는 다소 떨어지지만 중속 이동 중에서도 고속의 인터넷 접속서비스를 받을 수 있다. 이에 따라 유/무선 사업자 측면에서 휴대인터넷은 유/무선 통합을 전제로 하는 BcN으로 나아가는 과정에서 가교(bridging) 역할을 할 것으로 보기도 한다.

〈그림 7-2〉 휴대인터넷 서비스의 개념

정지 및 이동 중에	언제, 어디서나	고속으로	휴대인터넷 단말
정지 및 보행, 그리고 중속(~60 km) 의 이동시에도 무선 인터넷 서비스 제공	실내외에서 휴대형 단말기를 이용하여 끊김 없는 무선 인터넷 접속 환경을 언제나 지원	다양한 초고속 무선 멀티미디어 서비스를 원활히 제공할 수 있도록 1Mops 이상의 전송속도를 제공	핸드셋, 노트북, PSDA 또는 스마트폰 등의 다양한 멀티미디어 단말

7.8.2 휴대인터넷 시스템 표준

여기서는 2.3GHz 휴대인터넷 시스템의 표준화에 대해서 살펴보고자 한다. 휴대인터넷 시스템 표준에 대한 본격적인 논의는 2002년 12월 IEEE 표준화기구가 무선 LAN과 3G 서비스 사이에 존재하는 틈새인 "이동 중인 이용자를 위한 고속 IP 데이터 서비스"를 제공한다는 계획하에 이동 광대역 무선접속(MBWA; Mobile Broadband Wireless Access) 표준화를 위한 위원회를 설립한 이래 가속화되어 왔다. 휴대인터넷 접속 시스템 표준 규격은 IEEE 802.16 표준 기반에 직교주파수 분할다중(OFDM, orthogonal frequency division multiplexing) 방식으로 시속 60Km로 이동시 최대 하향(download) 20Mbps(1Mbps는 초당

1메가비트 용량의 데이터를 전송할 수 있는 속도), 상향(upload) 6Mbps의 전송속도 구현, 9MHz 이상의 채널대역폭, 사업자 장비 간 로밍 가능, TDD(시분할)방식 등의 성능기준을 모두 충족시키도록 되어 있다.[15]

2.3GHz 대역에서 고속 무선인터넷 접속이 가능한 시스템으로는 국내의 HPi(High speed Portable Internet)와 WDSL 계열의 시스템(i-burst, flash-OFDM 등), 무선 LAN 개량 시스템 등이 있다.[16] 국내에서는 국내 자체 기술로 개발해 온 HPi를 휴대인터넷 시스템 표준으로 확정한 바 있다.

〈그림 7-3〉 기존 2.3GHz 대역 주파수 할당 현황

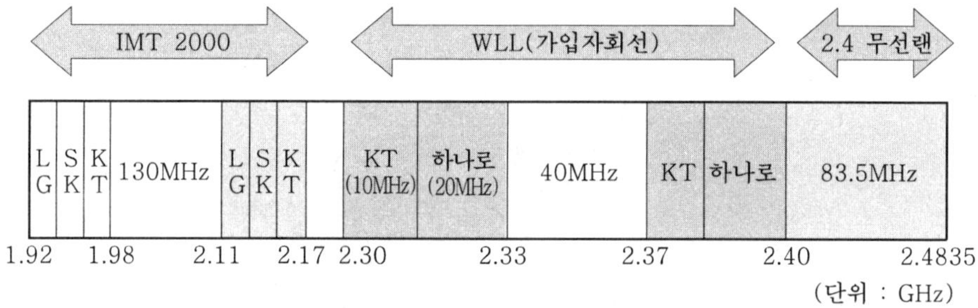

7.8.3 휴대인터넷 주파수 할당

기존 2.3GHz대의 100MHz 대역은 1997년에 주파수 분배가 도서 통신용과 무선가입자 회선용으로 용도가 지정되었으며, 1998년에 한국통

15) 휴대인터넷과 DMB에서 사용되는 OFDM (Orthogonal Frequency Division Multiplexing; 직교 주파수 분할 다중화)은 다중반송파 전송방식으로 단일 반송파 전송방식과 비교하여 다중경로 이동 수신 환경에서 고속 광대역의 신호를 보다 우수하게 수신할 수 있는 방식이다.

16) 글로벌 관점에서 대표적인 휴대인터넷 표준 경쟁으로는 ArrayComm사의 i-Burst, Flarion사의 flash-OFDM, Navini사의 RipWave, ETRI의 HPi 등이 있다.

신과 하나로 통신에 각각 20MHz 및 40MHz가 할당되었다. 그러나 이 대역에서 사용될 CDMA 방식의 무선가입자망(Wireless Local Loop; WLL)에 대한 서비스 보급이 제대로 이루어지지 않아 사업이 활성화 되지 못하였다. 이에 따라 2002년에 주파수 분배/할당 재고시를 통해 무선가입자 회선용도를 휴대인터넷 용도로 변경하였다.

이에 따라 우선 할당 대상 주파수는 휴대인터넷용으로 분배한 주파수 2.3GHz(=2,300MHz)대 중 보호대역 19MHz를 제외한 81MHz 대역이며, 할당 대역폭은 3개의 주파수대역으로 구분(각 대역은 3개 채널로 구성되며 각 채널대역폭은 9MHz)하여 각 27MHz씩 할당하였다.

〈그림 7-4〉 휴대인터넷 및 기타 서비스

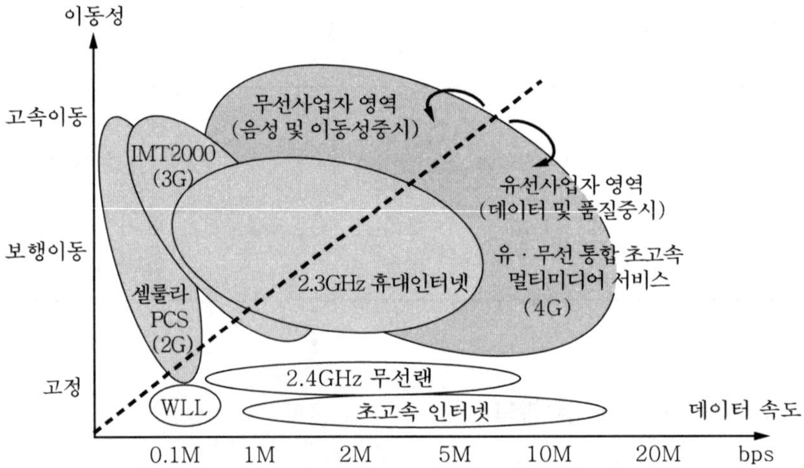

7.8.4 휴대인터넷서비스와 타 서비스의 비교

우리는 앞에서 유/무선 통합 환경 하에 무선 인터넷 서비스 진화 과정에는 유선사업자와 무선사업자간에 견해를 달리함을 보았다. 이러한 관점에 따르면 유선사업자 측에서는 유선 기반 무선 랜(WLAN;

Wireless LAN)에 이동성이 부가된 개념으로서 휴대인터넷을 고려하며, 무선사업자 측에서는 이동통신 기반으로 EV-DO, WCDMA 등을 거쳐 4G로 진화하는 과정에서 나타나는 하나의 중간 단계 시스템(또는 서비스)으로 보고 있다. 즉 유선사업자 측은 휴대인터넷을 기술특성상 IP 기반 데이터 서비스로 무선 랜에 이동성을 부여한 초고속 인터넷의 진화 개념으로 인식하고 있는 것이다. 한편 무선 사업자 측은 휴대인터넷을 3G와 4G 사이에 위치시키고, 3G에서 4G로 가는 이동통신 기술 진화 과정의 중간 단계로 이해하고 있다.

〈표 7-6〉 휴대인터넷과 기타 통신서비스의 비교

구분		휴대인터넷	CDMA 1x Ev-DO W-CDMA	유선인터넷	무선랜	지상 DMB	위성 DMB
성능	전송속도	1Mbps	384Kbps	1~54Mbps	2Mbps	1.5Mbps	1.5Mbps
	이동성	중속	고속이동	정지	저속이동	고속이동	고속이동
용도		데이터 멀티미디어 음성가능	음성 데이터 멀티미디어	데이터 멀티미디어	데이터 멀티미디어	데이터 멀티미디어	데이터 멀티미디어
가격		중저가	고가	저가	저가	무료	중저가

〈그림 7-4〉는 휴대인터넷이 초고속 인터넷이나 무선 랜보다 전송속도는 느리지만 이동통신사업자가 제공하는 2G 서비스보다는 전송속도, 요금 등에서 우위에 있는 중간적 특성을 지님을 나타내고 있다. 즉 휴대 인터넷은 2G 이동통신시스템에 비해서는 전송속도가 빠르고 요금이 저렴한 반면, 무선 랜보다는 범위(coverage)와 이동성 면에서 우수하다. 이에 따라서 휴대인터넷사업은 낙관적인 측면에서 이동전화와 무선 랜 서비스의 장점은 살리면서 그 단점은 최소화할 수 있을 것으로 여겨질 수 있는 반면, 비관적 측면에서는 다른 서비스 비해 경쟁력이 없을 수 있으며, 유사 서비스와의 경쟁할 경우에 차별적인 서비스의 출현 가능성 여부와 그에 따라 투자 수익을 확보할 수 있을지가 의문시 될 수 있다.

7.8.5 휴대인터넷과 타 서비스간의 관계

휴대인터넷은 빠른 대역폭을 가지고 있는 광대역 초고속 인터넷의 특성과 이동성을 중심으로 하는 무선인터넷의 특징을 결합한 것이다. 이러한 휴대인터넷 서비스는 타 유사 서비스(이동 전화, 무선 랜, DMB는 물론 유선 초고속인터넷)와 부분적인 보완 또는 대체관계를 가진다. 이러한 보완/대체성 크기 정도에 따라 타 유사 서비스는 물론 휴대인터넷 시장이 영향을 받게 될 것이다. 이러한 보완/대체성 정도는 관련 서비스 특성과 미래 시장 환경은 물론 기업 전략에 따라서도 영향을 받는다. 예를 들면 휴대인터넷 서비스를 이동 전화, 무선 랜, DMB, 유선 초고속인터넷 중의 어느 하나 또는 그 이상으로 결합한 서비스 패키지를 제공하면서 저렴한 가격 전략을 세운다면 결합된 서비스 패키지 간에는 보다 높은 보완성을 가질 수 있다.

여기서 유선 기반의 초고속 인터넷서비스와 무선 LAN 서비스는 물론 무선 기반의 서비스 IMT-2000/HSDPA, DMB 각각이 휴대인터넷과 어떤 관계가 있는지 구체적으로 보기로 하자.

1) 무선 랜

휴대인터넷은 무선 랜과 부분적인 보완관계를 가진다. 이용자가 자택이나 직장 등에서 사용할 때에는 무선 랜을 사용하고 이동시에는 휴대인터넷을 사용할 수 있기 때문이다. 또한 휴대인터넷을 무선 랜과 결합하여 저가 패키지 요금 전략을 유지한다면 두 서비스의 보완성은 보다 커질 수 있다. 한편 밀집(Hot spot) 지역에서 주로 이용되고 있는 무선 랜 부문은 이동성이 보장되지 않음으로 인해 휴대인터넷에 의해 잠식당할 가능성이 높을 수도 있다. 그러나 무선 랜의 경우에 기존 가입자 규모가 작아서 휴대인터넷으로 전환하는 효과는 크지 않을 것으로 여겨진다.

〈표 7-7〉 휴대인터넷과 IMT-2000과의 비교

구분	2.3GHz휴대인터넷	1x EVDO, IMT2000
서비스 범위	옥내외	옥내외(전국망)
요금	중저가	중저가/고가
단말형태	노트북, PDA	휴대폰, PDA
서비스 유형	이동멀티미디어서비스	이동멀티미디어서비스

2) 무선 기반의 IMT2000/HSDPA

IMT-2000과 휴대인터넷 서비스 간에는 〈표 7-7〉에서 보는 바와 같은 차이가 있다. IMT-2000 서비스는 광역성, 고속 이동성 중심으로 발전할 것으로 전망되며 휴대인터넷 서비스는 저가 요금, 높은 전송속도 중심으로 발전할 것으로 전망된다. 이러한 전망은 두 서비스가 보완성을 가질 수 있다는 가능성을 보여준다. 그러나 두 서비스는 모두 이동성을 전제로 하고 있고, 전송속도의 차이가 크지 않다고 소비자들이 판단하는 경우에는 대체성을 가진다.

이러한 두 서비스간의 관계는 HSDPA(High Speed Downlink Packet Access)와 휴대인터넷과도 맥락을 같이한다. HSDPA는 WCDMA의 진화된 3G 서비스로서 멀티미디어 이동통신 서비스 제공을 목표로 하고 있다. HSDPA는 주파수 전송효율, 요금, QoS 등에서는 휴대인터넷과 중복이 크지는 않다는 견해가 지배적이지만, 이동 중 고속데이터 전송 서비스를 제공한다는 점에서 휴대인터넷과 일부 대체 관계에 있을 것으로 예상된다. 예를 들어 중/저속의 인터넷 접속에 한계를 느낀 휴대인터넷 이용자가 음성과 영상정보 서비스를 제공하는 HSDPA를 선호할 가능성이 존재한다. 즉, HSDPA와 휴대인터넷도 보완적 특성과 대체적 특성이 공존하고 있다.

3) 무선 기반의 위성 DMB 서비스

위성 DMB는 서비스 이용행태 등에서 휴대인터넷과 차별화되는 것으로 보이나 멀티미디어 방송형 콘텐츠 부문에서는 휴대인터넷과 대체관계가 될 수 있을 것이다. 이 경우에 양방향 통신 측면에서 유리한 휴대인터넷이 경쟁력을 가질 것이다. 그러나 콘텐츠가 차지하는 비중이 작을 경우에는 그 영향은 크지 않을 수 있다.

4) 유선 기반의 초고속인터넷 서비스

이동전화가 유선전화를 일부 잠식하였듯이 휴대인터넷도 이동성을 선호하는 이용자들의 댁내 초고속인터넷 시장 일부를 잠식할 가능성이 존재한다. 이러한 가능성은 또한 유선전화 및 초고속인터넷이 가구 기반으로 서비스를 제공하는데 비해 이동전화 및 휴대인터넷은 개인 기반으로 서비스를 제공한다는 점에 기인한다.

복 습 문 제

1. 인터넷 산업을 분류하고 설명하시오.

2. internet, extranet, intranet 간의 특징을 비교하시오.

3. 인터넷 상거래의 최종소비재 시장 MRO, 기업 간 거래 시장 BTO와 원재료 조달에 대한 특징과 대표적인 사례를 열거하시오.

4. 인터넷(유/무선) 접속 단말 산업의 종류에 대하여 설명하시오.

5. 다음 용어들에 대하여 설명하시오.
   1) community
   2) protocol, TCP/IP
   3) SOHO
   4) e-Biz (또는 BM) 특허

응 용 문 제

1. 다음은 어느 창업 회사의 사업계획서의 목차를 정리한 것이다. 이것을 바탕으로 하여 만약 당신이 인터넷 사업을 창업하고자 한다면 그 사업에 대한 개요(적어도 사업 배경 및 목적, 시장 분석 및 수익 창출 전략 3가지는 꼭 포함)를 간략히 기술하여 보시오.

   1) 사업 개요
      - 배경 및 목적
      - 사업구성
      - 시장변화
      - 성공요건
   2) 시장분석
      - 시장규모
   3) 마케팅 전략
      - 시장진입 전략
      - BTB & BTC 전략
      - 서비스구성 전략
      - 수익창출 전략
      - 프로모션
   4) 조직 및 인원계획
      - 조직도
      - 인원계획
   5) 사업추진일정계획
      - 추진일정
      - 중장기일정
   6) 자금 및 이익계획
      - 매출계획
      - 비용계획

- 자금계획
- 이익계획

2. 인터넷 산업의 세계 및 국내 시장 현황과 전망 및 인터넷 산업 각 부문별 시장 현황 및 전망을 조사·분석하여 제시하시오. 다음에 제시된 항목과 표 제목을 참조할 수 있다.
   1) 시장 환경(의 변화)
   2) 세계 인터넷 산업 동향
      〈표 1〉 세계 및 국내 인터넷 시장 규모 성장률
      〈표 2〉 세계 및 국내 인터넷 시장 규모 및 성장률 추이 비교
   3) 세계 인터넷 부문별 산업 동향
      〈표 3〉 인터넷 각 부문별 세계 시장 규모
      〈표 4〉 인터넷 각 부문별 미국 및 국내 업체의 시장 점유 현황
      〈표 5〉 인터넷 각 부문별 세계 지역별 시장 규모
   4) 국내 인터넷 각 부문별 시장 현황 및 기업들의 시장 집중도 분석(시장 점유율 조사를 통한 집중 지수 구함)

3. 국내 인터넷 방송 현황 및 발전 동향에 대하여 조사하시오.

4. 인터넷 전화 시장, 산업 및 사업 동향에 대하여 토론하시오.

5. VoIP 기술에 대하여 설명하고, 관련 서비스가 어떤 것들이 있는지 서술하시오.

6. 다음 국내외 인터넷 기업들의 성공 사례 또는 기업 전략에 대하여 논하시오.
   1) Yahoo
   2) Naver
   3) Dell Computer
   4) FedEx
   5) 다음(Daum)

제8장

디지털 홈 산업

'90년대 후반에 등장하기 시작한 디지털 홈 시장은 본격적인 시장 형성단계를 거쳐 급격하게 발전될 전망이다. 이것은 2대 이상의 PC를 사용하는 가정이 증가하여 가정 내 네트워크가 정보화의 기본으로 확대되는 추세이며, 휴대폰으로 인터넷을 접속하거나, TV를 통해 인터넷을 이용할 수 있으며, 장난감과 세탁기, 식기세척기, 냉장고 등 가전제품들이 정기적으로 성능 보완을 하기 위해 인터넷에 접속, 온라인으로 정보를 전송 받고 소프트웨어를 업그레이드하는 일이 벌어지면서 소비자들의 디지털 홈에 대한 니즈가 증가하고 있기 때문이다. 즉 온라인 이용자의 증가, PVR 및 WebTV 등 PC 이외의 다양한 인터넷 정보가전제품의 보급 및 재택근무의 확산 등이 디지털 홈 수요를 촉진할 것이다.

디지털 홈 산업은 아직 미성숙 단계이며 급속히 변화하고 있다. 디지털 홈 시장에 새로운 신규 기업들이 계속 나타남에 따라 산업구조는 더욱 복잡해지고 있다. 네트워크 사업자, 정보통신기기 및 장비 제조업체, 소프트웨어 업체를 비롯한 전통적인 가전 업체 등이 디지털 홈 시스템을 구현하기 위한 여러 기술과 표준이 확립되지 않고 경쟁하는 상황 하에서 디지털 홈 시장 쟁탈을 위하여 총력을 기울이고 있다. 즉 네트워크 사업자(보다 정확히 말하자면 홈네트워킹 사업자)들은 전화선, 전력선, 이더넷(ethernet) 및 무선 부문 등을 이용한 기술을 계속 출시하고 있고, 소프트웨어 부문에서는 Sun의 Jini와 Microsoft의 UPnP 등이 경쟁하고 있으며, 네트워크 장비업체인 3Com과 Cisco는 디지털 홈 네트워크 장비를 개발하고 있고, 단말 부분에서는 NetPC 등 수 많은 제품이 출시되고 있다.

본 장에서는 디지털 홈 산업에 대한 분류를 수직 분류 기준과 인터넷 산업에서의 분류 기준과 연계하여 분석하고, 이러한 분류 기준에 입각하여 디지털 홈 산업 구조를 분석한다. 이를 위하여 8.1에서는 디지털 홈의 특징이나 성격을 살펴볼 뿐만 아니라 디지털 홈 서비스와 그에 따른 기기 부문에 대하여 개괄하기로 한다. 8.2에서는 디지털 홈 산업을 분류하고 8.3에서는 디지털 홈 산업에 대한 분석을 행한다.

8.1 디지털 홈 개요

디지털 홈은 디지털 TV, 인터넷 냉장고, DVD, 개인휴대기기와 같은 정보가전기기와 이들 기기간의 연결을 가능케 하는 홈네트워킹, 그리고 이러한 시스템에 의해서 제공되는 디지털 홈 서비스로 구성된다. 홈네트워킹(Home Networking)이란 디지털 TV, DVD, 전화기, 오디오, 냉장고, PC, 팩시밀리 등 가정 내 모든 기기를 연결하여 원격제어장치 등을 통해서 제어하는 방식이다. 이와 같이 보는 관점에 따라 디지털 홈, (인터넷) 정보가전, 홈네트워킹이란 용어는 구별되는 개념이지만 여기서는 디지털 홈으로 총괄하여 사용하기로 한다.

8.1.1 디지털 홈 산업과 사업자

디지털 홈 시장에는 이미 수많은 기업들이 있고 그 외 다수의 기업들이 사업에 참여할 준비를 갖추고 있다. 디지털 홈 기업들은 신규 참여 기업들, 이미 활동을 하고 있는 기존 기업들 그리고 여러 다른 산업에서 활동하고 있는 많은 유형의 기업들에 이르기까지 그 범위가 넓다. 디지털 홈 산업은 건설업 등 여러 다른 산업들과 연계되어 있는 복합된 시장이기도 하다. 이런 복합 시장 특성은 하드웨어와 소프트웨어 그리고 서비스 업체들이 서로 다른 여러 산업 영역에 속하고 있기 때문이다.[1)]

디지털 홈 하드웨어 업체들은 제품을 만들어내기 위해 반도체, 주변기기, 그리고 소프트웨어 업체들로부터 부품을 공급받으며, 때로는 아웃소싱 업체들과 제품 생산 계약을 맺는다. 네트워크 사업자(network operator)들은 하드웨어 판매업자들(vendors)이나 소프트웨어 기업들에게서 제품을 공급받아 외부에서 가정까지의 네트워크에 대한 관리(management)와 운용(operation)을 제공한다. 이외에도 인터넷 부문의 인터넷 서비스 제공업자(ISP)와 같이 디지털 홈 산업에는 홈네트워킹 사업자가 포함된다. 홈네트워킹 사업자도 네트워크 사업자와 같이 하드웨어 제조업자들이나 소프트웨어 업체들에게서 제품을 공급받아 댁내 디지털 홈 네트워크에 대한 관리(management)와 운용(operation)을 제공한다. 이때 홈네트워킹 사업자는 홈게이트웨이(home gateway)를

1) 여기서는 유통 채널(distribution channel)은 분석에서 제외된다. 유통채널 역시 여러 다른 산업에서 지출한 재판매업자(reseller)들이 참여하면서 복잡해질 것이다. 정보가전 제품들은 PC 판매업자와 가전 소매업자들부터 전화제품 소매업자와 온라인 재판매업자에 이르기까지 여러 다른 재판매업자들을 통해 판매된다. 주요 고객들을 확보하거나 유지하기 위해 디지털 홈 서비스를 공급하는 유관 업체들도 중요한 유통 경로이다.

선택해야 하는 데, 홈 게이트웨이는 여러 기술을 가진 업체들 간에 컨소시엄을 구성하여 표준 경쟁을 벌이고 있는 상황이다.

또한 홈 네트워킹 사업자와는 별도로 디지털 홈 포털 사업자도 존재할 수 있다. 이용자들은 포털 사업자를 통하여 여러 가지 다양한 콘텐츠를 이용할 수 있다. 네트워크 사업자, 홈네트워킹 사업자와 디지털 홈 포털 사업자는 각각 별도의 사업자들이 담당할 수도 있고 동일 업체일 수도 있다.

8.1.2 디지털 홈 서비스

1) 디지털 홈 서비스

디지털 홈은 월 단위로 제공되는 서비스에 대한 수입과 정기 및 비정기 거래로부터 발생되는 요금 징수에 따른 수입이 존재한다. 징수 가능한 서비스 요금으로는 웹 접속, 핸드폰, 콘텐츠 이용 안내, 위치기반(location-based) 정보와 같은 콘텐츠를 사용할 때마다 지불되는 요금 및 가입비 등이 있다. 위치 기반 정보는 각 시나 지역공동체의 지역 정보에 대한 콘텐츠를 뜻한다. 말하자면 극장 위치와 상영시간, 교통상황, 주차 공간, 식당 위치와 메뉴, 주유소 위치와 휘발유 가격들이다.

2) 디지털 홈의 핵심 응용(killer applications)

신규 시스템을 도입할 때에 "핵심 응용(killer applications)"이란 것이 무엇인가를 이해하는 것이 중요하다. 핵심적인 응용이 없이는 그 시스템은 성공을 거둘 수가 없다. 그러나 신규 시스템 도입의 초기단계에서 핵심 응용이 무엇인가를 알아내는 것은 쉬운 일이 아니다. 이러한 것은 디지털 홈 시스템의 경우에도 마찬가지로 적용 가능하지만 도입 초기에선 인터넷에 기반을 둔 어플리케이션이 핵심 응용이 될 것으로 예상하고 있다. 〈표 8-1〉는 몇몇 디지털 홈에 대한 잠재적 핵심 응용에 대해서 요약을 하고 있다.

〈표 8-1〉 잠재적 디지털 홈 핵심 응용

정보가전 기기	핵심 응용	비 고
웹 Pads	• 인터넷 접속 및 e-mail	건물 내의 모바일
PDAs	• 리스트/달력 관리 • 모바일 인터넷 접속 및 e-mail	
Handheld 컴퓨터	• 모바일 PC 기능 • 모바일 인터넷 접속 및 e-mail	
웹 셀룰러폰	• E-mail 및 메시지의 즉각 전달 • 시간을 다투는 거래 • 지역고유의 정보	향후 비디오 폰 가능성 있음 시간을 다투는 업무 폭넓은 정보의 다양성
웹 셋 톱 박스	• 광대역 인터넷 접속 • 대화형 TV	광대역화 요구 개인용 DVR이 추가될 수 있음
웹 디지털 TV	• 인터넷 접속과 e-mail • 대화형 TV	광대역화 요구 개인용 DVR이 추가될 수 있음
웹 뮤직 플레이어	• 개인별 취향에 맞춘 음악 선택 • 저렴한 비용의 음악	월별 음악신청이 가능
개인용 DVR	• 개인별 취향에 맞춘 TV 시청	소비자 요구가 반영된 웹 접속

3) 디지털 홈 사업모형

제공되는 서비스와 제품들에 의존하는 디지털 홈 산업에서는 여러 가지의 다양한 사업모형(business model)들이 있을 것이다.

가장 바람직한 사업모형은 주기적으로(통상 한달 간격으로) 수익을 발생시키는 반복 순환 사업모형이다. 이러한 수익모형은 전화나 케이블 TV 산업에서 일반적으로 나타나며 향후 디지털 홈 산업에서도 나타날 것이다. 이러한 모형의 수익 흐름은 이용하고 있는 가입자의 수에 비례한다.

또 다른 중요한 사업모형은 단 한번의(one-time) 수익을 발생시키는 것으로 보통 PC나 TV 그리고 소비자들이 구입하는 정보가전기기이다.

〈표 8-2〉에는 두 가지 사업모형을 요약하고 있다.

4) 디지털 홈 서비스 사업자

디지털 홈 서비스를 제공하는 기업을 디지털 홈 서비스 사업자(또는 제공업자)라고 한다. 여기서는 디지털 홈 서비스를 직접 또는 간접으로 제공하는 업체를 네트워크 사업자(Network operator), 홈네트워킹 사업자(Home-networking operator), 응용 서비스 제공업자(ASP) 및 포털 사업자로 구분하여 보기로 한다. 동일한 서비스를 제공하는 사업자를 기반 인프라를 구축하는 업체와 서비스를 제공하는 업자로 별도로 구분하는 이유는 산업 구조를 명확히 파악하는 데에 도움을 주기 때문이다.

〈표 8-2〉 디지털 홈 사업모형

1회성(One-Time) 사업모형	반복 순환 사업모형
• 하드웨어가 중심 • 수익은 년간 판매된 기기에 의존 • 두 가지 모형 - OEM 방식 생산자 - 브랜드 상표 생산자 • OEM 공급자가 보다 고급수준의 공급자보다 존속가능성 큼 • 브랜드 소프트웨어의 존속가능성 큼 • 브랜드 하드웨어 모형은 반복 순환 모형을 사용하는 판매업자들의 할인으로 인해 존속가능성이 없음	• 하드웨어나 소프트웨어 그리고 서비스 • 수입은 설치된 기기에 비례 • 하드웨어 기기 가격은 서비스 가격에서 포함/할인되거나 번들 형태임 • 반복 순환 모형이 대부분일 것임 • 인터넷 접속 방식(두 가지 모형) -개방형 접속 -폐쇄형 접속 • 폐쇄형 모형은 무선 웹 부문에서 압도적임

통상적으로 디지털 홈 서비스는 네트워크를 구축하여 보유하고 있는 업체 즉 네트워크 사업자에 의해서 제공된다. 즉 디지털 홈 서비스 사업자는 대체적으로 네트워크 사업자이다.

홈네트워킹 사업자는 디지털 홈 서비스를 제공하기 위하여 전화선, 전력선 및 무선과 같은 전송기술을 이용하여 가정 내 홈네트워크를 구축하거나 네트워크 사업자로부터 임차하는 기업으로 정의된다. 즉 홈네트워킹 사업자는 인터넷상의 ISP와 같은 역할을 담당한다. 이러한 홈네트워킹의 구축도 그러한 전송기술을 개발하는 네트워크 사업자(또는 그 하청업체)가 담당할 것으로 전망된다. 이것은 대체적으로 전화선(또는 전력선)을 기반으로 전송기술을 개발하는 홈네트워킹 사업이 통신(또는 전력) 네트워크 사업자에 의해 행해지기 때문이다. 홈네트워킹 사업자들은 웹 접속을 통해 정보가전 기기에 다양한 서비스들을 제공할 것이다. 또한 많은 홈네트워킹 사업자들은 응용소프트웨어와 콘텐츠 서비스를 제공하게 될 것이다.

응용 서비스 제공업자(ASP, Application Service Provider)는 디지털 홈 이용과 관련된 프로그램을 유·무상으로 임대해 주는 사업자이다. 응용 서비스 제공업자(ASP)들은 인터넷 서비스분야에서 새로이 등장한 분야이다. ASP들은 처음에 전사적 자원관리(ERP)와 같은 애플리케이션에 중점을 두었다. 즉 디지털 홈 임대업은 주로 기업 고객들에게 매달 저렴한 이용료를 받고 네트워크를 통해 필요한 SW나 DB를 지원하는 사업이다. 중소 및 벤처기업들은 목돈을 들여 고가의 SW를 사지 않아도 되고, 구입 후 전문 인력을 두면서 유지, 관리, 보수 등을 걱정할 필요도 없어 수요가 급증할 것으로 예상되기 때문에 ASP 비즈니스 모형은 디지털 홈 산업에서 중요성을 띄게 될 가능성이 있다.

디지털 홈 부문에서 포털 사업자가 차지하는 역할은 아직 미지수이다. 분명한 것은 인터넷 접속을 위해 디지털 홈을 이용하는 고객에게 최초로 방문하는 관문 역할을 제공하기 때문에 점차 그 중요성이 부가될 수 있다는 것이다. 다만 시작부터 개방형 체제를 추구했던 유선 인터넷이나 아직까지는 대체적으로 폐쇄적인 무선 인터넷 중에서 어느 형태를 취할지는 미지수이다. 이것은 지역 정보, 전국 정보 및 세계 정보 등 이용자들이 여러 다양한 서비스를 요구할 수 있어 개방형 체제로 나아갈 수 있으며, 한편으로는 지역 정보 사업자가 자신만의 포털 사이트를 이용하도록 할 수도 있기 때문이다.[2)]

2) 인터넷 접속기능을 포함하고 있는 제품들은 개방형 접속(Open access) 혹

다음에는 네트워크 사업자의 시장 전망을 보도록 한다. 네트워크 사업자가 제공하는 디지털 홈 서비스 부문은 디지털 홈 산업에서 신속하게 가장 규모가 큰 시장참여 기회를 제공할 것이다. 이것은 많은 유형의 서비스 업체들이 이 사업에 뛰어들 것이기 때문이다. 현재로선 핵심 응용 분야(killer application)가 무엇이 될지는 여전히 오리무중이다. 아마도 제품의 다양성으로 인해 보편화된 수많은 응용 분야들이 존재할 것이다.

〈표 8-3〉 디지털 홈 서비스 사업자

분야	디지털 홈 분야
네트워크 사업자	• 스크린폰이나 웹 응용기기를 통한 전화 디렉토리 • 웹 셀룰러폰 서비스 • 웹 접속 • 광대역 웹 접속 • 웹 콘텐츠 호스팅 • 웹 콘텐츠 delivery
홈네트워킹 사업자 (Internet Service Providers)	• 웹 접속 • 응용 소프트웨어 • 웹 사이트 콘텐츠 • 무선 포털
Application Service Providers	• 응용 소프트웨어 • 콘텐츠 서비스 • 저장기기 서비스 • 그룹웨어 서비스

매우 다양한 유형의 서비스 공급업자들이 디지털 홈 서비스 시장에

은 폐쇄형(Walled-garden)의 두 가지 유형으로 구성된다. 개방형 접속은 정부가 웹 사이트를 통제하고 있는 일부 국가를 제외하곤 현재 인터넷 접속에 있어 독보적인 위치를 점하고 있다. 폐쇄형 접근 방식은 이용자가 도달할 수 있는 곳을 하나의 포털 진입점(portal entry point)에 한정하도록 통제하는 것이다. 포털 진입점으로부터 자동적으로 도달하는 웹 사이트를 "폐쇄형(walled garden) 웹 사이트"라고 한다. 이용자는 폐쇄형이 아닌 다른 웹 사이트에 접속할 수도 있으나 그렇게 하기 위한 불필요한 노력이나 어려움으로 인해 폐쇄형 웹 사이트는 절대적인 우위를 가지게 된다.

참여하게 될 것이다. 많은 전화 사업자들이 웹 접속(Web access) 등을 통해 이미 디지털 홈 서비스를 제공하고 있다. 이들 기업 중 일부는 서비스의 일부로서 디지털 홈 하드웨어를 판매하고 있거나 사업에 포함시킬 것이다. 한 가지 중요한 애플리케이션은 전화번호부 대신 웹 스크린폰이나 웹 터미널을 이용하는 것이다.

8.1.3 콘텐츠 공급업자 및 상거래

인터넷 미디어 업체들은 디지털 홈 시장에 주요 콘텐츠 공급자가 될 것이다. 이들 대부분 기존 콘텐츠는 디지털 홈 이용자들에게 유용하다. 제한된 크기의 디스플레이 기능을 갖는 소형 기기들은 콘텐츠를 재 포맷하거나 XML이나 cascading style sheet(CSS)을 이용해서 재가공해야 한다. 전통적인 미디어 업체들은 또한 디지털 홈 분야에 많은 서비스를 제공할 것인데 대부분이 자신들의 웹 사이트나 이메일을 통한 문자정보나 오디오/비디오 스트리밍을 통해서 이루어진다. 지역에 기반을 둔 모든 유형의 정보는 특히 중요성을 띨 것이다. 레스토랑, 영화관, 가스 충전소, 은행, ATM, 자판기 그리고 기타 소매점 위치 등의 지역 디렉토리는 메뉴, 가격, 예약, 거래 그리고 기타 적절한 정보들과 함께 지역에 살고 있는 디지털 홈 이용자들의 요구에 응답하게 될 것이다. 교통정보는 무선 웹 분야의 "핵심 콘텐츠"(killer content)가 될 것이다.

〈표 8-4〉 디지털 홈 콘텐츠 및 상거래 사업

분야	비고
인터넷 미디어	• 웹 사이트의 콘텐츠를 포맷하여 소형 무선 혹은 웹 기기에 서비스하게 됨
전통적인 미디어	• 소형의 무선 혹은 웹 기기를 위한 WAP 포맷 • 뉴스와 정보 및 행사 알림 • 지역기반의 데이터베이스가 특별히 각광을 받게 될 것임
거래 서비스	• 금융거래 및 행사 알림 • 전자상거래
웹 기기(Web Device)용 서비스	• 오락 콘텐츠 • 지역기반 콘텐츠 • 여행정보 • 콘텐츠 서비스 • Messaging 서비스

거래 서비스는 고정(stationary)특성과 이동(mobile)특성을 갖는 디지털 홈 이용자들 모두에게 급속도로 확산될 것이다. 쇼핑이나 금융거래 등 기존에 PC를 기반으로 이루어지는 것들은 디지털 홈을 통해서도 이루어질 것이다. 그러나 대부분의 무선 상거래는 소규모 현금 대체용이거나 일상의 쇼핑 결제용일 것이다.

8.1.4 정보가전기기

정보가전기기는 컴퓨터 기술을 기반으로 한가지나 일부 기능만을 수행하여 가격이 저렴할 뿐만 아니라 사용하기 용이한 기기이다. 대부분의 정보가전기기는 인터넷 접속 제공에 초점을 맞추고 있다.

정보가전기기 시장은 서비스 접속장비는 물론, 가정에서 사용하는 단순한 독립형 기기부터 전문적인 기능을 수행하는 다기능 기기에 이르기까지 다양하고 광범위하다. 정보가전 기기는 다음과 같이 두 개의 범주로 구분할 수 있다. 즉 (1) 새로운 독립형 정보가전 기기와 (2) 부가형 정보가전기기가 그것이다. 이 두 분야는 서로 다른 시장 특성과 비즈니스 모형 그리고 주도 기업들 등에 의해 구별된다.

새로운 독립형(standalone) 정보가전기기는 그야말로 다른 제품들의 부품이 아닌 독립적인 제품을 지칭한다. PDA나 휴대용 컴퓨터들이 이 분야에서의 주력제품(leading products)이다. 부가형 정보가전기기는 현존의 백색 가전제품들에 정보가전 기능 즉 웹 접속 능력을 추가한 것이다. 이러한 부가형(Add-on) 정보가전제품 시장은 기존 가전제품들이 이미 성공을 이루었고 대량생산 단계에 있기 때문에 아주 급속도로 성장할 수 있다. 웹 셀룰러폰과 웹 셋톱박스가 대표적인 예이다. 정보가전기기는 또한 2 가지 주요 고객 층, 즉 개인/가정과 오피스/기업 기기로도 구분 가능하다.

정보가전기기의 예로는 팜 컴퓨터, 전자책을 들 수 있다. 개인용 디지털 비디오 레코더(PVR)도 정보가전기기이다. PVR은 프로그램 가이드를 다운로드 받아서 특정 프로그램을 저장하여 광고를 생략(skip)하면서 TV를 시청 할 수 있으며, 동일한 프로그램을 녹음하는 동안 다른 프로그램을 작동시킬 수 있는 특징이 있다.

8.1.5 컴퓨팅 플랫폼

컴퓨터 산업 등장 이래 기술 발전은 새로운 컴퓨팅 플랫폼을 위한 기회를 만들어 왔다. 디지털 홈 분야 역시 그러한 기회중의 하나이다.

컴퓨팅 플랫폼(computing platform)이란 동일한 소프트웨어, 주변기기 그리고 서비스 제품을 사용할 수 있는 호환성 제품들의 구조(architecture)를 정의하는 일련의 표준 하드웨어와 소프트웨어들을 말한다. 구조상의 가장 중요한 특징은 하드웨어와 소프트웨어 구성 요소들 간의 인터페이스 사양이다. 이때 응용 프로그래밍 인터페이스(API)는 특히 컴퓨팅 플랫폼을 정의하는데 매우 중요하다.[3] 새로운 컴퓨팅

3) 응용프로그래밍 인터페이스(Application Programming Interface: API)는

플랫폼이 등장할 때면 항상 치열한 표준 경쟁이 전개된다. 이것은 새로운 컴퓨팅 플랫폼 표준이 등장하게 되면 하드웨어 판매업자, 주변기기 업체들 그리고 소프트웨어 개발업자들은 이러한 시장에서 성공하게 될 인터페이스 사양에 기반을 두고 자신들의 제품들을 설계해야 하기 때문이다.

PC 응용 가전은 현존의 PC 보다 사용하기 편리하고 비용이 적게 드는 PC 기술을 사용하여 디지털 홈을 개발하는 것은 실현 가능하다. 만약 마이크로소프트가 디지털 홈 산업에 적용 가능한 보다 사용하기 쉬울 뿐만 아니라 보다 간단한 윈도우즈 운영체제(OS)를 개발한다면 시장은 폭발적으로 증가할 수 있을 것이다.

8.2 디지털 홈 산업 분류

디지털 홈 산업은 사업자의 담당 지역(거리)에 따른 구분, 기기의 기능 및 유형에 따른 구분 등 여러 가지 기준에 따라서 구분할 수 있다. 디지털 홈을 분류하는데 이와 같이 여러 가지 방법이 있으나, 여기서는 수직 계층에 의한 분류를 중심으로 디지털 홈 산업이 분류되는 방식을 소개한다.

8.2.1 수직 계층에 의한 분류

디지털 홈과 관련된 산업 구조 분석을 위해서는 기술의 수직 분류에 의거한 OSI 7 계층 모형을 참조하여 접근할 필요가 있다. 여기서는 이와 같은 수직 계층에 의한 구분에 의거하여 디지털 홈 산업구조를 분

소프트웨어 프로그램이 해야 할 것을 규정하고 통신하기 위해 사용된 일련의 표준 명령어로 정의된다.

석한다.4)

OSI 7 계층 모형을 적용한 수직구조 분석에 의한 산업구조에서 소프트웨어 공급자들은 수직구조 모형의 상위 계층에, 하드웨어 공급자들은 하위 계층에 위치한다. 그래서 서로 보완적인 관계를 가진다. 즉 소프트웨어 업체들이 수직구조 모형의 하위 계층에 위치하고 네트워크 사업자들이 수직구조 모형의 하위 계층에 위치하고 있기 때문에 이 둘 즉 네트워크 제품과 소프트웨어 간에는 보완관계를 가진다. 이에 따라 소프트웨어 솔루션을 하드웨어와 함께 번들로 제공하거나 OEM 공급의 형태로 개별적으로 제공하는 것은 보완제품 간 결합을 의미함으로 전형적인 수직 결합 형태에 해당한다.

동일한 계층 내에 존재하는 동등한 기술 기반의 제품을 생산하는 여러 업체들의 제품들은 서로 대체 관계가 존재한다. 예를 들어 전력선의 경우에 전력선 관련 기술을 가진 업체들 간에 대체 관계를 가지며 서로 경쟁하고 있다. 또한 전력선(powerline technology), 전화선, 무선 등의 홈네트워킹 전송 기술은 동일한 계층 내에 존재하지만 상호보완적인 관계를 가진다.

디지털 홈 산업은 다양한 정보를 효율적으로 처리하기 위해 시스템 내에서 행하는 기능에 따라 수직적인 구분이 가능하다. 〈표 8-5〉은 디지털 홈 산업의 수직구조접근에 의한 산업 구조를 나타낸다. 즉 디지털 홈 산업은 서비스 계층, 서비스 중계 계층, 전송 계층 및 물리계층이라는 5가지로 구별된다.

제일 하위의 계층은 구리, 광섬유나 전파 등 실제로 신호를 전송할 물리매체로 구성된 소위 “물리(physical)” 계층이다. 물리 계층은 상위 계층에게는 (매체의 상이에도 불구하고) 미리 정해진 방식으로 정보를 전송하는 역할을 담당한다. 디지털 홈과 관련하여 이 계층에서 담당하

4) 시스코(Cisco)의 후원으로 美 텍사스 오스틴 대학에서 행한 인터넷 산업 분류도 OSI(Open System Interconnection) 7 계층(layer protocol)으로 구성된 수직 계층 분류와 유사한 접근 방식에 의한 것이다.

는 핵심 기술은 Bluetooth, HomeRF, HomePNA, IEEE1394, Ethernet, xDSL, ISDN, Powerline 등이 있다.

다음 계층은 소위 "전송(transport)" 계층으로 UPnP, Jini, HAVi 등 여러 가지 전송 기술로 구성되며, 각 전송 기술에 따라 최하위 물리 계층으로 보내는 역할을 한다. 이른바 "단말(terminal)" 계층에서는 오디오・비디오・데이터 및 동화상 신호 등의 정보형식이 구분이 가능하다. 단말 계층은 상위 계층에서 보내진 음성・영상・데이터 신호를 전송 계층으로 보내는 역할을 한다. 또한 전송 계층에서 보내진 정보를 원래의 음성・영상・데이터 등으로 바꾸어 상위 계층으로 보내는 역할을 한다. 전송 계층에서의 작업은 UPnP, Jini, HAVi 등 여러 가지 전송 기술에 의해 행해지지만 단말 계층에서의 작업은 각 전송 기술에 상호 연동성을 가진 디지털 홈 단말 측에서 행해진다.

〈표 8-5〉 디지털 홈의 계층구조

계층(layer)	기능	처리업자 및 장소
서비스 계층	video・방송 콘텐츠・원격서비스(데이터베이스・교육・의료)등 정보 콘텐츠에 관련된 서비스의 제공	콘텐츠 제공업자
서비스 중계 계층	전화, 영상 전화, 영상 회의, 전자우편・게시판, 영상전송, 방송 및 LAN・WAN등 특정서비스의 전달(정보 콘텐츠 작성 및 제공은 하지 않음)	디지털 홈 서비스 공급업자
단말 계층	음성, 영상, 데이터, 신호(관리・제어 데이터)등의 정보형식에 의존하는 정보의 전달 (특정서비스에는 의존하지 않음)	정보가전 단말기
전송 계층	멀티미디어 자료(특정서비스・정보형식에 의존하지 않는다)의 교환・전달	홈게이트웨이
물리 계층	광섬유, 전파 등의 물리적 매체에 따른 양단간(end-to-end) 정보전달	광섬유, 전파

단말 계층 상위에서는 소위 "서비스 중계 계층"이 있다. 이 계층에서는 구체적으로는 전화 · 전력 · 무선 등의 방식으로 이용자가 네트워크에 의해 제공받는 서비스뿐만 아니라 화상 회의, 전자우편, 게시판, 영상 전달, 방송(프로그램 중계만 해당하고 프로그램작성 · 공급은 서비스 계층에 속한다), LAN · WAN 등의 서비스를 전달하는 역할을 담당한다.

마지막으로 계층구조의 최상위에는 서비스 계층이 있다. 서비스 계층에서는 비디오 · 방송 콘텐츠의 작성이나 전달, 데이터베이스, 원격교육, 의료 등의 서비스 등 디지털 홈 콘텐츠에 관련된 서비스를 담당한다.

한편 디지털 홈 산업은 〈표 8-6〉과 같이 네트워크, 기반 S/W, 플랫폼, 응용 및 서비스 분야와 같이 분류하기도 한다. 이러한 분류는 결과적으로 앞에서 설명한 수직 계층 구조에 의한 분류와 유사하다.

〈표 8-6〉 디지털 홈 산업의 분류

분 류		해당기술 및 제품
네트워크	광대역 고속 접속망	xDSL, FCH, B-WLL, 위성 등 인터넷 접속망
	홈네트워크	HomePNA, 이더넷 LAN, IEEE1394, 전력선, Bluetooth, 무선LAN, HomeRF, 유무선통합 홈LAN, 댁내통신설비
단 말	정보단말	디지털 TV, 오디오시스템, 냉장고, 보안시스템, 프린터, 팩스, 휴대폰, PDA 등
	홈서버 및 게이트웨이	홈서버, 홈게이트웨이
기반 S/W	디지털 홈 용 RTOS	멀티미디어 API
	미들웨어	A/V미들웨어, 정보기기미들웨어, 백색가전 미들웨어, 홈 Agent S/W
	디지털 홈 보안 솔루션	데이터 보안, 시스템 및 네트워크 보안
응 용 및 서비스	홈 Application	Edutainment, 온라인행정서비스, Cyber Office, Cyber Home, 이동정보서비스, 부가 Data 방송 서비스개발 툴
	전자상거래	전자결제, 보안기술, 유통부문

8.2.2 기타 분류

1) 구축단계에 의한 분류

1998년 미국 상무성의 "디지털 경제의 출현(The Emerging Digital Economy)" 보고서에서는 최종 서비스를 이용하기 위해 필요한 재화나 서비스의 구축단계에 의해 인터넷 산업을 인터넷 기반 산업, 인터넷 지원 산업, 인터넷 활용 산업으로 분류한 바 있다. 디지털 홈 산업도 이러한 기준에 따라 분류 가능하다.

〈표 8-7〉 디지털 홈 산업 분류

디지털 홈 기반 산업	정보가전기기 산업	가입자망, 네트워크 장비, 정보가전 단말 장비
	정보가전서비스 산업	네트워크 서비스, 디지털 홈 접속 서비스
디지털 홈 지원 산업	정보보호 산업	인증, 보안
	contents 산업	멀티미디어 컨텐츠
	기타	디지털 홈 Portal, 디지털 홈 ASP
디지털 홈 활용 산업	상거래	B2B, B2C
	홈오토메이션	
	홈원격제어	

디지털 홈 기반산업(Digital Home Infrastructure Industry)은 홈네트워킹 및 인터넷의 물리적인 망을 구성해주고 이용자들을 정보가전기기에 접속하여주는 장비 또는 서비스 산업이다. 디지털 홈 서비스를 제공하기 위해 정보가 정확하고 빠르게 전달되기 위해서는 기존 정보통신기기 및 정보가전 단말 장비 및 서비스의 이용이 필수적이며, 인터넷이라는 가상공간에서 이루어진 거래를 완성하기 위해서는 물류 부문의 지원이 필요하다. 디지털 홈 기반 산업은 정보가전기기를 포함하는 정

보통신기기 산업, 정보통신 서비스산업, 물류 부문을 포함하는 기타 기반 산업으로 분류될 수 있다.

디지털 홈 지원 산업(Digital Home Support Industry)은 최종 이용자들이 정보가전 물리적 기반 위에서 디지털 홈 여러 응용을 지원하는 미들웨어에 해당되는 산업으로서, 정보보호 산업, 콘텐츠 산업, 기타 지원 산업으로 분류될 수 있다.

디지털 홈 활용산업(Digital Home Application Industry)은 실제 이용자들이 자신의 정보 욕구를 증대시키기 위해 활용하고 있는 응용 서비스산업으로서, 디지털 홈 상거래, 홈오토메이션, 홈 원격제어 및 댁내근무 서비스를 제공하는 홈생산성(home productivity) 부문이 있다.

2) Egil Juliussen에 의한 정보가전기기 산업 분류

Egil Juliussen은 언제 디지털 홈 시장이 도약기(take-off)를 맞게 될 것인가 그리고 현재의 시장에 비해 시장이 얼마나 확대될 것인가를 보기 위하여 디지털 홈 산업을 웹 가전 부문, 컴퓨팅 가전 부문, 통신 정보가전 및 오락 정보가전 부문으로 분류한 바 있다. 이러한 분류 기준은 전통적으로 별개였던 산업들이 디지털 홈의 발달에 따라 어떤 위치를 차지할 것인지를 파악할 수 있다는 데에 의미가 있다.[5)] Juliussen은 또한 성능 기준, 형태 기준, 응용 기준 및 주고객층 기준 등에 의해서 정보가전기기를 분류하는 방법을 <표 8-8>에서와 같이 제시하였다.

5) 이러한 분류는 또한 디지털 홈 활용 산업에서 보여준 바와 같은 가정 내의 서로 다른 기능을 가지는 클러스터(cluster)들에 의한 구분과 유사하다. 즉 통신 및 오락 디지털 홈 부문은 통신 및 오락 클러스터와 같다. 반면 생산성 클러스터는 컴퓨팅 가전 부문, 홈오토메이션 관리/제어 부문은 웹 가전 부문과 유사하지만 반드시 일치하지 않는다.

〈표 8-8〉 정보가전기기의 분류

분류	부문	비고
주고객층	·가정/개인 ·기업	
기능이나 수행된 응용	·웹 접속 ·통신, 오락 ·컴퓨팅, 데이터 수집 ·금융 업무, 온라인 쇼핑 ·교육/훈련 및 의료 기능	지속적으로 출현 가능한 응용의 다양성 때문에 기능은 주요 분류 기준이 될 것임
형태 또는 물리적 크기	·휴대형(handheld) ·노트북/패드 ·데스크 탑	성능과 이동성을 결정하는 물리적 크기는 주요 요인임
다른 제품들과의 관계	·독립형 제품 ·부가형 제품	많은 정보가전기기들이 부가형이거나 현 제품들에 대한 진보된 대체품임
기능	·통신 ·대용량 저장 ·디스플레이 ·프로세서	대부분 부문들은 성능, 가격, 그리고 서비스에 기초하여 고성능, 저성능으로 분류 가능함

기기의 주 기능에 의거한 제품 측면에서 볼 때 디지털 홈의 일부 기능들은 성공할 것이고 일부 다른 기능들은 실패할 것이다. 정보가전기기들은 이용자의 시간이나 돈을 절약하도록 하거나, 이용자가 수행하는 기능이 보다 향상되도록 하여야만 한다. 이에 따라 성공의 관건은 인터넷 접속에서 실시간 정보 수신을 할 수 있느냐에 달려있다. 이것은 대부분의 정보가전기기가 내장형이든 다른 장비를 통해서든 인터넷 접속 기능이 필요하다는 것을 의미한다. 즉 제각기 서로 다른 독립 기능을 갖는 일련의 정보가전기기들을 만든다는 것이 가능할 수도 있지만 부가적인 기능을 제공하기 위한 형태로 이것들이 서로 연결될 수도 있다.

그러나 기능에 의한 분류 못지않게 연구 목적에 따라 다른 분류 기준도 중요할 수 있다. 주 고객층 분류에 의한 관점에서, 웹 셋톱 박스와 같은 대부분 가정 정보가전기기들은 사업/기업시장에서는 제한적 사용을 하게 될 것이며, 웹 셀룰러폰과 같은 정보가전기기들은 모든 고객층에서 사용될 것이기 때문에 이 두 가지는 별도로 구분 가능하다.

8.3 디지털 홈 산업 분석

여기에서는 디지털 홈 부문을 포함하여 디지털 홈 산업에서 일어나는 융합현상, 디지털 홈 산업 분류 기준에 입각한 디지털 홈 산업의 대체/보완 관계 분석 및 표준경쟁에 대하여 살펴보기로 한다.

8.3.1 디지털 홈과 관련된 타 산업 간의 융합

20세기말에는 방송 부문(CATV, 위성방송 혹은 미디어), 통신 부문(유·무선통신, 케이블, 위성 등) 및 정보 부문(컴퓨터, 소프트웨어, 컴퓨터 관련 서비스 등)이 융합되면서 PC와 TV 및 인터넷의 구분이 모호해 졌으나, 21세기에 들어서는 디지털 홈 부문까지 추가되면서 이들 간의 융합(convergence)현상이 가속화될 전망이다. 이것은 PC를 비롯한 정보, 통신, 전통적 가전 부문 그리고 콘텐츠 등 서비스 부문이 디지털 홈 부문과 상당수 중첩되어 있어 이들 간의 융합은 시너지(synergy) 효과를 달성할 수 있기 때문이다.

특히 인터넷의 일상화 및 디지털 홈 부문과의 융합 및 발전은 우리의 생활 패턴에 커다란 변화를 줄 것이다. 특히 다양한 콘텐츠(디지털 방송 프로그램, 인터넷 콘텐츠, 멀티미디어 콘텐츠, 오락, 출판, IP 산업 등) 및 서비스의 제공으로 인터넷에 온라인 되어 있는 사람들이 디지털 홈 부문으로까지 확대되고 있고, 디지털 홈을 통한 가상공간 사회가 형성되고 있다.

〈표 8-9〉는 디지털 홈 산업이 여러 다른 산업과 여하히 제품 융합이 일어날 것이지를 보여주고 있다. 전통적 가전제품은 디지털 기능을 갖춘 많은 가전제품이 웹 접속 기능과 오락(entertainment) 기능을 갖춘 컴퓨터 기능을 갖게 되는 등 점차로 정보가전기기로 흡수될 것이다. 대표적인 예는 WebTV, Web Set-Top box 그리고 Web Digital TV 등이다.

〈표 8-9〉 디지털 홈과 관련 타 산업 간의 융합

<table>
<tr><th>디지털 홈 산업</th><th>관련 산업</th><th>융합 제품</th></tr>
<tr><td rowspan="2">· 정보 기기(PC 장비)
· 통신 기기
· 게임 기기
· 전통적 정보가전</td><td><u>통신</u>
· 하드웨어 제품
· 전화서비스
· 광대역 서비스</td><td>· 웹/스크린 전화
· 웹 셀룰러 전화
· 셀룰러 데이터
· 광대역 서비스</td></tr>
<tr><td><u>방송 및 가전</u>
· TV 및 셋톱박스
· 비디오 플레이어/저장기기
· 뮤직 플레이어/저장기기
· 비디오게임 콘솔</td><td>· 웹 TV
· 웹 셋톱박스
· 개인용 DVRs
· 웹 뮤직플레이어
· 웹 게임 콘솔</td></tr>
<tr><td rowspan="2">· 디지털 홈 서비스
(콘텐츠)</td><td><u>정보(인터넷, PC)</u>
· 서버용 PC
· 데스크탑 PC
· 노트북 PC
· 소프트웨어</td><td>· 인터넷 PC
· 웹 접속기기
· 윈도우기반 정보가전
· 리눅스기반 정보가전
· 소형 컴퓨터</td></tr>
<tr><td><u>서비스(콘텐츠)</u>
· 책/잡지
· 신문/디렉토리
· 뮤직 및 비디오 오락
· 광고</td><td>· 웹 사이트 콘텐츠
· 이메일 출판
· 지역기반 콘텐츠
· 전자 책
· 웹 광고</td></tr>
</table>

이러한 정보, 통신, 서비스 부문 및 디지털 홈 부문 간의 융합은 경제 사회적으로 많은 변화를 가져온다. 융합의 직접적인 효과는 새로운 수많은 기업들 탄생은 물론, M&A 및 전략적 제휴를 통하여 범위의 경제와 규모의 경제를 실현하게 되며, 산업 구조의 변화를 초래한다는 것이다. 융합의 간접적인 효과는 거래 비용이 감소하면서 기업의 경량

화(downsizing)를 가져온다는 것이다.

이러한 정보, 통신, 서비스 부문 및 디지털 홈 부문 간의 융합은 관련 기업들 간의 수평 결합과 수직 결합 두 가지 유형으로 구분된다. 디지털 홈 관련 산업의 대표적인 수평 결합의 예는 통신(특히 무선 통신) 기기 부문과의 결합이다. 현재는 셀룰러폰과 PDA 기능 간에 중복되는 부분이 적으나 향후 셀룰러폰의 상당부분이 웹 접속 기능과 팜 컴퓨터 기능을 갖게 될 것이기 때문이다. 또한 앞으로는 가정이나 사무실에서 사용하고 있는 전화기능의 상당부분이 인터넷 접속 기능과 컴퓨팅 기능을 갖게 될 것이다. 정보가전 기기와 정보 기기(예: PC)들 간의 융합도 수평 결합에 해당된다. 팜 컴퓨터와 PDA는 디자인상으로 볼 때 PC와 유사한 기능을 갖는다. 정보가전기기가 보다 많은 기능을 추가함에 따라 PC와의 융합은 점점 더 증가할 것이다.

정보가전기기와 콘텐츠간의 융합은 수직 결합에 해당한다. 초기 단계에서는 콘텐츠 시장이 방송과 통신의 융합으로 급격히 성장할 것이지만 다음 단계로는 디지털 홈 부문과의 융합을 도모하면서 더욱 가속화될 것이다.

8.3.2 디지털 홈 산업 표준 경쟁

디지털 홈 산업은 정보통신 부문, 방송 부문 및 전통적인 가전 부문이 서로 융합된 디지털 시대의 유망산업이다. 이에 따라 디지털 홈 분야는 여러 다른 산업 내에 있는 표준적인 조직들이 디지털 홈 시스템이나 제품들에 영향을 미치는 표준을 계속적으로 제안하고 있다. 이러한 컨소시엄들은 서로 자신들의 우월한 기술을 기술적 표준으로 선택되도록 옹호그룹을 형성하여 장래 자신들의 성공을 보장하기 위해 노력하고 있다. 즉 수많은 선도 기업들이 유용한 정보나 서비스를 제공함으로써 디지털 홈 이용자나 디지털 홈 판매자들에게 영향력을 갖기 위해 애를 쓰고 있으며, 제품을 테스트하고 평가하여 디지털 홈 이용자들이 자신들의 제품을 선택하는데 도움을 주고 있다. 특히 디지털 홈 분야의 표준 경쟁은 단말기 OS 표준, 단말기와 네트워크간의 무선접속표준, 단말기간의 무선접속 표준 등 크게 세 분야에서 표준 경쟁이 진행되고 있다. 여기서는 디지털 홈 산업에서 일어나는 표준 경쟁을 소개한다.

1) 단말기 OS 표준 경쟁

단말기 OS 표준의 경우, 휴대정보기기 제품에 대한 소비자 수요 및 기능상의 다양성으로 인해 한 가지 표준에 의한 시장지배보다는 각 표준 간 장점을 살린 제품별로 차별화된 시장의 형성이 예상된다. 현재 OS시장은 WinCE와 Palm Companion 및 EPOC의 삼각 구도로 되어 있다. 단말기 OS 표준 경쟁에 대해서는 〈표 8-10〉에 나타나 있다.

〈표 8-10〉 단말기 OS 표준 경쟁

접근	유형	비고
신규 OS	Palm OS Symbian Epoc Java OS	Epoc은 스마트 셀룰러폰에 선두 Palm OS는 handheld device에서 앞서고 있음
구 OS(Windows 기반)	Windows CE/Pocket PC Embedded Win NT	Window기반 디지털 홈은 일부 분야에서 경쟁적일 것이며, 장기적으로 경쟁력을 가지게 될 것임
구 OS (비-Windows 기반)	Linux BeIA QNX, OS-9	Linux는 일부 디지털 홈 분야에서 성공적일 것이며 가장 경쟁적인 분야일 것임

2) 단말기와 네트워크간의 무선접속 표준 경쟁

단말기와 네트워크간의 무선접속 기술표준은 무선인터넷 시장의 고속성장이 예상되는 상황 하에서 초기에는 시장선점을 위한 WAP (Wireless Application Protocol)과 ME(Mobile Explorer)간의 경쟁이 치열하게 전개되어 왔으나, 점차적으로 서로 다른 접속표준을 자유롭게 넘나들 수 있는 무선 컨버터기술이 발전함에 따라 표준 경쟁이 의미를 상실해 가고 있다.

3) 홈네트워킹 표준 경쟁

(1) HomePNA

HomePNA은 현존하는 공중전화망을 기반으로 네트워킹 표준을 설정하기 위하여 1998년 6월에 11개 기업(3Com, AMD, AT&T Wireless, Compaq, Conexant, Epigram, HP, IBM, Intel, Lucent, Tut Systems)에 의해 설립되었다. HomePNA는 RF 또는 전력선 기술에 보완적이며 기간망(backbone)으로 사용될 수 있다.

(2) HAVi

산업적 컨소시엄 HAVi(홈 오디오/비디오 상호운용가능성)는 가전제품과 가전기기의 네트워킹에 앞서가기 위하여 가전 부문의 8개 선도적 공급업체들에 의해 설립되었다. HAVi의 모형은 서비스를 위하여 오디오/비디오 기기를 주로 사용하고 있다. 이것은 PC가 "공식적으로는" WebTV로 대체될 수 있다고 주장하는 PC-중심인 마이크로소프트사의 UPnP와는 다르다. HAVi의 사양은 운영체제와 CPU와는 독립적이다.

(3) 전력선(HomePlug)

HomePlug는 전력선을 사용하여 데이터를 전송하기 위한 전력선 기술의 발달을 도모하는 산업적 컨소시엄이다. 다른 기술에 비해서 전력선을 기초로 한 기술이 갖고 있는 이론적 장점은 현존 인프라를 이용할 수 있다는 사실에 있다. 전력선 활용의 어려운 점은 데이터 보호(보안)의 안정성에 있다. 기술적 관점으로부터 전력선과 관련된 어려움은 가전기기에는 전력을 공급하도록 가정에 고전압이 공급되어야 하는 반면, 데이터통신을 위해서는 매우 낮은 전압이 공급되어야 한다는 것이다.

(4) 무선(HomeRF)

HomeRF는 IEEE 802.11b에 그 기술을 구현하고 있는 휴렛패커드와 인텔에 의해 시작된 산업적 컨소시엄이다. 단점은 HomeRF가 운영 체제에 의존적이고 나아가 마이크로소프트 윈도우에 맞게 구성되었다는 점이다.

(5) 홈 네트워킹

홈 네트워킹(Home Networking)은 접속매체의 선택과 관련해서는 크게 유선과 무선으로 대별되며 유선은 다시 기존의 전화선을 이용하거나 전력선(power line)등의 매체를 이용하는 방법들이 있다. 홈네트워킹의 표준안을 추진하고 있는 주요그룹은 HomePNA, HomeAPI, HomeRF, HAVi, Bluetooth(SIG) 등으로 아직까지 시장을 주도하는 뚜렷한 표준은 나타나고 있지 않다.

〈그림 8-1〉 홈네트워크와 홈게이트웨이

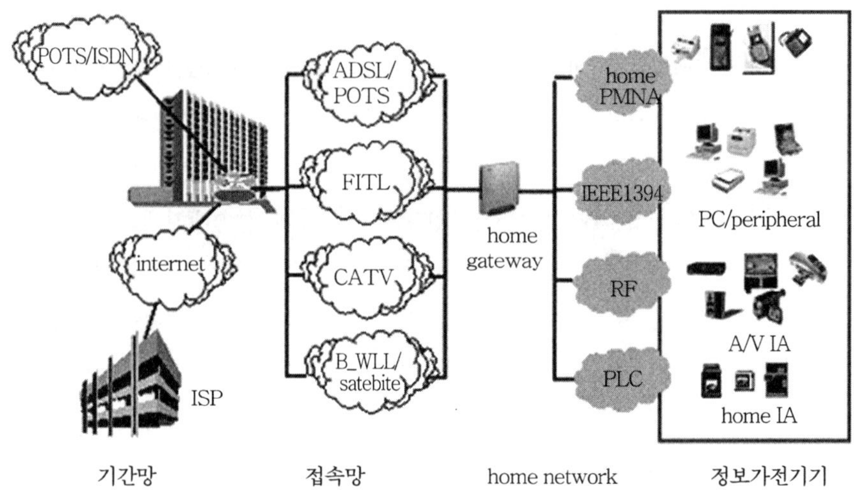

이제 동일한 계층 내에 존재하는 전력선(powerline technology), 전화선, Bluetooth, HomeRF과 같은 무선 등의 홈네트워킹 전송 기술은

대체적이면서 상호보완적인 관계를 가지는 것을 보기로 하자. 물론 전력선의 경우에만 한정할 경우에는 전력선 기술을 가진 업체들 간에 대체 관계를 가진다. 홈네트워킹의 각종 기술표준은 서로 대립하여 경쟁하는 것이 아니라, 각국이 보유하고 있는 기반배선 환경에 기초하여 상호보완적으로 차세대 댁내 통신 기반으로 전환되어 갈 것으로 전망된다. 접속매체를 기준으로 홈네트워킹을 살펴보면 전화선을 이용한 방식은 인터넷 접속, 파일 및 컴퓨터 주변기기 기능의 공유에, 전력선을 이용한 방식은 가정보안 및 조절(control)을 위한 협대역 응용에, 이더넷을 이용한 방식은 게임, 댁내 사무실 운영 및 인터넷 접속 공유에, 무선 방식은 이동성이 요구되는 상황에서 모든 형태의 정보처리기기(데스크탑, 노트북, 휴대정보기기 등)의 연결 및 기능 수행에 각각 최적으로 이용될 수 있다. 또한 가격이나 품질상의 장점도 표준 간에 차이가 커서 동일한 제품이나 서비스에 대한 표준 경쟁으로 간주하기 어려운 측면이 있다. 즉, 홈네트워킹의 표준 경쟁은 대상 시장이 서로 경쟁적이기보다는 상호보완적이기 때문에 시장선점과 독식을 위한 행위의 가능성이 상대적으로 적다고 할 수 있다.

그러나 이러한 측면이 표준 경쟁을 완전히 배제하는 것은 아니며 어느 정도 수준의 기술 경쟁, 즉 시장분할 양상의 표준경쟁이 이루어지게 된다. 특히 접속매체 간 기술표준(전화선, 이더넷, 전선 및 무선)보다는 무선의 Bluetooth와 Home RF와 같이 동일 접속매체내의 기술표준 경쟁에서 보완재 공급자 끌어들이기, 가격공약 등 다양한 기업 전략이 구사될 가능성이 있다. 한편 홈네트워킹을 위한 미들웨어 기술표준은 주요 업체 간 대결양상에서 복합표준 개발 전략으로의 변화가 이루어지고 있는데, 이는 서로 다른 기술간 경쟁이 동일 기술 내 경쟁보다 심한 표준경쟁 유형이다.

8.3.3 대체 · 보완 관계 분석

여기서는 디지털 홈 산업의 게이트웨이 소프트웨어 기술 간의 대체 및 보완 관계를 보기로 하자.6)

1) 게이트웨이 소프트웨어 기술 간의 관계

게이트웨이 소프트웨어(middleware)에서 가장 중요한 기술인 Sun의 "Jini"와 Microsoft의 "Universal Plug and Play" (UPnP)도 동일한 계층 내에 존재하기 때문에 서로 대체적인 관계이다. Microsoft사의 UPnP는 TCP/IP 호환장치들만 UPnP 네트워크로 통합될 수 있기 때문에 PC와 WebTV와 같이 수직 관련된 하드웨어 부문과 보완 관계를 가지며, Sun의 Jini나 Sony의 HAVi와 같은 비 TCP/IP 관련 산업 간에는 대체 관계를 가진다. 즉 Microsoft사의 UPnP 네트워크와 수직적으로 보완관계를 가지고 관련된 시스템은 Sun의 Jini 시스템이나 Sony의 HAVi 시스템과는 대체 관계를 가진다.

한편 이러한 Microsoft사의 UPnP 시스템, Sun의 Jini 시스템과 Sony의 HAVi 시스템은 자체 시스템 내에 한정되어 상호연동성을 가지는 전유적 기술이기 때문에 서로 다른 시스템과는 폐쇄적이다. 반면 OSGi는 이들 시스템과는 달리 플랫폼 독립적인 인터페이스 선택에 초점을 기울이기 때문에 개방적이다. 즉 OSGi는 개방형 표준이며 다른 세 시스템은 폐쇄형 표준이다.

2) OSGi의 표준의 의미

산업 특성적인(예를 들면, 건축, 가전, 통신, 전력, 이동 전화) 다른

6) 전력선은 대부분의 기술이 전유적 성격을 가지며 공개되지 않는 기술 특성을 가지고 있다. HomePNA와 HomePlug 컨소시엄들은 OSGi와는 달리 전유적인 전송기술- 예컨대 공중전화망 기술이나 전력 기술(PLC)을 이용한다.

여러 컨소시엄들과 비교해 볼 때 OSGi는 전 부문에 걸쳐(sector-crossing) 특정 플랫폼에 종속되지 않는 개방적 형태를 갖는 체제를 지향하고 있다.[7] 이와 같이 OSGI를 제외한 다른 컨소시엄들은 특정한 산업에 기반을 두고 있는 반면 OSGI는 여러 산업 분야에 걸쳐 관심을 가지고 있으며, 플랫폼-독립적인 개념을 전제하고 있기 때문에 다양한 서비스 게이트웨이 기술의 표준화를 위한 가장 유력할 것이다. 이렇게 하는 가장 중요한 이득은 모든 공통적인 표준이 통합될 수 있다는 것이다. 즉 OSGI 접근은 여타의 모든 표준들이 각자의 전유적 독립성을 기반으로 통합될 수 있다.

이에 대해 대체 관계에 있는 기술은 마이크로소프트사의 "Universal Plug and Play"이다. 즉 UPnP 기술을 보유하고 있는 마이크로소프트사가 가장 중요한 경쟁자이다. 한편 UPnP 구조가 사실상 OSGI의 틀 속으로 통합되는 경우에는 부분적인 보완관계를 가지게 될 것이지만 장기적으로 마이크로소프트가 자사의 이해관계만을 고려하여 경쟁적인 관계를 가질 수 있다는 것을 완전히 배제할 수 없다.

적어도 중기까지는 한 개 이상의 표준이 존재하며, 서로 경쟁적인 관계를 가질 것으로 예상된다. 그러나 OSGi 같은 구조에 의해 서로 다른 표준들이 합쳐지는 것을 가능하게 하여 최종 소비자들이 모든 서로 다른 기술을 포괄하는 홈 네트워킹을 이용하도록 단순화 시켜줄 수 있을 것이다.

3) DLNA 협력체

DLNA(Digital Living Network Alliance)는 세계 홈 네트워크 상용화를 선도해 나가기 위해 2003년 출범한 DHWG(Digital Home Working Group)의 명칭을 변경, 새롭게 출범한 공식적 협력체이다. 이미 구

7) OSGi는 (진보된) OSI 모형에서 소위 어플리케이션/콘텍스트 계층에 대한 사양만을 대상으로 하여 플랫폼 독립적인 인터페이스 선택에 초점을 기울이며, 여타 계층에 영향을 미치는 표준에 대해서는 개방적이다.

축되어 있는 공개 업계 표준을 기반으로 하여 상호 호환이 가능한 플랫폼을 구축하여 업계 간 융합을 실현하는 것을 목표로 하고 있다. 따라서 가전제품, PC, 무선기기 제조업체들에서 널리 사용되고 있는 IP, HTTP, UPnP, Wi-Fi 등 업계 표준을 기반으로 업체의 가이드라인 도입을 촉진할 것으로 예상되며, DLNA 가이드라인에 따라 설계된 제품들은 음악, 사진, 비디오 등의 미디어 콘텐츠를 홈 네트워크를 통해 서로 자유롭게 공유할 수 있게 된다. 삼성전자를 비롯하여 후지쓰, 게이트웨이, HP, 인텔, IBM, 켄우드, 레노보, 마이크로소프트, NEC, 노키아, 파나소닉, 마쓰시타, 필립스, 샤프, 소니, ST마이크로, 톰슨 등 DHWG 창립 17개사가 주도하고 있다.

2006년 인텔은 세계 최초로 자사 디지털 홈 플랫폼인 바이브(Viiv)를 탑재한 LG전자 50인치 PDP TV를 시연한 바 있다. 바이브는 인텔이 DLNA 표준에 맞춰 제안한 규격으로 무선 인터넷을 통해 HD 영상을 TV로 전송하는 기술로 차세대 디지털 홈 플랫폼 표준이다.

연 습 문 제

1. 게이트웨이 소프트웨어(middleware)의 개발과 시장 현황을 조사하시오.

2. 우리나라 디지털 홈의 시장 및 산업 구조에 대하여 설명하시오.

3. 디지털 홈 산업의 시장 특징은 무엇인가? 디지털 홈 산업에 속한 국내 기업들을 열거하고 각 시장 특성에 맞는 기업 전략을 조사하시오.

4. 삼성전자와 LG의 디지털 홈 사업전략, 표준경쟁을 위한 전략과 현황을 조사하시오.

제 3 편

IT 정책론

3편에서는 정보통신 산업에 대한 경제 정책 논리를 학습하기로 한다. 이를 위하여 9장에서는 정보통신 산업에서 활발히 전개되고 있는 기업의 인수/합병 및 전략적 제휴 현상에 대하여 학습한다. 10장에서는 정보통신 서비스에 대한 정부의 정책과 규제에 대하여 소개하며, 11장에서는 소프트웨어 부문을 중심으로 한 지적재산권에 대하여 학습하기로 한다.

제9장

전략적 제휴와 M&A

현시대에는 인수 · 합병이 광범위하게 전개되고 있다. 이와 같은 추세는 기업의 최소효율규모(MES; Minimum Efficiency Scale)를 증가시키는 기술 변화가 급속히 일어나는 IT 산업과 같은 분야에서 특히 빈번하게 일어난다. 이와 같은 기업 합병이 반드시 성공하는 것은 아니며 사회적으로 바람직하지 않을 수도 있다. 그러면 이와 같은 인수 · 합병을 여하히 판단하여야 하느냐? 특히 국내 기업들 간의 합병은 국내 시장의 경쟁을 감소시켜 효율성을 하락하게 할 우려가 있다. 또한 외국 기업에 의한 국내 기업들의 인수는 국내의 시장 통제를 방해하게 할 수가 있다. 여기서는 이와 같이 인수 · 합병이 일어나는 기업 통제 시장을 학습한다. 또한 정보통신 부문의 전략적 제휴에 대한 사례도 소개한다.

9.1 기업 통제 시장, 해외 투자, 이윤 극대

9.1.1 인수 · 합병

1) 인수 · 합병이란?

인수는 어느 한("ㄱ") 기업이 다른("ㄴ") 기업을 사는 것이다. 국내 기업인 인켈이 미국의 선우드를 인수한 것이 그 예이다. 합병은 두 기업이 합치는 것이며 종종 회사명까지도 (예: Daimler-Chrysler, Exxon-Mobile) 합치는 경우가 있다.

인수 · 합병은 수평, 수직, 기업집단(conglomerate)의 3가지 형태를 취한다. 수평/수직 통합은 이미 2장에서 설명했으니 여기서는 기업집단에 대해서만 보기로 한다. 기업 집단에 의한 인수나 합병은 생산에 별 관계가 없는 기업 간의 결합을 의미한다. 이러한 기업 집단 결합은 경영이나 판매 및 금융상의 문제로 공동 대처에 의한 비용 절감이 가능할 때나 다변화를 통한 위험 분산을 도모하기 위하여 일어난다.

인수 · 합병은 기업 통제 시장에서 일어나는 거래로서 설명된다. 이러한 시장에서 구매자는 피인수기업의 통제권을 획득하고자 하는 자들이며, 판매자는 피인수기업의 주주들이다. 이때 피인수기업의 가치는 다른 시장에서와 같이 가장 높은 가격을 제시하는 자에 의해서 결정된다. 인수의 목적은 피 인수기업 전반적인 경영 개선이나 생산성을 증가시켜 보다 높은 이윤을 실현할 수 있는 즉 효율성 증진을 가져올 수 있다는 데에 있다. 또 다른 목적은 독점력의 실현을 도모하기 위하여 기업의 미래 적을 없애는 투기의 수단으로 이용될 수 있는데, 이는 경제 전반에 해를 끼치게 된다.

인수기업은 피 인수기업의 주주에게 공개 매수(tender offer: 즉 일정 기간 동안 특정 가격에 주식을 구매하겠다는 약속)를 행한다. 이때 통상 제공된 가격은 실제 주식 시장 가격보다 훨씬 더 높다. 피 인수기업이 인수되고 싶지 않을 때 일어나는 인수를 적대적 인수(hostile takeover)라고 한다.

2) 인수 효과

인수는 경제 효율성을 증진시키느냐? 인수의 긍정적인 측면은 새로운 경영진은 피 인수기업의 자산을 보다 효율적으로 사용한다는 것이다. 인수 기업은 피 인수기업을 인수하여 보다 높은 이윤 기회를 실현할 수 있을 것이다. 이것은 자금을 추가 공급함으로서 또는 자생적으로는 시장 개척에 많은 비용을 지불하는 상황을 대신함으로서 가능하다. 이러한 상황이 가능하다면 미래에 더 높은 이윤을 실현할 수 있는 기대에 의해 피 인수기업의 가치는 상승할 것이다. 또한 인수 기업이 주주들의 이익 실현에 노력을 경주한다면 인수 기업의 가치도 상승하게 될 것이다.

(1) 피 인수기업 및 인수기업의 주주 수익

인수에 따른 피 인수 기업의 주주들은 1980년대 동안에 약 30~50%의 평균 수익률을 기록하였던 것으로 조사되었으나 인수 기업의 주주들에 대한 이득은 천차만별이다. 어떤 인수는 큰 이득이 발생하였으며 다른 어떤 인수는 손해를 초래하였다. 1980년대 동안의 전반적인 이득은 약간 손해인 것으로 나타났다. 어떤 이유로 이런 결과가 초래되었는가?

한 가지 대답은 기업 통제 시장이 상당히 경쟁적이라고 전제하는 경우에 얻어진다. 전형적인 인수는 피 인수기업이 잠재적 이윤을 실현하지 못한다고 생각될 때 일어난다. 이 때 기업들은 그들이 인수하게 되면 실현 가능한 잠재적 이윤을 평가하여 그에 상응한 가치에 입찰 가격을 제시하고자 할 것이기 때문에 피 인수 기업의 주식 가치는 상당히 높게 평가되는 경향이 있다. 한편 인수에 성공한 기업은 정상 이윤

(피 인수기업의 잠재적 가치를 잘못 평가한 가능성을 고려한 위험 부담금까지를 포함)을 고려한 가격을 지불하고자 할 것이다.

다른 한 대답은 인수 기업의 경영진이 이윤 극대가 아닌 다른 목적으로 인수를 하고자 한다는 것이다. 이러한 현상은 인수 기업이 기존 시장의 시장 지배력을 유지하거나 보다 확장하기 위하여 경쟁 상대인 피인수기업의 실현 가능한 잠재적 이윤을 평가하여 그에 상응한 가치보다 훨씬 높은 가격으로 매수를 시도하고자 하는 가운데 일어난다.

(2) 경제에 미치는 영향

인수 기업이 감당하는 위험보다 더 큰 위험을 경제 전반에 미치는 가능성이 존재할 때 인수는 경제에 나쁜 영향을 미친다. 그러나 현재까지는 인수가 효율성을 저해한다는 것을 보여주는 증거가 많지 않기 때문에 일반적으로는 기업들 간 인수·합병에 대하여 정부가 개입하지 않는 것을 선호하고 있다.

기술 변화에 따라 시장에서 규모의 경제와 범위의 경제는 변화한다. 이와 같이 변화하는 환경 하에서 새로운 조직 형태는 필요하고 이를 위한 수단으로 인수나 합병(또는 downsizing 즉 감량화)이 필요하다. 기업들은 이와 같이 급속히 변화하는 환경 하에서 일부의 합병과 인수는 성공적이기도 하지만 일부의 합병과 인수는 실패한다는 것을 학습할 것이다. 이에 따라 합병과 인수에 대한 경제적 효과를 평가한다는 것은 그러한 움직임에 의한 사례가 충분히 확보될 때까지는 쉽지 않을 것이다.

3) 인수에 대항한 방어전략

적대적 인수에 대한 방어 수단은 크게 세 가지이다. 하나는 피인수 대상 기업들의 경영진이 채권 발행을 통하여 경영권을 방어하고자 하는 것이다. 즉 피인수 대상 기업의 경영진은 적대적 인수를 행할 잠재적 경영진에 의해 얻어지는 것보다 더 많은 이윤을 확보할 수 있다고 확신한다면 정크 본드 시장에서 차입을 하는 방법을 선택하여 경영권을 계속 유지하고자 할 수 있다. 또한 피인수기업은 주식에 비해 부채가 많은 또 다른 기업을 인수하여 상당히 많은 부채를 발생하게 함으로 잠재적 구매기업이 큰 부담을 느끼도록 하게 할 수 있다.

적대적 인수를 방어하는 두 번째 방법은 시장이 독점화됨에 따라 발생하게 되는 반트러스트 법에 저촉되도록 함에 따른 방법이다. 즉 피인수 대상 기업은 잠재적 구매 기업과 경쟁적인 관계에 있는 기업을 인수한 결과 잠재적 구매자에 의한 인수 행위가 反트러스트 법에 저촉되도록 하는 상황을 조성하여 인수가 일어나는 것을 미연에 방지할 수 있다.

적대적 인수를 방어하는 세 번째 방법은 인수가 일어나기 어렵도록 법령을 고치는 것이다. 정크 본드 발행에 의한 인수나 인수·합병을 반대하는 사람들은 이와 같이 인수·합병이 일어나기 어렵도록 법령을 고치고자 한다. 그러나 이와 같은 법령은 비효율적인 경영을 유지하게 하며, 그에 따라 투자자들은 인수·합병에 의해 보다 높은 이득을 얻을 수 있는 기회를 법에 의해 배제되지 않기를 바라기 때문에 법령 제정을 반대한다. 또한 대다수의 경제학자들도 법에 의해 비효율성이 제거될 수 없게 되는 상황보다 시장 기능에 의해 비효율성이 제거될 수 있도록 하는 것이 바람직하다는 견해를 가지고 있다.

9.1.2 해외 투자

앞에서는 인수·합병이 국내 기업들 간에 이루어지는 것을 전제하였는데 만일 외국 기업에 의해 국내 기업이 인수된다면 어떻게 될 것인가? 국내에서 활동하는 외국 국적 기업을 어느 정도 허용하는 것이 좋겠는가? 이와 같은 해외투자의 유형은 크게 다음과 같이 세 가지로 구분된다. 현재 국내에 소재한 외국인 소유 기업에 의한 신규 투자(greenfield investment), 외국 기업의 국내 기업 인수 및 국내에 신규로 외국 기업이 설립되는 것이 그 것이다.

1) 초국적 기업에 대한 세계적 시각

산업 혁명 이래로 외국 투자에 대한 세계적 시각은 상당히 호의적이었던 편이다. 즉 해외 투자는 국내 저축에 의해서만 경제 성장을 기도하는 것보다는 보다 빠른 경제 성장을 가져온다고 생각되었다. 미국은 19세기에서 20세기 초반까지는 이러한 투자 혜택을 받았으나 1945년 이후는 최대의 공급자 역할을 하였다. 1950년대 후반에서 1960년대에 이르는 동안 상당수의 국가는 해외 투자에 의해 혜택을 받았는데, 이러한 해외 투자는 부분적으로는 (과거에는 다국적 기업이라고 불렸으나 현재에는) 초국적 기업(TNC; Transnational Corporation)이 번창한 결과였다. 1960년대 세계적 초국적 기업의 대부분은 미국 소유였다.

초국적 기업의 존재는 상대 교역국과 경제 정책이 상이한 국가에서 활동할 때 국가 정책의 혼선을 초래한다. 예를 들면 초국적 기업은 국제 회계를 통해서 이윤세를 가장 적게 부과하는 국가로, 연구개발부문은 연구개발에 대한 국가적 보조와 지원이 많은 국가로 이전할 수 있다. 초국적 기업의 존재는 또한 유럽 연합(EU)과 같은 일부 지역 국가들의 통합을 가속화하는 데 일조하기도 하였다. 이러한 정치적인 기구는 초국적 기업을 통제하는 데 보다 효과적일 수 있기 때문이다.

1960년대 초국적 기업의 번창은 미국의 세계 경제 지배와 문화적 예속에 대한 우려를 불러일으켰다. 이에 따라 유럽에서는 초국적 기업의 번창을 경계하여야 한다고 하였으며, 현재에는 일본과 유럽 초국적 기업의 미국 진출을 경계하고 있는 실정이다.

현재 초국적 기업의 비중은 더욱 커져서 국제 무역과 해외 투자의 상당부분을 차지하고 있다. 실제 상당수의 국제무역은 같은 초국적 기업 간 거래(intra-TNC trade)에 의해 이루어지고 있다. 또한 초국적 기업의 조직은 상당한 변화를 겪었다. 초기에는 상당히 중앙 집중 형이었는데 현재에는 컴퓨터에 의한 유연 생산 체제가 가능함에 따라 각국의 특수한 사정이나 특수한 소비자 기호에 맞게 다양한 생산물이 탄생하게 되었으며 이에 따라 분산형(비-중앙 집중형)이 지배적이게 되었다.

1980년대 초국적 기업에 대한 세계적 시각은 다시금 상당히 호의적으로 변하였다. 이에 대한 이유는 여러 가지가 있는데, 그 중의 하나는 세계 무역이 점차 글로벌화 되어 감에 따라 초국적 기업 없이는 각국의 경제가 운영되지 못하게 되었기 때문이다.

2) 해외 투자에 대한 논쟁

미국은 1980년대에 해외 투자를 행하는 공여 국가에서 해외 투자를 받는 수여 국가로 변화하였으며, 우리나라는 IMF 사태 이후에 해외 투자를 적극적으로 유치하고 있어 해외 투자 수여 국가로 발돋음하고 있다. 이와 같은 해외 투자 수여 국가는 해외 투자에 대해 호의적인 시각을 갖기 보다는 오히려 회의적인 시각을 가지게 되는 경향이 있다. 그러나 일반적으로 해외 투자로부터 실보다는 득이 많다고 판단한다.

해외 투자에 따른 편익은 다음과 같다.

- 국내 저축에 의해 조달된 투자에 의한 것보다 많은 투자로 인한 생산 증가
- 일인당 자본 증가에 기인한 생산성 증가
- 초국적 기업에 의해 일어난 국제 노동 분업에 따른 이득
- 보다 높은 기술과 경영의 이전
- 최고의 현장 기술을 사용한 보다 높은 임금의 실현

반면 해외 투자에 따른 비용은 다음과 같다.

- 이윤이 외국인 차지가 됨에 따른 손실
- 국내 자원에 대한 통제를 하지 못함
- 국가 경제 통제력 상실
- 주요 국가 산업의 상실(국내기반의 R&D활동 약화: 타 부문에 높

은 파급효과를 갖는 어떤 나라의 기간산업의 경우에는 초국적 기업 활동과 현지국간의 이해관계에 따른 대립)

전 세계에 걸쳐 해외 투자가 좋으냐 아니냐 하는 논쟁은 과거 수십 년간 지속되었다. 주요 논쟁은 기간산업의 경우 국내 기업에 의해 소유되어야 한다는 것과 초국적 기업의 활동의 일부를 통제할 수 있어야 한다는 것이다. 이것은 경제에 높은 파급 효과를 가지는 기간산업을 외국 기업이 소유하게 되면 모기업의 이해관계로 자회사가 있는 국가의 경제 전반에 악영향을 미칠 수 있다는 것이다. 또한 초국적기업 활동 중 R&D 활동과 같은 것은 국내에서 행해질 수 있도록 제도적 장치를 강구하여야 한다고 한다.

대다수의 전문가 견해는 해외 투자에 호의적이며, 통제를 한다고 하더라도 극히 일부에 그쳐야만 할 것이라는 것이다. 즉 초국적 기업 활동을 제한하는 것보다는 가장 효율성이 있는 곳에 위치할 수 있도록 시장 원리에 맡겨 두여야 가장 효율적인 국제적인 자원 배분과 가장 풍성한 생활수준을 가져올 것이라고 한다. 즉 글로벌 경쟁을 지향하는 국제 경제는 상당히 복잡 다양해져서 투자에 대해 규제를 하는 것은 득보다는 실을 가져온다는 것이다.

9.2 정보통신 서비스 부문의 전략적 제휴

1990년대에는 글로벌 시장(global market)을 차지하기 위한 경쟁이 급속하게 전개되었으며, 이러한 과정에서 사업자간의 융합(convergence) 현상이 발생하였다. 이러한 융합 현상은 기간에 따라 크게 두 가지로 구분할 수 있다. 하나는 1990년대 중반까지 나타난 글로벌 통신 서비스 그룹의 탄생이고, 다른 하나는 '96년 통신법 개정 이후에 일어난 인수·합병(M&A) 현상이다.

〈표 9-1〉 글로벌 통신서비스 그룹(블록)

그룹 / 지역	WorldPartners(그룹명) WorldSource(서비스명)	Concert (그룹 및 서비스명)	GlobalOne (그룹 및 서비스명)
북미지역	AT&T(미국)	MCI(미국)	Sprint(미국)
유럽지역	Unisource - Telia(스웨덴) - Swiss PTT - KPN(네덜란드) - Telefonica	BT Tele Denmark Norwegian Telecom Finland Telecom	Eunetcom – DBP Telekom – France Telecom
아.태지역	KDD Singapore Telecom		
서비스 지역	북미, 아시아, 태평양 유럽은 Unisource와 제휴	북미, 영국과 유럽	미국, 프랑스, 독일

이와 같이 융합 현상이 일어난 이유로는 통신/방송/인터넷의 융합에 의해 저원가·편리성·생산성 제고 효과 등의 특성을 가진 다양한 융합서비스들이 출현하고 있기 때문이다. 게다가 규제 기관들이 급속한 기술혁신으로 말미암아 새로운 변화와 발전을 감시하는 것과 시장을 합리적으로 관리할 수 있는 능력이 제한되어 있기 때문에 규제 완화가 불가피하였다. 이러한 융합 현상과 전세계적인 규제 완화의 추세는 통신 사업자들로 하여금 다양한 융합 서비스의 제공을 위한 통합을 가속화하게 하였다.

1) 글로벌 통신 서비스 그룹의 움직임(1990년대 중반까지)

통신 사업의 글로벌화를 추진하는 글로벌 통신 서비스 그룹은 1993년에서 1994년에 이르는 기간 동안에 크게 Concert, GlobalOne와 WorldPartners의 3각 체계로 구성되었다. 〈표 9-1〉과 〈그림 9-1〉에는 이러한 글로벌 그룹의 제휴 기업들, 〈표 9-2〉에는 그 제휴 내용들이다.

〈표 9-2〉 글로벌 그룹의 제휴 내용

제휴명	파 트 너	제 휴 내 용
lobalOne	Sprint Deutsche Telekom France Telecom	. 1994년 6월에 제휴제안이 공시되었음. . 시장범위 : 미국 및 EU . France Telecom과 Deutsche Telekom의 합작회사가 Sprint의 지분 20%을 42억 달러에 매입
Conert	MCI British Telecom	. 1994년 여름에 설립된 합작회사 . British Telecom이 MCI지분의 20%를 43억달러에 매입
World Partners	o AT&T, KDD, Singapole Telecom, Hong-Kong Telecom, Telstra(호주), Unitel(카나다), Korea Telecom Unisource	. 1993년 5월에 형성된 최초의 제휴에의 참가자는 AT&T, KDD, 싱가폴 텔레콤 등 3개 사업자였고, 나머지 사업자들은 그 이후에 제휴에 가담 . 시장범위 : 미국, 유럽, 아시아 . 참여사업자간의 지분교환은 없으며, 전화사업자들의 기업고객들에게 호환성있는 데이터 및 음성 네트워크서비스를 제공하는 다소 느슨한 연합체(coalition)라고 할 수 있음.

〈그림 9-1〉 글로벌 통신서비스 그룹(블록)

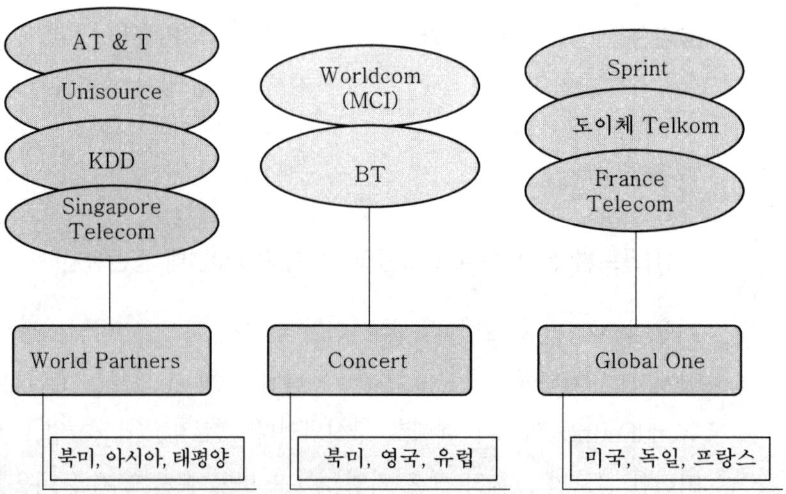

이러한 글로벌 그룹은 전세계적인 대규모 통신사업자들이 다수 포함되어 있으며, 이들 사업자들에 의한 서비스 제공이 성공적으로 이루어질 경우에는 전세계 다국적 기업 이용자들의 50% 이상이 이들 그룹들에 의해 서비스가 제공될 것으로 전망되었다. 이러한 글로벌 전략적인 제휴의 배경은 전세계적으로 다국적 기업들에게 광범위한 글로벌 네트워킹 서비스 제공하고자 하는 데 있으며, 이에 따라 전세계 다국적 고객 기업들에게 다양한 글로벌 네트워크 서비스(사설 네트워크, 가상 사설 네트워크(VPN), 프레임 릴레이 등)를 제공할 수 있게 될 것이라는 데에 있다.

2) 통신법 개정과 인수 · 합병(M&A) 움직임

'96년 2월 통신법 개정 이후에 '90년대 세계 통신시장을 이끌어 온 British Telecom(BT)과 MCI의 Concert, AT&T 등의 Worldpartners 및 GlobalOne(독일 Telekom · France Telecom · 美 Sprint)의 글로벌 통신 서비스 그룹 3각 체제가 무너지게 된다. 이것은 단순한 전략적 제휴에서 통신법 개정 이후에 서로 다른 영역간 인수 · 합병이 허용됨에 따라 적자생존 원칙에 의한 국경을 초월한 인수 · 합병(M&A)이 선호되었기 때문이다.

이러한 인수 · 합병 현상은 시내 전화 사업자들 간, 장거리 전화 사업자들 간에는 활발히 이루어진 반면, 시내전화 사업과 장거리전화 사업 간의 상호 영역 진출은 조심스럽게 전개되었다. 주요 인수 · 합병으로 '96년 Bell Atlantic의 Nynex 인수, '97년 SBC의 Pacific Telesis 인수를 들 수 있는 데, 이는 지역 전화 사업자들 즉 수평 통합이다.

또한 장거리전화 사업자들의 인수 · 합병은 WorldCom이 주도하였는데, 1997년에는 미국 2위의 장거리 전화 사업자인 MCI 인수를 단행하여 MCI WorldCom이라는 새로운 회사를 탄생시켰다. 1999년에는 다시 MCI WorldCom이 미국 3위의 장거리 전화 사업자인 Sprint를 인수하면서 선두 AT&T와 거의 대등하게 경쟁하는 체제를 갖추게 되었다.

즉 Sprint를 인수함으로서 MCI WorldCom은 장거리 전화시장 점유율이 32%로 뛰어 올라 1위 AT&T(48%)와 대등한 경쟁을 벌이게 됐다. 또한 미국 최대인 Sprint의 이동통신망을 흡수해 무선 전화 사업에도 진출하게 됐다. 이에 따라 미국 통신 시장에 본격적인 경쟁이 도입된 '96년 이후 처음으로 장거리전화, 시내전화, 국제전화, 인터넷 등 제반 통신 서비스 분야에서 고루 경쟁력을 갖춘 사업자 MCI WorldCom이 등장하게 되었다.

이에 대항하여 AT&T도 같은 해(1999년) CATV 업체인 "미디어 원"을 인수하였으며, 1998년 인수한 TCI와 합치면 美 CATV 시장의 절반을 장악하게 되었다. AT&T도 이에 따라 장거리뿐만 아니라 지역 전화 사업과 고속 인터넷 사업까지 장악할 수 있는 기반을 마련하게 되었다.

이와 같이 하여 美 통신 시장은 AT&T, MCI WorldCom 등을 포함한 3~4강 구도로 재편되는 형태를 취하였다. 이와 같은 과점적 경쟁 구도가 나타난 원인은 세계 통신 시장 규모가 급성장할 것으로 예상되는 데다, 고객 확보를 위해서는 통합 서비스 제공을 통한 규모의 경제 및 범위의 경제 실현이 불가피하기 때문이다.

이제 글로벌 통신 서비스 그룹 3각 체제가 무너지는 과정을 보도록 하자. 나중에는 무산되었지만 1998년 AT&T와 British Telecom(BT)에 의한 합병 회사 설립 발표가 있었다. 이것은 1997년에 MCI가 미국 장거리 시장에서 부진으로 WorldCom과의 합병을 단행함에 따라 MCI와의 합병을 기도하고 있었던 BT가 MCI와 Concert 사업의 기본전략을 변경할 수 없게 됨으로써 실현된 것이다. BT와의 합병 계획에 따라 AT&T도 World Partners에서 이탈하게 되었다. 이와 같은 일련의 움직임에 의하여 지금까지의 3대 글로벌 통신 서비스 그룹의 일각을 담당하고 있었던 World Partners는 해소되고 Concert는 그 참가 기업 등 계획을 변경하지 않을 수 없게 되었다. 또한 결국에는 무산되었지만 美 Sprint가 MCI Worldcom에 인수되는 과정에서 글로벌 원(GlobalOne)

체제를 이탈하자 독일 Telekom도 글로벌 원을 벗어나 美 SBC · Ameritech 합병사와의 제휴를 모색하고 나섰다.

3) 통신 서비스 시장의 인수 · 합병 원인

지역전화시장, 장거리전화시장, 이동전화시장으로 구성되어 있는 통신 서비스 시장에서 인수 · 합병 현상의 원인은 통합 서비스 제공에 의한 저렴한 가격의 실현과 네트워크 외부성의 특징에 따라 규모와 범위의 경제를 실현하기 위한 데 있으며, 이와 수반하여 정부의 규제 완화가 실현되었기 때문이다. 또한 사업자 측면에서 새로운 설비 투자보다는 기존 기업들을 합병함으로서 시간과 재원을 효율적으로 활용할 수 있다는 데에 있다.

(1) 통합 서비스 제공

1996년 통신법 개정이전에는 시내전화서비스와 장거리전화서비스의 서비스가 엄격하게 구분이 되어 소비자 입장에서는 각 서비스에 대해 각기 다른 회사를 선택해야만 했다. 그러나 1996년 통신법 개정으로 이들 서비스간의 구분이 철폐됨에 따라 지역전화사업자들과 장거리전화사업자들 전략적 제휴나 인수 · 합병에 의해 시내 전화 서비스와 장거리 전화 서비스는 물론 이동 전화 서비스, 인터넷 서비스, 데이터 통신 서비스 등도 통합한 통합 서비스를 제공할 수 있게 되었다.[8)]

사업자 입장에서는 이러한 서비스들을 통합하여 제공함으로써 고객을 안정적으로 확보할 수 있으며 요금 부과(billing)에 따른 비용을 줄일 수 있는 장점이 있다. 소비자의 입장에서는 다양한 통신 서비스를 하나의 사업자로 선택하게 되면 보다 저렴한 요금으로 서비스를 제공

8) 통신과 컴퓨터 및 방송의 융합 현상에 의해 초래된 통신 사업자들의 전략적 제휴의 주된 목적은 "원스톱의 단절 없는 국제 음성, 데이터 통신을 비롯한 통합 정보통신 서비스"를 제공하려는 것이다. 여기서 "단절 없는"(seamless)이라 함은 상호 연동성(interoperability) 확보 즉 「이종 네트워크에서 소프트웨어를 운용하고 정보를 중단 없이 교환할 수 있는 능력」을 의미한다.

받을 수 있으며, 여러 사업자를 선택함으로써 발생할 수 있는 요금 납부의 번거러움을 줄일 수 있다.

(2) 네트워크 외부성 특징에 의한 규모와 범위의 경제 실현

우리는 3장에서 네트워크 외부성이 존재하게 되는 기본적인 이유와 그 효과에 대하여 본 바 있다. 또한 동등한 상품이나 호환성이 있는 상품을 선택하는 사용자의 수가 증가함에 따라 그 상품의 기존 이용자들이 영향을 받는 경우에 네트워크 외부성이 존재함을 보았다. 이러한 네트워크 외부성은 이용 고객과 사업자 측면 모두에게 작용한다. 고객 측면에서 네트워크 외부효과는 직접적으로 나타나는 데, 이것은 가입자가 많으면 많을수록 이용자의 효용이 증가하기 때문이다. 사업자 측면에서 네트워크 외부 효과는 간접적으로 나타나는 데, 이것은 자사의 서비스를 사용하는 이용자가 많을수록 규모의 경제 실현에 의해 적은 비용을 실현할 수 있게 하기 때문이다.

이와 같이 정보통신 서비스 시장에서 나타나는 네트워크 외부성 특징에 의하여 규모의 경제 실현은 사업자의 경쟁력 강화를 수반한다. 이에 따라 사업자는 가능한 많은 가입자를 확보하고자 하기 때문에 기업 간 인수·합병이 수단으로서 이용된다. 이외에도 유사 서비스와의 결합에 의한 통합적인 서비스 제공은 사업자에게 추가적인 비용 부담을 적게 하여 범위의 경제를 실현할 수 있게 한다. 즉 시내 및 장거리 전화 서비스뿐만 아니라 전화/인터넷/방송 서비스를 전략적 제휴나 인수·합병에 의해 하나의 사업자가 제공함에 따라 범위의 경제를 실현할 수 있게 한다는 것이다.

(3) 규제 완화에 의한 통합 서비스 제공의 실현

위에서 살펴본 것과 같이 통합 서비스 제공에 의한 저렴한 가격의 실현과 네트워크 외부성의 특징에 따라 규모와 범위의 경제를 실현하기 위해서는 제도적 장치가 구비되어 있어야 한다. 게다가 규제 기관들이 급속한 기술혁신으로 말미암아 새로운 변화와 발전을 감시하는 것과 시장을 합리적으로 관리할 수 있는 능력은 한계가 있다. 이에 따라 기존의 서비스 구분은 무의미하여 규제 완화가 불가피하게 되었으며 미국의 규제기관은 1996년 통신법 개정을 통해 서비스간의 경계를 사실상 철폐하게 되었다. 이에 따라 통신법 개정에 의한 정부의 규제 완화는 인수·합병을 일어나게 하기 위한 자연적 귀결에 불과하다.

(4) 설비투자 부담

통신 서비스 사업자가 자신의 서비스 영역을 확대하거나 타 서비스로의 진입을 위해서는 설비 투자가 선행되어야 하는데 이러한 설비 투자는 상당한 시간과 재원이 소요된다. 이러한 관점에서 인수·합병은 통신서비스사업자가 선택할 수 있는 좋은 대안이 될 수 있다. 특히, 주식교환을 통한 인수·합병은 추가적인 재원조달 부담이 크지 않다는 장점이 있다.

복 습 문 제

1. 인수 · 합병이 경제에 미치는 효과를 설명하시오.

2. 피인수 대상기업의 인수에 反한 대응 전략을 설명하시오.

3. 글로벌 관점에서 통신 사업의 전략적 제휴 현상은 1996년 통신법 개정 이후 급변하였는데 이에 대해 설명하시오.

4. 정보통신 산업의 인수 · 합병 원인에 대하여 서술하시오.

5. 다음을 설명하시오.
   1) 공개 매수(tender offer)
   2) 적대적 인수(hostile takeover)
   3) 정크 본드(Junk Bond)
   4) 지주회사(holding company)
   5) LBO(Leveraged Buyout)

연 습 문 제

1. 최근까지 정보통신 분야에서 일어난 글로벌 규모의 인수·합병 사례를 조사하시오. 그 규모 및 그때 발생된 시너지 효과를 설명하시오.

2. 수평 봉쇄(horizontal foreclosure)는 하부(downstream) 기업이 상부(upstream) 기업을 합병하여 경쟁적인 하부 기업에게 보완 관계에 있는 호환적인 제품을 공급하지 않은 것을 말한다. 이러한 수평 봉쇄에 대한 예는 음악 부문으로 3개 세계 최대 전자 회사가 세계 최대 6개 음반회사를 소유한 것을 들 수 있다. 또한 Audio Cassette의 뒤를 이을 Digital Cassette의 시장 쟁탈을 위한 예를 들 수 있다. 이러한 수평 봉쇄에 대한 기업의 전략 사례를 구체적으로 조사하고, 수평봉쇄가 경제에 미치는 효과를 설명하시오.

제10장

공공 정책과 경제 규제

A. Smith의 국부론이 나타난 이후 경제학자들은 경쟁을 옹호, 독점을 비난하여 왔다. 또한 불과 1960년대 만 하더라도 미국 등 선진국을 포함한 대부분의 국가들이 오늘날처럼 정보통신 서비스 산업에서의 경쟁 체제의 도입을 예상하지 못하였다. 그러나 정보통신 서비스 산업이 가지는 높은 매몰 비용과 규모의 경제와 범위의 경제 논리에 의해 이 산업은 자연 독점이라고 하는 과거의 논리는 무너졌으며, 기술의 급속한 발달과 그에 따른 통신 서비스 수요의 급증으로 통신 시장에 진출을 모색하는 사업자가 증가하게 되었다. 각국의 규제 기관들도 이러한 추세를 감안하여 통신 시장 내 경쟁 도입 및 규제 완화를 강력히 추진하고 있다.

이러한 시장 여건 및 규제 환경의 변화로 경쟁 체제하에서 적용 가능한 새로운 규제 방식이 도입되었으며, 본장에서는 이와 같은 정부의 공공 정책과 규제 제도를 학습하여 보기로 한다. 이를 위하여 본 장에서는 먼저 경제 효율성의 개념(10.1)을 학습한 후에 독점과 완전 경쟁의 상대적인 우위성을 살펴보고, 경제 효율성 실현을 위한 공공 정책(10.2) 및 반(反)트러스트 정책(10.3)에 대한 견해를 학습한다. 마지막으로 10.4에서는 정보통신 분야에 대한 정부 규제와 반트러스트 정책을 소개한다.

10.1 경제 효율성

경제 효율성은 자원의 낭비가 없는 것을 요구한다. 유휴 노동이 존재하거나 공장이 가동이 안 된다면 잠재적 생산이 낭비되고 있는 것이다. 이러한 생산이 모두 가능하다면 총 생산은 증가하고 후생은 좋아진다. 그러나 완전한 고용이 된다고 해서 효율적인 것은 아니다. 자원이 완전히 이용되는 경우에도 비효율적인 3가지 경우는 다음과 같다.

- 기업이 어떤 생산을 하기 위해 최소 비용을 달성하지 못하는 경우
- 어떤 산업에서 기업간의 한계 비용이 다른 경우
- 어느 한 생산물이 너무 많이 생산되는데 다른 생산물은 너무 적게 생산되는 경우

이와 같은 비효율성의 근원은 경제 효율성에 도달하기 위하여 존재하여야 할 상황을 전제한다. 이러한 상황은 크게 생산 효율성과 배분 효율성으로 분류된다. 자원 이용의 효율성은 이탈리아 경제학자인 빌프레도 파레토(Vilfredo Pareto)의 이름을 따 파레토 최적(Pareto-효율성)이라고 한다.

10.1.1 생산 효율성

생산 효율성(productive efficiency)은 두 가지로 구분한다. 하나는 기업 내 생산에 대한 것이고 다른 하나는 산업 내에서 기업간 생산 배

분에 대한 것이다. 생산 효율성의 첫 번째 조건은 각 기업은 주어진 생산량을 실현하기 위해 최소 비용을 실현하여야 한다는 것이다. 이것은 단기에서는 가변 요소가 하나이기 때문에 선택의 문제가 없으나 장기에서는 주어진 생산량을 실현하기 위하여 여러 가지 생산 요소들에 지출하는 비용이 가장 적어지도록 결합하여야 한다는 것을 의미한다.[1)]

생산 효율성의 두 번째 조건은 어떤 산업에 속한 기업들 간의 생산에 대한 것이다. 이것은 각 산업의 총 생산량을 실현하기 위한 총 비용이 가장 적어지도록 각 개별 기업들 간에 배분되어야 한다는 것이다. 예를 들어 자동차 산업이 생산 비효율적이라고 한다면 자동차 제조업체간에 생산을 재배분함으로써 그 산업의 총 생산에 도달하기 위한 총 비용을 줄일 수 있다는 여지가 있다는 것이다. 예를 들어 현대자동차가 1500cc 자동차를 추가적으로 만드는 데 드는 한계 비용(MC, Marginal Cost)이 700만원이라고 하며, 대우 자동차는 동등한 차종에 대하여 900만원이라고 하자. 이 때 현대자동차가 한 대 덜 생산하고 대우자동차가 한 대 더 생산한다고 하면 전체 생산량은 같을 것이지만 총비용은 200만원 줄어든다.

이와 같이 두 기업의 한계 비용이 다르다고 한다면 산업 전체적으로 비용 절약이 실현될 수 있는 여지가 존재함을 알 수 있을 것이다. 이에 따라 생산 효율성의 두 번째 조건은 어떤 산업에 속하는 기업들의 마지막 생산 단위에 대한 한계 비용이 모두 같아야 한다는 것을 의미한다. 이것은 다음과 같이 나타낼 수 있다.

$$MC_1 = MC_2 = \dots$$

---

1) 이것은 기업의 생산 효율성이 주어진 생산량에 도달하기 위해 다음과 같이 한계 생산물 균등의 법칙이 적용되도록 생산요소를 결합하는 데에서 달성된다는 것을 의미한다.

$$\frac{MP_L}{\omega} = \frac{MP_K}{\gamma}$$

이러한 생산 효율성 실현은 또한 두 상품에 대한 생산 가능 곡선 상에 있다는 것과 장기 평균 비용 곡선 상에 있다는 것을 의미하기도 한다.

10.1.2 배분 효율성

배분 효율성(allocative efficiency)은 다른 어떤 사람들의 후생 손실이 없이 어느 한 사람의 후생이 좋아지도록 자원 배분을 변화시킬 수 없을 때 배분 효율성이 실현된다고 한다. 여기서 자원 배분의 변화란 어떤 상품을 더 생산하고 다른 상품을 덜 생산하는 것을 의미한다. 이러한 경제의 배분 효율성은 각 상품 생산의 한계 비용이 가격과 같을 때 즉

$$P = MC$$

일 때 성립한다.

하나의 예로 두 기업이 합병하여 비용을 절감할 수 있으면 생산 효율성이 달성되나 배분 효율성은 실현되지 못한다. 이러한 생산 효율성과 배분 효율성은 경제 효율성의 정태적인 경우만 고려한다. 그러나 이와 같은 정태 효율성(static efficiency) 이외에도 현대의 경제는 동태 효율성(dynamic efficiency)을 요구한다. 즉 기술 개발의 동태적 측면을 고려한다.

10.1.3 시장구조의 효율성 비교

완전 경쟁 산업 내 모든 기업들의 한계 비용은 같으며 즉

$$MC_1 = MC_2 = \ldots$$

이며, 장기 균형에서 이것이 장기평균비용(LRAC) 곡선의 최소점과 만나기에 완전 경쟁 시장에서는 생산 효율성이 실현된다. 또한 완전 경쟁

하에서는 한계 수입과 가격은 같기 때문에

$$P = MC_1 = MC_2 = \ldots$$

이 성립한다. 즉 배분 효율성이 실현된다. 이와 같이 완전 경쟁 시장에서는 생산 효율성과 배분 효율성이 동시에 충족된다.

독점에서는 LRAC선상에서 생산하며 여러 공장이 있다면 공장 1, 2, ... 간의

$$MC_1 = MC_2 = \ldots$$

이 되도록 생산을 하기에 생산 효율성을 가진다. 그러나 독점 시장에서 가격은 한계 비용보다 크기 때문에 즉

$$P_m > MC$$

이기 때문에 배분 비효율성을 가진다.

이제 과점에서는 경제 효율성이 어떻게 되는지를 보기로 하자. 과점 시장에서도 생산 효율성은 실현되나 과점 하에서의 가격을 P_{olig}라고 하면

$$P_{olig} > MC$$

가 되기 때문에 독점에서와 같은 배분 비효율성을 가진다. 즉 독점에서와 같이 과점에서도 생산 효율성과 배분 非효율성을 가진다. 그러면 과점이 독점보다 선호되는 이유는 무엇인가? 과점간의 경쟁은 신상품이나 새로운 공정 개발을 통한 최장기적인 변화를 촉진하는 데에 보다

바람직한 시장구조라는 것이다. 특히 과점은 최소효율규모(MES)가 클 때 허용 가능한 시장구조이다.

종합하자면 과점은 생산 효율성, 배분 非효율성과 동태 효율성을 가진다고 할 수 있다. 그러나 과점 하에서 기업들 간의 상호 교섭이 가능하기 때문에 서로 담합하여 카르텔을 형성하는 등과 같이 독점적 성격을 띨 수도 있으며 이와 관련하여 배분 비효율성을 더욱 악화시키거나 동태 효율성이 위협받을 소지가 다분하다.

이에 따라 과점 산업에 대한 정부의 역할 즉 공공정책은 기업간 경쟁을 제한하거나 진입 장벽을 높이지 않도록 하게 하는 것뿐만 아니라 기업들로 하여금 과점 시장의 동태적 효율성을 추구하도록 하게 하는 즉 연구개발을 통한 신제품 개발이나 생산 단가를 낮출 수 있도록 하게 한다는 데에 있다.

10.2 경쟁 촉진을 위한 공공정책

독점, 카르텔 및 가격을 일정하게 정하고자 하는 협약은 그것이 명시적이든 암묵적이든 간에 과거 1세기 동안 불법적인 것으로 간주되어 왔다. 또한 이러한 것들과 함께 반경쟁적인 행태는 독점적 관행으로 여겨져 왔다. 경쟁을 고무시키고 독점적 관행을 못하도록 하는 법규나 수단은 反트러스트 정책에 의해서 행해졌다. 또한 각국의 정부는 경제 규제를 행하여 그러한 틀 속에 기업들이 사업을 행하며 가격을 결정하게 하였다. 전력과 시내 전화 요금은 경제 규제에 포함되는 대표적인 예이다.

경제 효율성 개념은 反트러스트 정책과 경제규제에 대한 합리적 기준을 제공한다. 反트러스트 정책은 시장에서 경쟁을 증가시킴으로 효율성을 증진시키기 위해 사용된다. 유효 경쟁이 불가능한 경우(전력 업체와 같은 자연 독점의 경우에서와 같이)에는 경제 규제에 의해 경쟁 효과를 갖도록 한다. 즉 기업들이 생산을 적게 하여 높은 가격을 부과하는 것과 같은 독점력을 행사하지 못하도록 함으로 소비자들을 보호하고자 한다는 것이다. 반면 효율성 제고를 위해 취해진 공공 정책이 종종 효율성 감소를 초래한 경우가 존재한다. 이러한 이유는 정책 입안자는 반 트러스트 정책을 취급할 때 효율성만을 고려하지 못하기 때문이다.

10.2.1 자연독점을 통제하는 공공정책

규모의 경제에 기인하여 단지 하나의 기업만이 존재할 수밖에 없는 산업의 경우에 자연 독점은 필연적인데 이 경우에 경제 효율성을 실현하기 위해서 정부 개입의 필요성이 존재한다. 이에 대한 방법으로는 정부가 독점 기업의 공공적인 소유자로서 행사하거나 사적 소유권은 인정하되 독점 기업의 행태를 규제하는 것이 있다. 한국이나 유럽에서는 전자의 방식이 주로 애용된 바 있으며, 미국의 경우는 후자의 방법이 주로 적용된 바 있다.

1) 기간별 분류에 의한 직접 통제

이제 다음에 단기와 장기 및 최장기를 구별하여 즉 기간별로 규제가 어떻게 행해지는 가를 소개한다.

(1) 단기적인 직접 통제

국가가 운영하는 지 규제를 하는 지에 관계없이 자연 독점 산업의 가격은 정부에 의해서 결정된다. 통상적으로 이때 가격은 이윤 극대를 실현하지 않도록 하는 범주에서 결정된다.

• 한계 비용 가격결정(Marginal Cost Pricing)

정부는 소비자잉여와 생산자 잉여의 합이 가장 커지도록 가격이 단기 한계 비용과 같도록 가격을 결정할 수 있다. 이와 같이 효율적 생산을 가능하게 하도록 가격을 결정하는 방식을 한계비용 가격결정(Marginal Cost Pricing)이라고 한다. 그러나 이와 같은 가격 결정 방식은 평균 비용이 하락하느냐 증가하느냐에 따라 정반대의 결과를 가진다. 즉 평균 비용이 하락하는 경우에는 한계 비용이 평균 비용보다 적어 부(-)의 이윤 즉 손실을 결과한다. 또한 수요가 아주 커서 평균 비용이 상승하는 부분까지 생산이 일어나는 경우 즉 최소 효율 규모보다 큰 데서 생산이 일어나는 경우에는 한계 비용이 평균 비용보다 커서 양의 이윤이 발생한다.

• 이부제요금(two-part tariff)

평균비용이 감소하는 경우에 부의 이윤을 회피하는 방법은 소비자들에게 가입에 따른 기본료에 사용에 따른 사용료를 부과하는 방식이다. 원칙적으로 기본료는 고정 비용을 충당하고 사용료는 사용에 따른 한계 비용에 따라 가격을 부과하면 된다. 실제적으로 전력 요금은 약간의 변형된 형태를 취한다. 즉 어느 일정량까지는 기본료를 부과하고 추가적인 소비량에 대해서는 한계비용에 근사한 가격을 부과한다. 이와 같이 수요가 크지 못해 평균 비용이 하락하는 데서 생산이 이루어지는 산업에 대한 이부제 요금의 부과는 한계 비용에 따른 가격을 책정하더라도 비용이 보전될 수 있게 된다.

• 평균비용가격 결정

기업의 평균 수입이 평균 총비용과 같아지도록 하는 가격 결정 방식을 평균 비용 가격 결정방식이라고 한다. 이는 수요곡선이 평균 총비용과 만나는 점에서 가격이 결정됨을 의미한다. 평균비용이 감소하는 경우에 이런 가격 결정은 가격이 상당히 높게 책정되며 생산량은 최적 수준보다 적어진다. 이것은 한계비용 가격결정에 의한 손실을 회피할 수 있게 한다. 평균 비용이 증가하는 경우에는 한계비용 가격결정에서 보다 많은 생산을 하게 하여 한계비용 가격결정에 의해서 결과하였을 이윤보다 적어진다.

평균비용 가격결정은 자연 독점기업으로 하여금 손실을 초래하도록 하지 않지만 배분적 효율성을 달성하지 못한다. 또한 한계 비용가격결정 방식에 의한 기업의 비용 발생은 누군가에 의해서 보전되어야만 하는데 정부가 부담하는 것은 결국은 납세자에게 전가된다. 이에 따라 평균비용 가격결정방식은 한계비용 가격결정방식보다 선호되는 경향이 있다.

(2) 장기

최적 가격결정방식은 가격(P)을 단기 한계비용(SRMC)과 같게 하는 것 즉 P = SRMC이다. 그러나 단기 한계 비용 곡선의 위치는 고정자본의 양에 의존하여 변한다. 그러면 투자에 따라 자본량이 변하는 장기인 경우에 자본 축적을 위해 투자를 결정하는 것들은 어떤 것들이 있는가? 장기적인 가격 결정은 가격을 장기 한계비용과 같게 하도록 즉 P = LRMC이 되도록 정하는 것이다. 만약 시장가격(p)이 LRMC보다 크면 투자가 늘어나서 설비 용량(capacity)은 확대되며 반대로 작으면 설비 용량은 적어진다.

(3) 최장기

자연 독점은 일정한 기술 수준 하에서 다른 기업이 이윤을 확보할 수 없다는 것을 의미하기에 장기적인 개념이다. 그러나 최장기적으로는 기술이 변화하며, 현재의 경쟁적인 산업이 내일의 독점 산업이 될 수 있을 뿐만 아니라 현재의 독점 산업이 내일에는 경쟁 산업이 될 수 있다. 이와 같이 시장 경제는 지속적으로 일어나는 혁신과 성장에 의해 변화하고 있으며 정부 정책도 이러한 환경변화에 따라 변해야 할 것이다.

2) 자연 독점 규제의 실제 문제

(1) 수익률 규제의 등장

정부의 규제로 인하여 자연 독점에서 이윤을 극대화하도록 가격을 설정하지 못하게 함에 따라 여러 가지 문제점을 발생시킨다. 이러한 문제는 규제자가 충분한 자료 부족으로 비용과 수요곡선을 정확히 파악하지 못한다는 데에서 발생한다. 이에 따라 규제자는 이윤 크기에 의하여 가격이 적정하게 책정되었는지를 판단하고자 한다. 즉 규제자는 이윤이 "공정" 수준 이하일 때 가격을 증가시키고 "공정" 수준 이상일 때는 가격을 하락하도록 요구한다. 이와 같이 가격 규제는 실제 적용을 할 때에 이윤 규제에 의해 행해지게 되었으며, 이것을 수익률 규제(rate of return regulation)라고 한다. 이와 같은 수익률 규제는 한계 비용 개념과 경제 효율성 개념이 무시된 것이다.

만약에 평균 비용 가격 결정이 이루어지도록 하는 규제가 효과적으로 행해질 수 있다면 독점 기업은 단지 정상 수익률 즉 영(zero)의 이윤만이 획득할 수 있을 것이다. 그러나 그 逆은 성립되지 않는다. 이것은 회사 경영을 비효율적으로 운영하거나 회계 처리를 조작함에 의해서도 영의 이윤에 도달할 수 있기 때문이다. 이에 따라 가격 결정에 대한 대안으로 수익률 규제를 행하고자 하는 정책 당국은 쓸데없는 자원의 낭비 등 기업의 수많은 여러 가지 다른 행태들도 감독해야 하는 새로운 문제점이 발생한다. 예를 들어 기업들이 '비용 플러스(cost-plus)(비용 + 공정이윤)'를 확보하는 수준에서 이윤 극대 가격 이하로 가격을 결정하도록 규제를 받는다면 기업은 비용을 부풀리고자 하는 유인이 작용할 것이며, 이에 따라 수익률 규제를 하게 되면 규제 기관은 기업의 비용도 감독하여야 되기 때문에 규제를 위한 규제를 낳게 되는 폐단이 존재한다는 것이다.

(2) 수익률 규제

전통적으로 수익률(보수율) 규제는 '비용 플러스(cost-plus)' 접근 방식을 취하고 있으므로, 피규제 기업의 비용 절감에 대한 동기 부여가 낮아질 수 있다. 또한 수익률 규제 하에서 비용 절감은 일반적으로 기업의 이윤 증가보다는 가격 인하의 결과로 이어지기 때문에 위험(risky)하고 이득(profitable)이 있는 기술 혁신에 대한 투자 노력을 약화시킨다. 설령 어떤 기업이 기술 혁신을 달성한다 하더라도, 그로 인해 발생하는 이익을 향유할 수 없게 된다는 사실은 그 기업이 기술 혁신을 위해 부담해야 하는 엄청난 위험과 비용을 회피하게 할 가능성을 높인다.

또한 투자 수익률(총 자본 투자 중에서 순이윤이 차지하는 비율로 정의됨)은 투입된 자본에 대한 비율로 계산되기 때문에 기업의 입장으로서는 과대 투자를 할 유인이 충분하다. 즉 피규제 기업은 효율성을 배제한 채 자본을 증가시키거나 고용을 증가시켜 비용을 부풀리는 데에만 급급할 수 있으며, 소비자나 사회 전체보다는 규제자의 욕구를 수용하는데 더 많은 노력을 기울이고자 할 것이다.

(3) 수익률 규제를 행할 때 행정 당국이 당면하는 점

평균 총비용에는 사업에 투자되었던 자본에 대한 적절한 수익률이 포함된다. 기업은 그 자본에 대한 10% 수익률을 확보한다고 전제하자. 이때 수익률(rate of return)은 순 이윤이 총 투자 자본에서 차지하는 비율로 정의되며, 이때의 총 투자 자본 가치는 요금 기저(rate base)라고 불린다.

규제는 피규제기업의 행동에 영향을 미치기 때문에 중요하다. Averch와 Johnson은 피규제기업은 과감한 자본 투자를 회피하며, 비생산적인 장비를 구입하는 경향이 있음을 보여주었다. 이러한 현상은 피규제 기업이 쓸데없이 비싼 자본을 구입하여 요금 기저를 올리고자 하기 때문에 발생하는 데, 이러한 현상은 규제가 또 다른 규제를 낳는 한

단적인 예를 보여준다.

(4) 공정 수익률

규제 기관은 피 규제자의 자본에 대한 기회비용을 보상하는 수준에서 수익을 보장하여 주고자 한다. 이에 따라 규제 기관은 경제 전반의 수익률을 조사하여 규제 산업의 허용 수익률을 적절히 조정하여 주고자 한다. 그러나 이러한 허용된 수익률의 변화를 위한 정부의 조정 노력은 변화하는 시장 환경에 따라가지 못하는 것이 일반적이었다. 예를 들자면 과거 수 십 년 동안 허용 수익률은 6-9%에 불과하였으나 시장 금리는 1970년대 후반동안 두 자리 숫자로 증가하였으며 1980년대에는 보다 높았다.

(5) 가격 상한 규제의 도입

전통적인 수익률 규제는 기업의 생산 효율성 제고에 대한 인센티브를 감소시키는 동시에 엄청난 규제 비용을 추가적으로 유발시키고 있다. 따라서 피규제 기업이 스스로 원가 절감의 노력을 통해 경영 효율화를 기하는 동시에 규제 비용을 절감시킬 수 있는 인센티브 규제(incentive regulation) 방식이 도입되게 되었다. 산업별 시장 여건과 규제 환경 차이로 인해 인센티브 규제 방식은 다양한 형태를 취할 수 있는데, 그 중에서도 가장 대표적이며 널리 알려진 방식은 가격 상한 규제(Price Cap Regulation) 방식이다.

피규제 기업에게 엄격한 수익률 상한을 적용하는 수익률 규제와는 달리, 가격상한규제는 기업으로 하여금 생산효율성을 극대화하게 함으로서 자신의 이익을 증가시킬 수 있도록 하여 준다. 따라서 기업이 비용을 절감하면 할수록 더 높은 이윤을 실현하게 되도록 한다면 생산성 향상의 인센티브는 자연스럽게 높아지게 된다. 결국 가격 상한 규제 하에서 기업의 고수익은 요금인상을 통해 이루어지는 것이 아니라 경영 효율성의 제고를 통해 달성될 수 있게 된다.

10.2.2 과점을 통제하려는 공공정책

1) 정부 개입 형태

1980년대까지만 하여도 각국 정부는 과점 시장에 대한 개입을 행하는데 크게 두 가지 형태를 취한다. 하나는 한국이나 유럽에서 보는 바와 같이 철도, 철강, 석탄과 같은 산업의 국영화 형태이다. 이 국영기업은 정부에 의해 인선된 이사회에 의해서 운영된다. 다른 하나는 미국에서 보는 바와 같이 항공, 철도, 전력 회사를 민영화하는 대신에 정부가 규제를 취하는 형태이다.

2) 정부의 직접 통제에 대한 비판

국영화나 규제에 의해 과점을 통제하려는 과거의 정부의 개입 논리는 다음에서 보는 바와 같이 과점 산업의 경제 성장 공헌도, 교차보조 및 경쟁으로부터의 보호와 같은 여러 가지 역사적인 경험을 겪은 후에 비판을 받게 되었다.

(1) 과점과 경제 성장

과점은 20세기 경제 성장을 이끄는 데에 주도적인 공헌을 하였다는 것이다. 제품 혁신이나 생산 공정 혁신이 지속적으로 이루어졌으며, 이에 따라 생활 수준은 높아지고 생산성은 증가하게 되었다. 이러한 혁신은 대부분 자동차, 철강, 석유제련, 화학과 정보통신과 같은 과점 산업에 있는 기업들에 의하여 주도적으로 이루어졌으며, 이에 따라 일부 경제학자들은 과점 기업들이 서로 경쟁하는 한은 그들이 정하는 가격과 과점 기업들이 처해 있는 시장 상황들을 규제할 필요가 없다고 주장하였다.

(2) 교차보조

규제 기관은 여러 가지 서비스를 제공하는 기업을 규제하는 데 있어서 각 서비스별로 발생하는 비용을 반영하여 가격을 책정하지 않고 어느 한 서비스에 의해 얻어진 이윤을 다른 서비스를 보다 많이 제공하도록 보조하여 주도록 하는 규제 정책을 시행하였다. 이것은 소위 교차보조(cross-subsidization)라로 불리는 정책이었다. 즉 규제 기관은 시외전화가 시내 부문을 장거리 항공료가 단거리 항공료를 보조하여 주도록 하였다. 이러한 가격 정책은 부유한 서비스 사용자들로부터 빈곤한 서비스 사용자들을 보조하도록 하는 데 목적이 있었다.

그러나 이러한 사용자들이 교차보조를 적용하지 않는 외국 기업과 경쟁하는 국내 기업들인 경우에는 국내 기업의 국제 경쟁력을 약화시킬 수 있다. 더군다나 교차보조는 어떤 서비스에게는 한계 비용에 초과하는 가격을 부과하게 하고 다른 서비스는 보다 낮은 가격을 부과하게 함으로 후생(소비자 잉여+ 생산자 잉여)을 극대화하는 가격 결정이 아니다.

(3) 경쟁으로부터의 보호

스티글러(George Stigler)의 포획설(捕獲說)에 따르면 규제 기관은 피 규제기업을 규제하는 대신에 그들을 오히려 보호하였다고 한다. 예를 들면 미국 철도 요금은 원래 상한선을 설정함으로서 이윤을 억제하려고 하였으나 트럭과 같은 운송 형태의 경쟁으로부터 보호하기 위하여 화물 운송 요금에 대한 하한선을 설정하고 가격차별을 허용하도록 한바 있다. 이와 유사한 예는 소비자 보호보다는 기업들을 옹호하기 위하여 미국 항공 요금의 가격 경쟁을 제한한 것에 대한 예에서도 찾아볼 수 있다. 그러면 왜 규제 기관은 소비자들을 보호하는 대신 기업을 보호하고자 하는 것인가? 규제 기관이 규제를 위해 해당 분야의 전문가를 선택할 때 그들은 각 관련 회사에서 일하는 인원들로 구성되어 있어서 결국에는 자기 회사에 유리한 정책을 유도할 수밖에 없기 때문이라는 것이다.

3) 규제 완화와 민영화

1980년대 상당수 국가에서는 다음과 같은 경험들에 의해 산업에 대한 정부의 규제 완화 움직임을 볼 수 있었다.

- 규제는 경쟁을 증진시키기보다는 상당한 경우에 있어서는 오히려 경쟁을 약화시킨 결과를 낳았다.
- 공기업이 민간기업보다 효율성, 생산성 증가, 산업성과에 보다 좋은 결과를 가진다는 억지논리가 없어졌다.
- 민간 독점업자의 공기업화가 산업성과에 큰 성과를 가져오지 않으나 그 반대로 민간 과점업자를 공기업화 함에 의해 독점하도록 하는 경우에 경제성과가 악화된 사례가 존재하였다.
- 운송, 통신 수단의 발달로 국내시장 경쟁보다는 국제 경쟁이 대두되었다.

이러한 경험들에 의해 얻어진 결과는 과점하의 기업들에게 가격을 결정하고 진입을 결정하는 선택권을 주도록 하였을 뿐만 아니라 국영기업들의 민영화를 추진하게 하였다. 미국의 경우 항공, 운송 사업, 은행 및 천연 가스 생산 및 장거리 전화 사업자가 이와 같이 하여 정부 규제로부터 벗어났다. 이 결과 항공 서비스의 경우에 요금 하락, 다양한 서비스 출현이 일어났으며 소비자들은 다양한 패키지 상품에 의해 풍요로운 여행을 즐기게 되었다. 직행 항로의 수가 감소된 대신 많은 중간 경유지가 발생하였다. 항공사는 주요 항로에만 대형 항공기를 사용하고 대신 많은 소규모의 기착지에는 중소형기를 이용하여 승객을 운송하였다. 이에 따라 평균 고객은 증가하였으며, 그에 따른 고객 당 평균 비용도 감소하였다.

규제 완화에 대한 경험으로 중요한 것은 완전 규제나 완전 규제 완화보다 부분 적인 규제 완화가 해독한 경우가 존재한다는 것이다. 이러한 경우는 금융기관이 행하는 투자결정에 대해서는 무제한으로 허용한 대신 예금에 대해서는 미국 정부가 100% 지불보증을 한 것과 같은 예에서 볼 수 있다. 이에 따라 금융 기관들은 고객 유치를 위해 고금리를 제공한 대신 위험성이 있는 무리한 대부를 행한 결과 1980년대에 많은 금융기관들이 도산한 바 있다.

4) 경쟁 유지 정책

이상에서 학습한 바와 같이 정부의 공공정책은 기업들 간 경쟁을 유지시키려는 정책에 초점을 맞추어야 한다고 할 수 있다. 즉 과점 기업들에게 정부가 정한 가격에 따라 판매를 하도록 하거나 진입 퇴출과 관련된 시장 환경에 대하여 정부가 개입을 할 필요가 없는 반면, 불필요한 합병이나 독점가격 수준으로 담합하는 행위를 하지 못하도록 규제를 하여야 한다는 것이다.

10.3 反트러스트 정책

우리나라는 공정 거래법을 제정하여 기업들의 부당한 행위를 제재하고 있다. 이 공정거래법은 일본의 공정 거래법에 근거를 두고 있는데, 일본의 공정 거래법은 다시 미국의 反트러스트 법(antitrust act)을 계승한 것이다.[2] 이에 따라 우리나라의 공정거래법을 이해하기 위해서는 미국의 反트러스트 법의 지배적인 흐름을 이해할 필요가 있다. 미국 反

2) 트러스트(trust)는 19세기말부터 미국에서 정착한 기업 결합의 한 형태이다. 트러스트의 원형은 미국의 Standard Oil Trust로서 이것은 여러 기업들의 주주가 그들의 주식을 신탁인(trustee)에게 맡기는 형태를 취하였다. 그러나 트러스트의 의미는 점차 확대되어 동종기업간의 결합, 경쟁 제한 등의 의도를 가지고 형성되는 인적 및 자본의 결합체를 지칭하게 되었다.

트러스트 정책의 주제는 독점력을 행사하거나 경쟁을 제한하지 못하게 함으로서 경쟁을 촉진시키는 것이었다. 反트러스트 정책이 대상으로 하는 반경쟁적인 행동은 다음과 같은 여러 가지 다른 양상으로 나타난다.

가) 기업들 간에 생산물 제한, 가격 인상 또는 시장 분할 등에 대해 담합 협정을 맺는 것
나) 끼워 팔기를 하거나 서비스 제공권에 대하여 지역별 할당(우리나라의 예로 과거 각 시도별로 소주의 판매권을 할당)을 하는 등과 같이 구매자들에게 생산자의 선택을 제한하고자 하기 위한 계약
다) 시장에서 독자적 활동을 하는 기업의 수를 줄이기 위한 합병이나 인수 행위
라) 상대기업들이 파산하도록 하거나 합병에 의해 시장지배력을 크게 하기 위한 시장 지배적 업체의 약탈적 행동
마) 독점적 가격차별

反트러스트 정책의 기초가 되는 법에는 "거래 제한", "독점화", "경쟁의 실질적 약화", "불공정한 경쟁 방법"과 같은 단어들이 많이 나타난다. 그러나 이 단어들은 어떤 경제 상황 또는 어떤 시대적 배경에서 일어났느냐에 따라 해석의 융통성을 부여한다. 그러나 反트러스트 법령의 모호성으로 인하여 법무성과 민간들 간의 의견 대립이 달라 크고 작은 많은 소송제기와 분쟁이 발생하였으며, 결과적으로 反트러스트 정책의 효과는 상당히 늦게 나타나게 되었다.

10.3.1 경쟁 촉진법

1) 셔먼법과 클레이튼법

셔먼법(Sherman Act)은 19세기 후반 기업의 규모가 커짐에 따라 불법적인 행위를 제한하기 위해 나타난 최초의 反트러스트 법(1890)이다. 1절에는 거래를 제한하는 모든 불법적인 계약, 결합, 음모(사기)를 기술하고 있으며 2절에는 독점이 되는 것뿐만 아니라 독점이 되고자 시도하는 것의 불법성을 지적하고 있다.

클레이튼법(Clayton Antitrust Act(1914))에서는 잠재적으로 반경쟁적인 관행을 방지하기 위해 보다 큰 피해를 당하기 전에 법 시행을 집행하도록 강화하였다. 또한 "행위에 대한 효과가 실질적으로 경쟁을 약화"시키는 행위는 불법적인 것으로 명시하고 있다. 7절에는 경쟁 회사의 주식을 취득하는 행위(1950년 수정된 Caller-Kefauver 법에는 실물자산의 구입도 포함시킴)를 불법으로 규정하고 있으며, 2절에는 가격차별을 제한하는 조항을 삽입하고 있다. 또한 연방 거래위원회 법(Federal Trade Commission Act, 1914))에서는 "불공정한 경쟁 방법"을 금지하는 것을 규정하고 있다.

2) 법적 설명의 변화

(1) 합리성 원칙

반트러스트 정책에서 최초로 제기된 중요한 사건은 1911년 대법정에 의해 당시 미국 대부호인 록펠러(Rockfeller)가 소유하고 있었던 두 회사를 분할하도록 명령한 것이다. 록펠러 소유의 석유회사 스탠더드 오일은 철도 업체와의 결합(trust)을 통해 석유 수송망을 장악한 후 사업결합에 참여한 회사와 참여하지 않은 회사에 대한 차별적 운송 요금을 적용하는 방법으로 경쟁 업체들이 하나씩 무너진 결과 19세기말에는 미국 석유 시장의 90%를 장악하게 되었다. 결국 스탠더드 오일은 셔먼법의 적용을 받아 30개로 분할되었다.[3]

합리성 원칙 하에서는 트러스트(결합)가 모두 셔먼법의 대상이 되는 것은 아니고 거래를 제한하는 불합리한 결합만이 셔먼법의 적용을 받는다. 이에 따라 1920년 미 US Steel 회사는 산업의 독점화를 시도하였으나 결국에는 독점을 성취하지 못하였다는 이유로 법 적용에서 면제받게 되었다. 즉 판정에서 기업의 규모 자체는 문제가 되지 않을 뿐만 아니라 (아무리 시장 지배력이 크다고 하더라도) 독점력을 행사하지만 않는다고 한다면 법에 저촉되지 않는다는 것이다.

(2) 새로운 셔먼법

1940년대 초 이후에 反트러스트 관행의 변화가 일어나기 시작하였는데 일부 사안에서는 비록 합리적인 원칙에 따라 행동하였다고 하더라도 反트러스트 법에 저촉된다는 것이다. 불합리적인 행동을 하지 않았는데도 불법적인 독점이라고 보는 판정의 대표적인 사례는 Alcoa사건(1945)이다. 즉 Alcoa사는 기업의 규모가 큰 데도 불구하고 지배적인 기업이 되는 것을 피하기 위해 어떤 노력도 하지 않았다는 이유로 반트러스트 법에 저촉된다고 판정하였던 것이다. 이것은 U.S. Steel 사건의 결정과는 정반대의 결과이다. 이에 따라 IBM, Kodak과 AT&T와 같이 시장 지배력이 큰 회사들은 그들의 행동이 경쟁적인지 독점적인지를 구별하기 위해 면밀히 조사받게 되었다.

(3) 워렌 법정(1953-1969)과 그 이후

워렌(Earl Warren)법정의 출현은 대기업들의 합병을 엄격히 제한(규모의 경제를 실현하기 위한 수단으로 합병은 부적절하다는 암묵적인 이유)하였을 뿐만 아니라 시장점유율이 아주 작은 경우에도 합병을

3) 그때 분할된 회사들이 현재 미국의 주요 석유 사업자인 엑슨-모빌, 아모코, 셰브론 들이다. 이외에도 같은 해 미국 담배 시장의 95%를 독점했던 록펠러 소유의 다른 한 회사인 American Tobacco사도 16개사로 분리됐다.

반대하였다. 단적인 예로 로스엔젤레스(LA)에 있는 그다지 크지 않은 슈퍼마켓의 합병(합병할 경우 시장 점유율이 7.5%)도 반대한 것을 들 수 있다.

워렌이 법정을 떠난 이후에 反트러스트의 판정에 커다란 변화가 나타났다. 즉 경쟁을 제한한다고 하더라도 그것이 정상적인 기업 관행이라면 용인하도록 하였다. 특히 과거 당연 위법(illegal per se; 어떤 환경에서도 불법)에 해당하는 행동에 속하는 항목들을 대폭적으로 제거하였으며, 더군다나 1980년대에는 연방거래위원회와 법정들이 경합가능시장(contestable market)에서는 기업이 높은 시장점유율을 가질 수도 있음을 인정하였다.

Reagan 행정부에서는 경합 가능한 이론에 기초를 두어 새로운 합병 지침을 마련하였는데, 그 지침에 의하면 합병으로 인하여 큰 시장지배력을 가지게 될 때, 비록 가격을 높게 책정하더라도 새로운 기업이 진입할 수 있는 경우에는 합병이 인정된다는 것이다. 실제적으로 Reagan 행정부에서는 과거 십 년 전까지만 해도 불가능하였을 대기업들 간의 합병도 용인(예: General Electric의 RCA 인수)하였다. 이에 대해 상당수 경제학자들은 거의 모든 실물 시장에서는 진입장벽이 어느 정도는(일부 시장에서는 전적으로) 존재한다는 이유를 들어 비판적 견해를 피력하고 있다. 이것은 대부분의 사업에서 생산 판매를 하기 위해 조직을 효과적으로 형성하려면 상당한 량의 (고정)비용이 필요하기 때문이다.

10.3.2 反트러스트 정책의 다른 목적

反트러스트는 탄생 초기부터 두 가지 의미 즉 하나는 반(反) 독점, 다른 하나는 반 대기업을 염두에 두었다. 셔먼법의 지지자들은 反트러스트 법의 목적을 대기업으로부터 중소기업을 보호하거나 연방 거래위원회 법(1914)에 의거한 "불공정 경쟁"을 제거하는 것으로 보았다.

그러나 그 때부터 1970년대(Black과 Douglas가 대법원을 떠난 시점)까지는 중소기업의 강력한 보호를 위하는 대중적 견해(populist view)가 지배된 시기였다. 이에 따라 거래자를 보호하기 위해 가격 경쟁에 대한 제한을 허용(Chicago Board of Trade:1918)하였으며, 석탄 생산 중소업체들의 수입(收入)을 유지시키도록 생산량 제한을 허용(Appalachian 석탄 사건(1933))하였다.

이때 정책자들의 주된 관심은 독점이 소득분포에 미치는 영향이었다. 독점력이 상대적으로 부유층보다 빈민층에 의해서 행하여질 때는 정부에 의한 보호(예: 농부들은 생산 제한, 높은 가격 부과, 반트러스트에 저촉되는 협력으로부터 보호)를 받았다. (그러나 역설적으로 이러한 보호로부터 혜택을 받은 농부는 가난한 농민보다는 가장 부유한 농민들이었다) 또한 노조의 활동은 반트러스트 법 적용으로부터 제외되어 노동 카르텔을 허용하게 하여 노동자들의 소득 증가를 가능(기업 경영자와 주주는 평균소득이상으로 간주)하게 하였다. 그러나 현재에는 과거의 기업규모가 작음에 따른 보호되어야 한다는 견해에서 한발 물러났다.

가) 제조업자가 소매가격을 결정하여 가격 경쟁을 하지 못하게 한 공정 거래법은 쇠퇴하게 되었으며,

나) 의회와 법정은 "불공정한" 거래 관행에 대해 제약을 가하는 연방거래위원회의 능력을 제한하였고,

다) Reagan과 Bush 행정부의 반트러스트 담당 부서는 기업들이 결합하여 어느 적정가격에 동의(가격 고정)하는 것을 명백히 반경쟁적인 관행으로 보는 반면,

라) 법무성은 가격차별(이것은 언뜻 보기에는 제한적이지만 기업들에게 경쟁적인 수단일 수도 있음)과 같은 일부 관행들에 대해서는 경시한다는 것이다.

10.3.3 반트러스트 정책의 성공 여부

반트러스트 정책이 그러면 미국의 경제 발전을 가져온 원동력이 되었느냐 하는 의문점이 제기될 수 있을 것이다. 보다 구체적으로 미국의 산업구조가 거의 1세기 동안 얼마나 많이 반트러스트 정책에 의하여 영향을 받아왔는지 또는 반트러스트 정책이 없었다면 또는 현존 법이 좀더 강력하게 시행되었다면 얼마나 다른 결과를 가져왔는지에 대한 의구점이 제기될 수 있을 것이다.

반트러스트 정책의 성공 평가에 대한 경제학자의 견해는 가격을 고정하는 것을 못하게 하고 제한적인 관행을 금지시키게 한 것에 대해서는 성공하였다고 판정하나 기본적인 경제 구조에 대한 영향은 없었다고 본다. 반트러스트 정책의 성공여부는 현존 미국 경제 구조에 대한 이유를 어떻게 보느냐에 달려있다.

10.4 정보통신분야의 정부 규제와 반트러스트 정책

불과 20년 전 만해도 미국 등 선진국을 포함한 대부분의 국가들이 오늘날처럼 경쟁 체제의 도입을 예상하지 못하였다. 정보통신 서비스 산업이 가지는 높은 매몰 비용과 규모의 경제와 범위의 경제 논리에 의해 이 산업은 자연 독점이라고 하는 과거의 논리가 무너졌던 것이다. 즉 기술의 급속한 발달과 그에 따른 통신 서비스 수요의 급증으로 통신 시장에 진출을 모색하는 사업자가 증가하게 되었다. 규제 기관들도 이와 관련하여 지속적으로 통신 시장 내 경쟁도입 및 활성화를 강력히 추진하여 왔다. 이러한 시장여건 및 규제환경의 변화로 그 동안 적용되어 왔던 규제 방식은 경쟁 체제하에서 적용하기에는 많은 문제점을 드러내고 있다. 이러한 시점에서 정부의 규제 제도가 변화하여야 하는 지, 또한 변한다면 어떻게 변화되어야 하는가를 살펴보기로 하자.

10.4.1 선진국의 규제 기관

미국의 통신 시장에 대한 규제는 기본적으로 주내 서비스는 주공익사업위원회(PUC)가 관장하고 있으며, 주의 경계를 넘어서는 서비스는 연방통신위원회(FCC)가 관장하고 있다. 즉 FCC는 대표적인 독립 위원회 형태의 규제 기관으로서 정책 입안에서부터 사업자간 인수 합병 승인까지 가장 폭넓은 권한은 지니고 있다. 그럼에도 불구하고 공정 경쟁을 위협할 소지가 있는 기업 결합 사안에 대해서는 미국 법무부(Department of Justice)의 반독점국(Antitrust Division)의 승인을 받아야 하며, 최종 결정은 주공익사업위원회(PUC) 등의 의견을 종합하여 FCC가 내리게 된다.

영국의 OFTEL도 통신산업에 대한 전반적인 권한을 모두 소유하지만, 경쟁법과 관련된 기업결합에 대해서는 주요 경쟁규제기관인 공정거래청(OFT : Office of Fair Trade)과 경쟁위원회(CC : Competition Commission)와 협조하여 업무를 처리하고 있다.

한편, 독일과 프랑스는 독립 규제기관을 별도로 설립한 경우에 해당한다. 독일은 1998년 1월 독일연방 경제부 산하에 통신 우편 규제기관(RTPC: Regulation Authority for Telecommunications and Posts)을 신설하였다. RTPC는 기존에 통신·우편 분야의 정책기능을 수행하였던 연방우편통신부와 경쟁법 관련 규제기능을 수행했던 연방우편통신위원회의 기능을 통합 관할하는 단일의 통신전문 규제기관이다. 주요 임무는 공정경쟁 보장을 위한 상호접속과 설비제공 조건 등에 관한 규제, 기술적 규제 및 비차별적 접근 방지, 경제적 측면 및 기술적 진보를 고려한 정책결정, 통신과 우편 서비스의 합당한 제공보장 등으로 통신에 관한 광범위한 규제권한을 보유하고 있다.

〈표 10-1〉 미국의 통신 규제 기관

<table>
<tr><th colspan="4">구　분</th><th>규제주체</th></tr>
<tr><td rowspan="7">고정전화</td><td rowspan="4">회선설비를 갖는 사업</td><td rowspan="2">장거리 통신</td><td>주제/국제통신</td><td>FCC</td></tr>
<tr><td>주내장거리통신</td><td rowspan="3">주공익사업 위원회</td></tr>
<tr><td rowspan="2">지역통신</td><td>주내근거리통신</td></tr>
<tr><td>주내통신</td></tr>
<tr><td colspan="2" rowspan="3">재판매사업</td><td>주간/국제통신</td><td>FCC</td></tr>
<tr><td>주내통신</td><td rowspan="2">주공익사업 위원회</td></tr>
<tr><td>시내통신</td></tr>
<tr><td rowspan="2">이동전화</td><td colspan="3">셀룰러 전화/PCS</td><td>FCC</td></tr>
<tr><td colspan="3">무선호출</td><td>FCC</td></tr>
</table>

프랑스의 경우에는 통신정책을 입안하는 것은 정부부처의 몫이지만, 기간 통신 사업자의 허가와 보편적 서비스 기금 책정 및 사업자 분담금 승인과 같은 경제적 규제는 대부분 통신규제위원회(ART)와의 심의를 거쳐 이루어진다. ART는 통신법 개정에 따라 정부부처의 정책 입안시 자문역할을 수행할 뿐만 아니라, 공정경쟁의 주요 쟁점이 되는 상호접속의 이용약관 승인하고, 번호와 주파수 배분과 관련된 기술적 규제를 담당하고 있다. 또한 정보부처의 위임을 받아 국제간 통신 협상시 대표 역할을 수행한다. 이처럼 미국의 FCC를 포함해서 영국의 OFTEL, 독일의 RTPC, 그리고 프랑스의 ART는 모두 통신 전문 규제기관으로 경쟁이 도입된 오늘날에도 통신산업을 아직까지 공공산업으로 간주하여 별도로 규제하고자하는 각국의 의지를 보여주고 있다고 하겠다.

10.4.2 정부 규제의 근거 논리

1) 자연독점(natural monopoly) 논리

정보통신산업은 오랫동안 규모의 경제 및 범위의 경제가 큰 자연독점산업으로 간주되어 왔다. 자연 독점으로 인한 경제비효율성 극복에 대한 대안은 진입규제를 통해 독점을 보장해 주는 동시에 추가적으로 가격 규제를 행하는 방법, 독점권에 대한 입찰 방식(franchise bidding), 그리고 독점 공기업을 도입하는 방법 등으로 요약된다. 우리나라에서 오랫동안 한국통신에 의한 공기업 체제가 독점적으로 유지되었던 것은 바로 이러한 자연 독점 논리에 근거한 것이었다.

자연 독점 논리에 근거한 정부의 진입 규제에 대한 반론은 크게 두 가지를 들 수 있다. 그 중 하나는 경합가능시장이론(contestable market theory)의 발전에 의한다. 시장이 경합적인 상황 하에서는 독점적 행위가 효과적으로 제어될 수 있기 때문에 진입 규제는 필요하지 않게 된다는 것이다. 그러나 이러한 경우에도 진입 규제가 필요하다는 논리는 시장이 유지 가능(sustainable)하지 않을 경우에 성립한다. 그러나 정부의 진입 규제에 대한 반대론자들은 현실적으로 정보통신산업이 유지가능하지 않을 가능성을 매우 적다고 한다. 또한 그들은 정보통신산업은 초기 설비투자비의 축소, 상호접속을 통한 시장 진입 확대, 기존 정보통신망을 대체할 수 있는 새로운 정보통신기술의 발전 등에 의해 경합가능시장의 특성을 가지고 있기 때문에 자연독점에 대한 전통적인 진입 규제 논리는 더 이상 적용될 수 없다고 한다.

자연 독점 논리에 근거한 정부의 진입 규제에 대한 반론 중의 다른 하나는 정보통신산업이 과거에는 자연 독점 산업일 수 있었으나 기술의 발전 등 환경적인 변화에 의하여 더 이상 자연 독점 산업이 아니라는 것이다. 정보통신 산업 중 마지막으로 자연 독점 논리가 적용될 수 있는 부문은 아마도 중복 투자에 따른 사회적 손실이 큰 시내 전화 부문일 것이다. 그러나 시내 전화 부문에서도 중복 투자의 논리가 사라지고 있는 데, 이러한 원인은 기술 발전에 의하여 현재에는 CATV, 무선 및 인터넷 전화와 같은 대체적인 수단에 의하여 시내 전화 서비스가 가능하게 되었기 때문이라는 것이다.

시내 전화 부문에 대하여 과연 아직도 자연 독점 논리가 적용될 수 있는 지에 대한 쟁점은 또한 다음과 같이 추론될 수도 있다. 만일 자연독점인 경우 경쟁 도입은 중복 투자로 인한 경제 비효율성을 초래할 것이며, 자연독점이 아닌 경우 자연 독점 논리에 근거한 진입 규제는 경쟁 제한으로 인한 경제 비효율성을 초래할 것이다. 이 두 가지 오류의 중요한 차이는 가능성과 확실성에 있다. 즉 전자가 판단오류에 따른 잠재적 비효율(potential inefficiency)이라고 한다면 후자는 확실히 존재하게 될 비효율성(potential inefficiency)이라는 점이다. 이에 따라 경쟁을 허용했을 때 경쟁이 실제적으로 발생할 가능성을 미리 배제하는 것은 잘못된 선택이 될 수 있기 때문이다. 또한 새로이 건설되는 초고속 정보통신망 건설을 조기에 구축하기 위한 바람직한 정책적 수단은 경쟁적인 환경 하에서 네트워크를 건설하게 하는 것이다.

이상에서 본 바와 같이 자연 독점의 논리는 시내 전화 부문을 포함한 정보통신 산업에 대한 정부의 규제를 더 이상 정당화할 수 없다. 우리나라에서도 시내 전화 부문에 경쟁을 허용한 것은 규제 기관 스스로 더 이상 중복 투자의 논리로 경쟁을 제한하지 않겠다는 것을 의미한다.

2) 네트워크 외부성(network externality)

네트워크 외부성(또는 외부효과)은 소비자의 효용이 그 재화를 사용하는 소비자의 수에 따라 증가하는 현상을 의미한다(자세한 내용은 3장 참조). 전화나 PC 정보통신 등은 이용자의 수가 늘어날수록 소비자의 효용이 증가하는 네트워크 외부성을 나타낸다. 이제 네트워크 외부성이 존재하는 산업에서 정부의 개입이 필요하다는 논리를 살펴보기로 하자. 정보통신 서비스 산업은 이용자가 늘어날수록 네트워크 외부효과에 의한 효율성이 증진됨으로 서비스 이용 촉진을 위한 정부의 개입이 필요하다. 그러나 이러한 효율성의 논리는 시장이 성숙한 상황에서는 사라진다.

시장이 성숙한 상황에서는 네트워크 외부성의 존재에 의해 발생된 독점적 지위에 대한 규제를 위해 정부의 개입이 필요하게 된다. 네트워크 외부성 하에서는 네트워크를 상당한 규모 이상 확보하게 되는 기존 기업은 신규 기업과의 경쟁에서 전략적 우위를 갖는 선두 주자의 우위(first mover advantage)를 갖기 때문에 시장구조가 독점적으로 될 가능성이 크다는 것이다. 이는 소비자들은 신규 기업이 품질이나 가격 또는 이용의 편의성 측면에서 현저하게 우수한 서비스를 제공하지 않으면 네트워크 규모가 작은 신규 서비스로 전환하지 않을 것이기 때문이다. 이에 따라 정보통신 시장이 네트워크 외부성으로 인하여 독점적 시장구조가 될 가능성은 독점 규제를 위한 정부 개입의 필요성을 가지게 한다.

3) 애로설비의 존재와 지렛대 효과

정보통신 부문은 시내 전화 네트워크와 같은 애로 설비(bottleneck facility) 또는 필수 설비(essential facility)를 가지기 때문에 시장이 경쟁적이라고 하더라도 정보통신 부문, 특히 시내 전화 부문에 대한 정부의 규제가 필요하게 된다. 애로 설비가 존재하기 때문에 정부 규제가 정당화되기 위한 조건은 첫째, 애로 설비를 한 기업이 배타적으로 보유하고 있으며 둘째, 경쟁 사업자들이 그 설비를 중복 보유하는 것이 실질적으로 불가능하고 셋째, 애로 설비에의 접근이 허용되지 않으면 시장에서 실질적인 경쟁이 일어나지 않게 되는 경우이다.

한 시장에서의 독점력을 바탕으로 다른 (경쟁) 시장에서도 우위를 차지하고자 하는 것을 지렛대효과(leveraging effect)라고 한다. 애로 설비가 존재하는 서비스 부문에서의 독점력을 이용하여 타 서비스 부문에서 우위를 차지하는 방법으로는 동등 접속(equal access)을 방해하는 방법, 독점 부문으로부터 얻어진 이득을 경쟁 부문으로 교차보조(cross subsidization)를 하는 방법, 서비스를 통합(bundling)하여 제공하는 방법 등을 들 수 있다. 이와 같은 독점력 확산을 방지하기 위한 정부 개입은 독점 부문에 경쟁을 도입하는 방법, 독점 부문과 경쟁 부문간의 사업을 분리(또는 분리 회계를 작성)하는 방법, 교차 보조나 불공정 접속 등과 같은 행위를 공정 거래 차원에서 감시하고 규제하는 방법이 있다.

4) 보편적 서비스(universal service)

공익 목표의 실현은 형평성의 논리에 따라 보편적 서비스 제공을 위해 정부가 시장에 개입해야 한다는 또 다른 근거를 제공한다. 즉 정보통신 서비스가 보편적 서비스의 특징을 가진다고 하면 이윤이 없는 산간벽지에까지 통신 시설을 구축하여야 하며, 탄력적인 요금 적용이 아닌 전국적 균일 요금을 적용하는 등과 같은 정부의 규제가 필요하다. 이 때 규제 정책을 효율적으로 실현하기 위해서는 먼저 보편적 서비스의 범위, 소비자 계층의 분류가 전제되어야 함은 물론이다.

5) 희소자원 배분

주파수를 이용하는 무선 통신 서비스의 경우에는 희소성의 원칙이 적용된다. 즉 무선 통신 서비스를 제공하기 위한 주파수는 한정되어 있는 희소 자원이기 때문에, 초과 공급이 존재하게 되어 배급(rationing)은 필연적이며, 이를 위한 정부의 개입이 요구된다. 인위적으로 사업자 수를 제한하는 것은 본래 정보통신 규제의 대상에서 벗어나지만 주파수 배분의 문제만은 예외이다. 주파수를 효율적으로 배분하기 위한 수단으로 경쟁 입찰 방식(auction 혹은 competitive bidding)을 도입하는 것과 같은 정부의 시장 개입이 필요하게 된다.

6) 비대칭규제 혹은 차별적 규제

정보통신 시장에 대한 정부 개입의 마지막 근거 논리는 소위 '경쟁을 보호하기 위한 경쟁자 보호' 의 논리이다. 이러한 논리는 경쟁의 효과가 비슷한 경쟁력을 가진 기업들 간의 경쟁 하에서 극대화된다는 가설을 전제로 한다. 경쟁 촉진을 위해 신규 사업자를 인위적으로 보호하거나 혹은 기존 사업자의 경쟁력을 인위적으로 제한하는 차별적 규제 혹은 비대칭규제는 많은 나라들의 관행이었다.

우리나라의 경우 데이콤이 국제전화시장에 진입했을 때 한국정보통신의 요금인하를 규제함으로서 신규사업자를 지원했던 차별적 규제는 바로 이러한 경쟁자 보호의 논리에 의한 것이었다.

7) 종합

독점 구조 하에서 정부 규제는 후생을 극대화하는 가격을 결정하고자 하는 것이었으며, 과점 하에서 정부 규제의 기본원칙은 경쟁 촉진을 통한 경쟁력 제고라는 것이 라는 것을 학습한 바 있다. 현재 정보통신 분야는 시장구조가 독점에서 과점적인 구조로 변하였기 때문에, 이러한 경쟁적 환경 하에서 정부 규제의 목적은 시장을 통한 경쟁이 활성화되도록 하는 데 있다.

우리는 위에서 제기된 여러 가지 사안별 정보통신산업에 대한 정부 개입의 근거 논리를 살펴보았다. 이에 따르면 자연 독점의 논리와 비대칭 규제에 대한 논리는 더 이상 정부 개입의 근거 논리로서 정당성을 갖지 못한다. 그러나 네트워크 외부성, 애로 설비의 존재와 지렛대 효과, 보편적 서비스, 그리고 희소자원의 배분이라는 다섯 가지는 정부 개입이 필요하다는 근거 사유가 된다.

실제적으로 정보통신시장에 대한 정부 개입 논리는 진입, 요금, 보편적 서비스, 그리고 접속의 네 가지 분야에서 발생한다. 진입 규제 논리는 자연 독점 논리의 쇠퇴와 함께 지속적으로 감소하고 있다. 사업자의 수를 정부가 결정하지 않는다는 WTO 기본정보통신협상의 원칙은 주파수 배분을 제외한 모든 정보통신서비스 분야에서 더 이상 진입 규제가 필요하지 않음을 단적으로 보여준다.

요금 규제는 음성 전화와 같은 최종재에 대한 요금 규제와 중간재에 해당하는 접속료(access charge)에 대한 요금 규제로 구분된다. 시장 지배력을 갖는 기업에 대한 최종재의 요금과 접속료에 대한 규제는 경쟁 환경 하에서도 지속적으로 요구되는 규제에 해당된다. 중요한 것은 경쟁 보장을 위한 사전적 요금규제가 오히려 경쟁을 왜곡하지 않도록 규제 대상과 규제 방법을 정하는 것이 경쟁 구조 하 요금 규제의 핵심 과제이다.

독점구조 하에서는 보편적 서비스의 제공은 독점 사업자의 내부 사업 부문들 간의 교차 보조에 의해 이루어졌다. 그러나 경쟁구조 하에서는 교차 보조에 의한 보편적 서비스 제공은 불가능하다. 보편적 서비스 제공과 같이 형평성만을 추구하는 정책 목표는 필연적으로 시장 경쟁을 왜곡시켜 효율성을 저해한다. 경쟁구조 하에서 형평성과 효율성간의 상충(trade-off)을 전제로 하는 보편적 서비스 제공을 위한 정부규제는 경쟁 중립적(competition neutral)이거나 또는 유인 일치적(incentive compatible)인 것이 되어야 할 것이다.

마지막으로 접속에 있어서 정부 규제는 공정 경쟁의 확보하는 차원에서 필요하다. 단기적 관점에서 경쟁 촉진을 위해서는 망 접속을 최대한 보장하여야 한다. 공정 경쟁을 위하여 어떤 경쟁 사업자에게도 접속을 반드시 보장하여야 할뿐만 아니라 동등한 접속을 보장하여야 하도록 하기 위한 정부의 규제가 필요하다는 것이다. 그러나 장기적인 관점에서 이러한 접속 보장은 보다 경쟁적 사업자로 하여금 네트워크의 구축을 억제하는 결과를 야기할 수도 있다. 미국에서 1996년 정보통신법의 개정으로 CATV 사업자가 자사의 네트워크를 이용하여 전화 사업을 할 수 있게 되었음에도 불구하고 전화 사업에 진출을 유보하고 있었던 예는 대체적인 네트워크의 구축에 따른 비용보다는 지배적 사업자의 네트워크 접속에 대한 비용이 더 작다고 판단한 때문으로 추측된다.

10.4.3 요금 규제

최종재에 대한 요금 규제와 중간재에 해당하는 접속료(access charge)에 대한 요금 규제는 이론적으로 동등한 분석에 입각한다. 이에 따라 여기서는 최종재와 중간재에 대한 요금 규제에 대하여 총괄적으로 설명하기로 한다. 또한 기존 접속료 규제 제도의 문제점과 접속료 규제에 대한 해외 사례를 보기로 한다.

1) 요금 규제 현황

우리나라의 현행 요금 규제는 기본적으로 비용 기저 가격 규제(cost-based price regulation) 혹은 수익률 규제(rate of return regulation) 방식을 취하고 있다. 그러나 이러한 규제 방식들은 앞에서 본 바와 같이 비효율성을 초래한다. 이에 따라 경쟁 촉진적이면서도 장기적 효율성을 유도하는 새로운 방식의 요금 규제 방식인 가격 상한 규제(price-cap regulation) 등을 포함한 다양한 인센티브 규제(incentive price regulation) 방식을 도입할 필요가 있다. 인센티브 규제는 피(被)규제자 스스로 내부 효율성을 증진시킬 수 있는 규제를 의미한다.

이와 함께 중요한 개선점은 규제 집행의 투명성과 예측가능성이다. 요금 규제가 어떠한 근거에서 도입되며 요금 규제의 방식과 집행 절차가 어떤 것인지 투명하게 공개되어 被규제자를 포함한 모든 경제 주체가 규제의 적용과 그 효과에 대해 예측함으로써 합리적 의사결정을 할 수 있도록 하는 것이 중요하다.

2) 수익률 규제의 문제점

우리는 앞에서 수익률 규제는 '비용 플러스(cost-plus)' 접근 방식을 취하고 있기 때문에, 피규제 기업의 비용 절감에 대한 동기 부여가 낮아질 수 있을 뿐만 아니라 비용 절감이 이윤 증가보다는 가격 인하의 결과로 이어지기 때문에 위험하고 수익성이 있는 기술 혁신 노력을 약화시키며, 투자 수익률이 투입된 자본에 대한 비율로 산정되기 때문에 기업으로 하여금 과대 투자를 유발시킬 수 있음을 보았다.

규제자와 피규제 기업간 '정보 비대칭(information asymmetry)'이 존재하는 현실에서, 수익률 규제의 적용으로 통신 사업자간 접속료 사후 정산이 이루어져야 하는 문제점도 지적되어야 한다. 피규제 기업의 방만한 조직운영이나 불합리한 관리 체제에 보다 적절히 대처하여 접속 제공에 따른 적정 이윤만을 보장해 주기 위해, 규제 기관은 무엇보다도 기업의 실제 발생 원가에 대한 정확한 정보를 가지고 있어야 한다. 일반적으로 규제자는 피규제 기업에 비해 그 기업 내부에 대해 알 수 있는 정보가 적을 수밖에 없으며 그 정보의 대부분도 피규제 기업으로부터 제공된 것이기 때문에, 합리적(reasonable)이며 공정한(fair) 투자 수익률의 산정에 많은 어려움이 수반된다.

3) 접속료 규제의 해외 도입 사례(미국)

통신법 개정(1996년) 이전, 미국 내 지역전화서비스는 장거리전화서비스와는 달리 지역 벨계열 전화회사(RBOCs : Regional Bell Operating Companies, 이하 RBOC)를 비롯한 지역 전화사업자들(ILECs : Incumbent Local Exchange Companies, 이하 ILEC)에 의한 독점 체제가 유지되었다. 이에 따라 1990년 전까지 州間 접속 서비스를 제공하던 ILEC는 FCC로부터 주간 접속료(interstate access charge) 부문에 대한 수익률 규제를 적용받았다.

1980년대 후반부터 통신시장 여건은 급속히 바뀌기 시작하였고, 이러한 변화를 인식한 FCC는 1991년 ILEC에 대한 가격 상한 규제의 도입을 결정하게 되었다. 미국의 접속료 가격상한규제 하에서 피규제 기업은 7개 RBOC 및 GTE 등과 같은 의무적 적용대상 사업자와 기타 중소규모 LEC들과 같은 적용대상 사업자로 구분된다.

10.4.4 보편적 서비스에 대한 규제

1) 기본원칙

보편적 서비스의 제공은 형평성을 중시하는 정책이다. 이에 따라 보편적 서비스의 제공은 필연적으로 효율성을 저해하게 될 것이며 따라서 효율성 저하를 극소화하는 보편적 서비스의 제공 방법을 찾는 것이 중요하다. 보편적 서비스 제공에 따라 효율성 저하를 극소화하는 방법은 경쟁 왜곡을 극소화하는 즉 경쟁 중립적인 수단을 모색하는 것이다.

보편적 서비스 정책에 있어 중요한 고려사항은 대상, 담당주체, 그리고 비용조달의 세 가지로 요약된다. 첫째, 보편적 서비스 정책의 대상은 효율성 극소화 원칙에 따라 최소화되어야 한다. 즉 어떤 서비스가 보편적으로 제공되어야 하는지, 그리고 시장을 통해 이러한 서비스를 제공받지 못하는 소비자 집단은 누구인지를 판단하여 이러한 조건에 해당되는 서비스와 소비자만을 정책 대상으로 삼아야 할 것이다.

서비스의 제공주체는 자기 선택적(self-selecting) 기준에 따라야 한다. 즉 특정 사업자들에 의해서만 서비스가 강제적으로 부과되어서는 안 되며, 사업자들이 스스로 보편적 서비스를 제공할 수 있도록 유인할 수 있는 방법을 고려해야 한다는 것이다. 이는 규제의 효율성을 높이기 위한 일반적인 '인센티브 규제 방식'의 원칙이 보편적 서비스 정책에도 동일하게 적용되어야 함을 의미한다.

마지막으로 비용 조달은 투명성, 공평성의 유지와 같은 원칙을 따르되 사업자들의 경쟁력을 인위적으로 왜곡하지 않는 경쟁 중립적인 방법을 고려하는 것이 필요할 것이다. 예를 들어 특정 사업자에게만 매출액의 일정 비율을 보편적 서비스 기금에 출연하도록 강요한다면 이는 해당 사업자의 경쟁력을 제한하는 결과를 초래할 것이다. 또한 비용 조달 측면과 함께 비용을 사용하는 측면도 중요하다. 조달된 비용을 가장 효율적으로 사용하기 위해서는 보편적 서비스를 최소 비용으로 제공하는 사업자를 선정할 뿐만 아니라 사업자 스스로 비용최소화의 노력을 갖도록 유도하는 유인이 제공되어야 할 것이다.

2) 복지 통신

복지 통신이란 복지 정책의 주된 대상인 저소득층, 장애인, 고령자 등 정보 소외 계층에게 정보통신의 보편적 접근과 이용을 보장하도록 하는 것을 의미한다. 복지 통신은 넓은 의미의 보편적 서비스에 해당된다고 할 수 있다. 이에 따라 보편적 서비스에서와 같이 서비스의 종류와 서비스별 대상 소비자 계층과 같은 복지 통신의 대상을 정확하게 파악하는 것이 중요하다. 즉 청각·시각·언어 장애자와 노인과 같은 소비자 계층의 경우에 정보통신 서비스는 생명선(lifeline)에 해당될 수 있기 때문에, 전화 교환원이나 119 서비스의 접근이 용이하도록 고려되어야 한다.

우리나라의 경우 복지 통신은 시내 및 시외 전화, 이동 전화, 무선 호출, PC 통신, 그리고 장애인용 공중전화 설비에 대하여 장애인, 저소득층, 노인 및 국가 유공자에게 요금을 할인하여 주도록 되어있다.

10.4.5 사례 연구(MS 사의 독점적 지위 판정)

미국 지방 법원은 1999년 11월 마이크로소프트(MS)에 대한 독점 판결을 내린 바 있으며 이에 따라 연방 항소 법원의 감독 아래 조정 협상이 진행되고 있다.

1) 판정 내용

담당 판사인 토머스 잭슨 판사는 1999년 11월 MS측이 윈도 운영체제의 시장지배력을 이용해 소비자와 경쟁 기업에 피해를 줬다는 내용의 예비 판정(Findings of Fact, 정식 판결 전에 내리는 판사의 입장 표시)을 내린 바 있다. 토머스 잭슨 판사는 MS의 반독점법 위반 공판을 백여 년 전 미국의 석유 시장을 완전 장악했던 스탠더드 오일 사건과 비교하여 별다른 차이점을 발견할 수가 없다고 판단하고 있기 때문에 MS도 결국 미 정부에 의해 강제 분할된 스탠더드 오일과 비슷한 운명을 맞이할 것이라는 것이다.

〈표 10-2〉 미 법무부의 MS 독점 판결 대비표

	법	법무부 시각	MS의 주장	Thomas Jackson 판사
독점	시장점유율70% 이상은 독점	MS의 PC 운영체제를 독점적이라고 봄	치열한 기술개발경쟁에 의해소비자가 선택한 결과	MS는 가격결정에 대한 막강한 영향력 보유
담합기도	동종업체간에 가격인상에 함께 동조했다는증거가 있을 경우 담합판정	MS는 '95년 Netscape사에 시장을 분할하자는 불법 제안을 함	'95년 모임은 일상적인 모임이었음	담합 행위에 대한 명시적인 판단의 어려움
끼워팔기	시장효율성, 소비자 이익 측면에서 MS의 의견 인정('98년 판결)	MS는 윈도우에 웹브라우저를 끼워 팔았음	소비자 편익 증진 도모(웹브라우저는 윈도우의 필수요소)	운영체제와 웹브라우저는 별개의 독립적인 제품
배타적 계약	경쟁제한행위금지('86년 판결)	MS는 PC제조업체에게 Netscape사의 홍보 및 제품 배급 중지요구	Netscape사의 홍보 및 제품 배급 막았다는 증거 없음	MS는 PC제조업체에게 자사의 제품 설치 강요

이에 따라 미국 정부는 MS를 3~5개의 '작은 회사'로 분리하는 방안을 고수하는 반면 MS는 이를 절대로 수용할 수 없다는 입장이다. 이러한 예비 판정에 대한 이유는 PC 운영체제(OS)의 90% 이상을 MS의 윈도우가 차지하고 있는 것뿐만 아니라, 신규 업체에 대한 진입 장벽이 형성되었다는 것이다. 또한 자사의 인터넷 브라우저인 Explorer를 부당하게 끼워 팔기(tying sale)하였으며, 소프트웨어를 번들로 팔아 컴퓨터

의 고장 가능성과 소비자에게 부당한 가격 책정을 할 위험성이 있다는 것이다(〈표 10-2〉 참조).

2) MS 측 입장(규제조치 감수…회사 분리는 반대)

1심 최종변론에서 MS의 변호인은 자의적으로 가격을 올리거나 경쟁의 규칙을 어긴 적이 없다는 기존 주장과 함께 윈도 소프트웨어를 교묘하게 고쳐 악용하려는 자들이 많기 때문에 저작권 보호 차원에서 권리 행사를 하였다는 저작권 논리를 주장하였다. 그러자 잭슨 판사는 와든 변호사에게 저작권 보호 차원의 행동을 입증하는 증거를 제시한 적이 없다는 이유로 저작권 보호라는 주장을 받아들이지 않았다.

MS는 또한 첨단기술에 바탕을 둔 현대 경제가 디지털 경제를 기반으로 하는 이때 MS사의 분리는 오히려 소비자에게 더 높은 가격을 부과하게 함으로서 산업 발전에 역행할 수 있다는 논리를 취하고 있다. 또한 마이크로소프트(MS)는 미국 정부와의 반독점법 위반 소송문제를 해결하기 위한 다른 하나의 대안으로 일부 제한 조치를 받아들이는 것을 제시한 바 있다. MS는 PC 제조업체에게 자사 운용 체제 사용을 강요하는 기존의 계약 관행을 파기하고 윈도 내부 작업 방식인 '소스코드'를 공개하겠다고 제안한 것이 그것이다. 그러나 MS가 이와 같은 조치를 정부가 만족할 만한 수준까지 취할지 여부는 불확실하다.

복 습 문 제

1. 경제효율성(Economic Efficiency)을 시장 형태와 연관하여 설명하시오.

2. 경제 효율성은 反트러스트 정책과 경제규제와 어떤 관련이 있는가? 즉 反트러스트 정책은 무엇을 실현하기 위하여 사용되는가?

3. 가장 바람직한 시장구조는 어떤 것인가? 각 가지 경우에 대하여 그 이유를 설명하시오.

4. 어떤 산업에 속하는 기업들의 마지막 생산 단위에 대한 한계 비용이 모두 같아야 생산 효율성이 달성될 수 있다는 것을 예를 들어 설명하시오.
(부연 설명) 즉 생산 효율성의 첫 번째 조건은 각 기업은 주어진 생산량을 실현하기 위해 최소 비용을 실현하여야 한다는 것이고, 생산 효율성의 두 번째 조건은 어떤 산업에 속한 기업들 간의 생산에 대한 것이다. 두 번째 조건은 각 산업의 총 생산량을 실현하기 위한 총 비용이 가장 적어지도록 각 개별 기업들 간에 배분되어야 한다는 것, 즉 $MC_1 = MC_2 = \dots$ 이다. 이러한 두 번째 조건을 예로 들어 설명하시오.

5. 규모의 경제에 기인하여 단지 하나의 기업만이 존재할 수밖에 없는 산업의 경우에 자연 독점은 필연적인데, 이 경우에 경제 효율성을 실현하기 위해서 정부 가 이윤을 극대화하지 않도록 하는 범주에서 가격을 결정한다고 할 때 적용되는 가격 결정 방식 세 가지를 열거하고 설명하시오.

6. 진입 규제에 대한 정부 개입이 더 이상 필요하지 않다는 논리를 설명하시오.

7. 접속에 대한 정부 규제의 필요성에 대한 논리를 공정 경쟁 차원에서 설명하시오.

8. 수익률 규제(rate-of-return regulation) 방식과 가격 상한 규제(price-cap regulation)

방식에 대하여 설명하시오.

9. 최종재에 대한 요금 규제가 과거 비용 근거 가격 규제 또는 수익률 규제 방식에서 새로운 방식의 요금 규제 방식인 가격 상한 규제 방식으로 바뀌야 하는 이유는 무엇인가?

10. 정보통신 서비스 산업에서 규제가 필요하다는 논리와 필요하지 않다는 논리를 사안별로 구분하여 설명하시오.

11. 한 자연 독점 기업이 재화의 가격과 평균 총비용이 일치하도록 하는 정부 규제를 받았다고 하자. 그래프를 이용하여 규제 가격 수준을 나타내시오. 이때 발생하는 경제적 순손실을, 한계 비용 가격 설정과 비교하여 나타내시오.

12. 독점금지법은 어떤 종류의 행위를 금지하는가?

13. 반경쟁적 양상이 어떤 것이 있는지를 열거하고 그 치유책을 설명하시오.

14. 트러스트의 의미를 조사하시오.

15. 규제기관이 자연독점 기업에게 한계비용과 같은 수준에서 가격을 책정하라고 할 때 발생하는 두 가지 문제점은 무엇인가?

16. 과거에는 보편적 서비스의 제공에 대한 의무가 어떻게 행하여졌으며 현재에는 어떻게 변화하여야 하는지를 설명하시오.

응 용 문 제

1. 과거 각국 정부들은 경제적 규제를 통하여 경제의 효율성을 도모하였는데, 그 효과가 제대로 나타나지 않아 현재에는 규제 완화가 넓게 받아들여지고 있다. 경제적 규제 효과가 제대로 실현되지 않는 이유를 규제의 역사적 변천과 함께 설명하시오.

2. 사업자들이 요금 담합 등 불공정거래행위를 하지 못하도록 제한하고 있는데 그 사례를 들고, 그러한 규제의 효과에 대하여 설명하시오.

3. 우리나라 정보통신 사업자들의 최근 3년간 사업 부문별 수입, 비용을 조사하여 표로 작성하고 설명하시오.
   (서비스의 예) 시내 전화, 시외 전화, 국제 전화, 공중전화, 이동 전화, 114, 복지 통신 등

4. 우리나라 정보통신 사업자들의 복지 통신 내역 및 요금 감면 제도를 조사하시오.

5. 한국통신은 시내 전화 서비스 부문에 대해서는 독점적 지위를 가지고 있다. 이동 통신 사업자들이나 시외 전화 사업자들이 이러한 한국통신의 시내망 이용에 대한 불만이 발생되지 않도록 하기 위해서는 어떠한 정부의 규제가 필요한지를 설명하시오.

6. 기업간의 합병을 규제하는 법적 근거는 어디서 나오는가? 경제적 후생의 관점에서 합병을 추진하는 두 기업의 긍정적인 면과 부정적인 면을 하나씩 들라.

7. 1969년 미국 정부는 IBM을 독점사업자로 고발하였다. 미국 정부는 IBM이 미국에서 생산되는 컴퓨터 본체 시장에서 대단히 큰 시장점유율을 가지고 있다고 주장하였다. 반면 IBM은 모든 종류의 컴퓨터 시장에 걸쳐서 매우 작은 시장점유를 가지고 있을 뿐이라고 주장하였다. 당신의 생각은 어떠한가? 정부가 독점금지법 위반으로 IBM을 재판에 회부해야 한다고 생각하는가? 설명하시오.

8. 시내전화와 시외 및 국제 전화 서비스를 제공하고 있는 한국통신은 수년 동안 독점 사업자로 정부의 규제를 받아왔다.
   가) 왜 시외 및 국제 전화서비스는 초기부터 자연독점이었는지 설명해 보라.
   나) 최근 일부 회사들이 한정된 수의 통화를 전송하는 통신위성을 쏘아 올렸다. 이러한 위성의 역할이 증대됨에 따라 국제 전화서비스의 비용구조는 어떻게 바뀌었는가? 정부에서는 한국통신이 시외 및 국제 전화 서비스 시장에서 다른 회사들과 경쟁하도록 하였다. 시내 전화 서비스도 그 시장을 여러 개의 시내전화회사로 분할하기로 했으며, 이 사업은 계속해서 강력한 규제 하에 두는 것에 동의했다.
   다) 왜 시외 및 국제 전화 서비스는 경쟁적이 되는 것이 효율적인가? 왜 시내 전화 서비스는 규제하의 독점체제가 효율적인가?

9. 반트러스트 합병 분쟁에 있어서의 시장 정의를 제시하고, 실제 법정에서 판정되었던 몇 가지 사례와 비교하시오. 또한 그에 따른 반트러스트 판정에 있어서 경제학자와 법률적 판정의 상이점 및 경제학자들 간의 견해 차이에 대하여 분석하시오.

10. 주요국 정보통신 서비스 체계와 규제 현황에 대하여 비교 분석하시오.

11. 우리나라 정보통신 산업 발전을 위하여 정부가 맡아야 할 역할은 어떤 것들이 있겠는지 논하시오.

제11장

지적재산권 보호

본 장에서는 지적 재산권 중에서 특히 정보통신산업과 가장 밀접한 컴퓨터 프로그램에 관련한 지적 재산권이 과도하게 보호되지 말아야 하는 논리와 그에 따른 처방에 대해서 학습한다. 즉 사용자의 투자가 엄청난 경우나 접속 사양에 대한 저작권 보호는 개발자에게 과도한 보상을 하여 줄 수 있다. 특히 사실상의 표준화가 실현되는 경우에는 경쟁적인 대체재에 대한 통제를 하게 될 수 있는 등의 이유로 반경쟁적이 되며 이에 따른 막대한 후생손실이 결과한다. 이외에도 저작권 보호로 보완재의 출현을 봉쇄하게 될 때, 지적재산권 보호에 따른 관련 산업이 반경쟁적이 됨에 따른 후생 손실이 결과한다. 이러한 후생손실은 소프트웨어에 고유로 존재하는 네트워크 외부성으로 인하여 더욱 크게 나타난다. 그러므로 어떤 소프트웨어가 사실상의 표준을 실현한 경우에 저작권 부여는 신중을 기해야 함을 본다.

11.1 지적재산권과 소프트웨어 산업 경쟁력

11.1.1 지적재산권 형태

컴퓨터 프로그램의 여러 가지 측면은 저작권(copyright), 특허(patent), 상업비밀(trade secret) 등을 포함한 여러 가지 지적재산권(IPR, Intellectual Property Rights)의 형태로 보호할 수 있다.[1)]

전통적으로 소프트웨어와 관련된 지적 재산 보호의 가장 중요한 수단은 저작권이었다. 저작권은 독창적인 작품을 만들어 낸 작가로 하여금 이 작품의 복제권, 유통권, 전시권을 전유할 수 있도록 보장해 주고 있다. 저작권은 또한 작가에게 해당 제품의 파생작품을 개발할 수 있는 배타적인 권리를 부여하고 있다. 1970년대부터 소프트웨어가 저작권에 의하여 법률적인 보호를 받을 수 있는 대상이라는 인식이 생겼고, 개발업자들은 부당한 복제와 해적 행위로부터 자신들의 이익을 보호하는 데 있어서 법률에 의한 보호가 비용이 적게 소요되며 또 등록과 동시에 자동적으로 보호받을 수 있는 편리한 메커니즘으로 인식하게 되었다.

특허권 역시 소프트웨어 분야에서 지적 재산 보호에 기여하고 있다. 특허권은 기능, 방법, 알고리즘 등 소프트웨어의 개발과 관련된 창조적 절차를 보호한다. 특허권은 지적 재산 보호의 한 중요한 수단이긴 하지만, 디스켓 복제에 의해 대부분의 지적재산권 침해가 이루어지는 세계시장에서는 저작권이 여전히 가장 중요한 역할을 하고 있다.

---

1) "컴퓨터 프로그램"이라 함은 특정한 결과를 얻기 위하여 컴퓨터 등 정보처리능력을 가진 장치(이하 "컴퓨터"라 한다)내에서 직접 또는 간접으로 사용되는 일련의 지시·명령으로 표현된 소프트웨어를 말한다.

〈그림 11-1〉 지적 재산권의 분류 체계

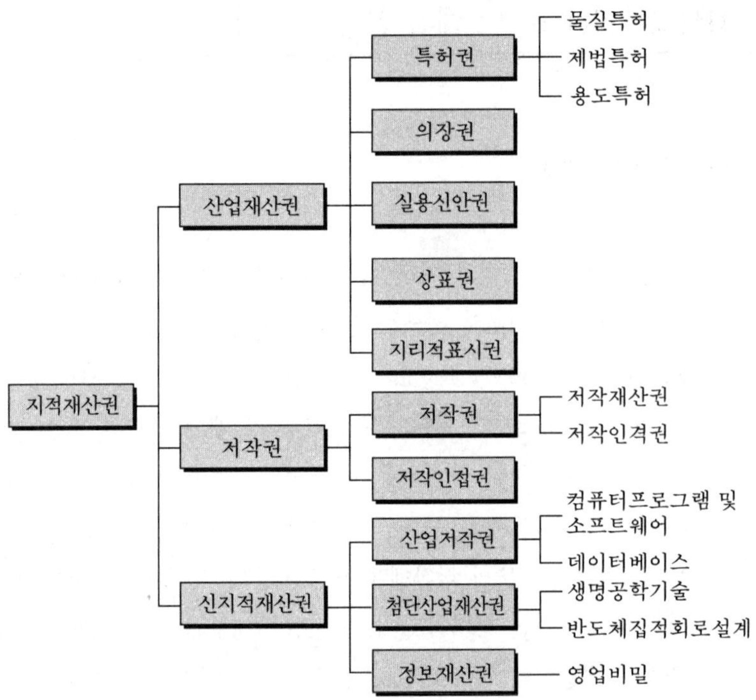

미국은 거의 모든 측면에서 소프트웨어에 대한 신뢰할 만하고 실행 가능한 법률적 보호의 틀을 마련하는 데 앞장서 왔다. 외국 정부들 역시 소프트웨어 개발업자를 보호하기 위하여 노력하고 있지만, 국제적으로 경쟁력 있는 소프트웨어 산업을 갖지 못하고 있는 국가에서는 흔히 다른 정책 목표에 의하여 소프트웨어 보호정책이 영향을 받게 된다. 이러한 국가의 정부정책은 흔히 다른 회사 제품을 개량하는 방법으로 소프트웨어를 개발하려는 업자들의 이익을 보호하고 있다.

〈표 11-1〉 미국과 유럽의 지적재산권 실시 차이

분류	유 럽	미 국	비 고
목적	경쟁촉진	공정이용 (fair use)	- 유럽은 1991년 EC Directive on the Legal Protection of Computer Programs(컴퓨터프로그램의 법적보호를 위한 유럽공동체 지침)에 의함 - 미국은 판례에 의함
역분해	-기존 프로그램저작권자는 그가 가지고 있는 하드웨어와 소프트웨어의 Interface 등과 같은 호환성 정보를 공개하도록 유도 -호환성 정보가 공개되지 않은 경우에는 그러한 정보파악을 위하여 필요한 프로그램의 복제와 변환 즉 역분해를 원프로그램 저작권자와의 동의 없이도 행할 수 있다 -호환성정보를 파악한 자가 기존프로그램의 "표현"과 상당한 유사성을 가진 프로그램이 아닌 한 기존의 프로그램과 경쟁적인 프로그램을 제작해서 판매할 수 있다.	-기존 프로그램의 목적코드를 원시코드로 변환하는 작업은 공정이용에 해당	
inter-face		조작 방법	

11.1.2 지적재산권과 소프트웨어 산업 경쟁력

컴퓨터 프로그램 보호의 가장 중요한 목적은 소프트웨어 개발업자로 하여금 일정한 기간 동안 배타적인 상업적 권리를 전유케 함으로써 기술적 혁신과 창조를 촉진하고자 하는 것이다. 소프트웨어 사용자는 소프트웨어 구입가격이 저렴하기를 바라며, 경쟁 소프트웨어 개발업자들은 소프트웨어의 중요한 부분을 복제하려는 유인이 있게 마련이다. 따라서 소프트웨어 개발업자의 소프트웨어에 대한 지적재산권 보호는 이 개발업자의 투자 수익을 보장하는 데 반드시 필요한 수단이다. 또한 사회적인 측면에서 소프트웨어 개발자의 지적재산권 보호는 소프트웨어 개발을 촉진시켜 사회후생을 증진시킬 수 있다. 그러나 이러한 지적재산권 보호는 과도하게 독점권을 부여할 가능성이 거의 없을 때에만 사회후생을 증진시키게 된다.

소프트웨어의 지적재산권 보호는 소프트웨어 기업의 경쟁력 제고에 큰 영향을 미친다. 소프트웨어에 대한 해적 행위(software piracy)가 소프트웨어업체들의 경쟁력 유지를 특히 어렵게 하는 이유는 크게 세 가지를 들 수 있다. 첫째, 소프트웨어는 복제하기가 쉽다는 점이다. 복제를 하고자 한다면 빈 디스켓과 PC만 있으면 되기 때문이다. 둘째, 해적판 소프트웨어는 원본과 질적인 차이가 거의 없다는 것이다. 따라서 사용자는 질적인 측면에서 굳이 해적판을 거부할 이유가 없다. 셋째, 복제에 따르는 개발자의 손실이 막대하다는 점이다.

이와 같이 소프트웨어 산업의 경쟁력과 지적 재산권과는 밀접히 관련되어 있다. 컴퓨터 소프트웨어 프로그램은 저작권(copyright), 특허, 상업비밀(trade secret) 등을 포함한 여러 가지 지적재산권의 형태로 보호할 수 있다. 저작권은 컴퓨터 프로그램에 대한 지적재산권의 가장 일반적인 형태였으나 소프트웨어 공급자들은 저작권 보호를 보완하기 위하여 상업비밀, 특허, 계약법 등의 다른 법적 보호 장치도 많이 이용하고 있다.[2)]

저작권과 계약법의 관계에 대해서는 National Car Rental System 대 Computer Associates International Inc.(1993) 사건에서 다루어졌다. 이 경우는 미국 저작권법이 계약보다 우선하지 않는다고 판결했다. 그 결과 소프트웨어 개발자들은 그들 소프트웨어의 사용에 제한을 가하기 위해서 라이센스 협정 등과 같은 계약을 선호하게 되었다. 또 다른 경우는 소프트웨어 관련 발명품에 대한 특허와 관계된 것이다. 특허권은 기능, 방법, 알고리즘 등 소프트웨어의 개발과 관련된 창조적 절차를 보호한다. 특허에 대한 예로는 Stac Electronics사와 MicroSoft사가 서로 상대방이 자신의 데이터압축 특허권을 침해했다고 주장하는 것을 들 수 있다. 특허권이 지적 재산 보호의 한 중요한 수단이긴 하지만, 디

2) 저작권 보호 범위에 대한 판례로는 Sega Enterprises Ltd. 대 Accolade Inc.(1993)와 Atari Games Co. 대 Nintendo of America Inc(1992) 사건 등을 들 수 있다(다음 절 참조).

스켓 복제에 의해 대부분의 지적재산권 침해가 이루어지는 세계시장에서는 저작권이 여전히 가장 중요한 역할을 하고 있다.

反독점금지(antitrust)법과 같은 일부 국내법 및 해적 행위 방지에 대한 세계적인 노력도 소프트웨어 산업에 영향을 줄 수 있다.3) 해적 행위를 막는 세계적인 노력으로 이루어진 가장 큰 성과는 '지적재산권의 무역관련 측면에 대한 세계 무역기구 협정(WTO Agreements on TRIPs; the World Trade Organization Agreement on Trade-Related Aspects of Intellectual Property Rights)'의 체결이다. 우루과이 라운드 다자간 무역협상에서 타결된 이 협정은 WTO 회원국들로 하여금 소프트웨어도 작품의 일종으로 복제 등의 부당한 사용으로부터 법률적으로 철저히 보호되어야 할 대상임을 명백하게 인정할 것을 내용으로 하고 있다. 또한 多國間 또는 양국간 협정을 통해 세계적 지적재산권 침해상황을 조사하여 국제적 소프트웨어 판매증진 및 저작권 침해의 최소화를 꾀하기 위한 미 정부의 노력도 자국 및 각국의 소프트웨어산업에 영향을 준다. 그중 하나가 미국 무역대표부의 지적재산권 정책 및 지적재산권과 관련된 미 교역 상대국의 시장접근 방식에 대한 "슈퍼 301조"의 조치이다.4)

3) 반트러스트법에 대한 예는 1993년 8월 법무성의 반독점금지부서(antitrust department)에서 세계 최대의 독립 소프트웨어 회사인 MicroSoft사에 대한 조사를 들 수 있다.

4) 이 조항 하에서 미 정부는 지적재산권에 대한 공평하고 효과적인 보호를 거부하거나 지적재산권 보호에 의존하는 미국기업들이 공정하고 형평성 있게 시장에 접근하지 못하도록 하는 외국국가들을 구분하였다. 이 조사결과에 따라 "우선 대상국"으로 분류하거나, "우선 감시 대상국", "감시대상국" 등으로 분류했다. 우선 대상국은 미국 상품에 대해 대단히 차별적인 관행을 가지고 있거나 양국간/다국간 지적재산권 협상에 진전이 없는 경우이다. 우선 감시 대상국이나 감시 대상국은 심각한 지적재산권 결핍이 있으나 우선 대상국으로 분류하는 법적 내용에는 못 미치는 경우이다.

11.2 소프트웨어의 특징과 소비자 선택

소프트웨어는 크게 생산자 측면과 소비자 측면의 두 가지로 구분하여 살펴볼 수 있다. 생산자 측면에서 소프트웨어는 막대한 개발비용에 따른 생산자의 매몰 비용(sunk cost)이 상대적으로 큰 결과 규모의 경제(economies of scale)가 작용한다. 소비자 측면에서는 사용자의 매몰 비용이 크며 네트워크 외부성(network externality)이 존재하는 결과 기설치기반(installed base)을 가진 기업이 보다 쉽사리 사실상의 표준(de facto standard)을 실현하게 된다. 여기서는 생산자 측면과 소비자 측면에서 지적재산권에 관련된 특징을 학습하기로 한다.

11.2.1 소프트웨어의 특징

개발자는 소프트웨어 프로그램의 개발에 막대한 비용을 지불하며 이렇게 개발된 소프트웨어 프로그램의 비용(writing, testing, debugging code)은 생산된 량에 독립적이라는 것이다. 즉 일단 개발이 되면 복제비용은 거의 들어가지 않기에 소프트웨어의 한계비용은 거의 zero에 근사한다. 또한 생산자는 개발 및 판매에 관련한 매몰비용이 존재하게 된다. 즉 생산자가 일단 사업에서 손을 떼는 경우 개발 및 판매비용의 상당부분은 복구될 수 없기 때문에 매몰비용의 성격을 가진다.

이와 같이 하여 개발비용이 제조 및 기타 운영비용에 비해 상대적으로 크며, 그에 따른 상대적으로 큰 고정비용이 존재하기 때문에 소프트웨어부문에는 규모의 경제가 작용한다. 다시 부연하자면 소프트웨어 생산은 영의 한계비용을 가지므로 사용자의 수가 늘어날수록 단위 비용이 감소하는 전형적인 규모의 경제가 존재한다. 이때 엄청난 개발비용

은 전문지식(expertise)없이 처음 사업을 시작하는 경우에는 높은 진입 장벽으로서 작용한다.[5)]

생산자뿐만 아니라 소비자에게도 소프트웨어의 학습에 소요되는 노력에 따른 매몰 비용이 존재한다. 소프트웨어 개발자만이 (자기 주머니에서) 투자를 하지 않고 사용자들도 학습을 위해 많은 노력을 한다. 사용자들은 프로그램의 운용과 학습과정에서 사용방법을 익히고, 프로그램 특성적인 파일과 프로그램을 생성한다. 이와 같이 소프트웨어의 사용자는 그 사용방법에 따른 학습을 통하여 공급자와 상호 밀접한 의존관계(소위 장기적인 거래적 관계)를 갖는다.[6)]

이 외에도 소프트웨어는 전화와 같이 네트워크 외부성을 갖는다. 이것은 고객층이 증가함에 따라 사용자의 편익은 증가하는 것을 의미하는 데, 동일한 소프트웨어 사용자들끼리 파일(file)과 그들 사용방법에 대한 정보를 공유할 수 있는데 기인한다.

11.2.2 소비자의 선택

소비자의 소프트웨어 선택을 결정하는 요인은 사실상의 표준 결정에 직접적인 영향을 미친다. 소프트웨어의 특성과 관련되어 소비자의 선택을 결정하는 요인은 크게 사용자의 매몰 비용, 네트워크 외부성 및 신

5) 반면 이러한 전문지식은 누적적인 학습효과를 바탕으로 전문 인력에 의해 축적된 것이기에 신규기업이 이런 전문지식을 가진 경우에 진입장벽은 높지 않게 된다.

6) 이와 유사한 관계는 하드웨어 제조업자와 소프트웨어 개발자(하드웨어 구매자)간에도 적용된다. 하드웨어업체- 소프트웨어업체 -사용자는 수직구조상 상위계층(upstream) 과 하위계층(downstream) 으로 관련된다. 즉 소프트웨어업체는 하드웨어의 기술적 사양에 의거하여 제품을 개발하고 사용자에게 판매한다. 이와 같이 수직 구조적인 위치에 놓인 산업간에는 공급자와 사용자간에 상호운용가능성이 전제되어야 한다. 한편 수평 구조적인 위치에 있는 기업간에는 제품간의 호환성이 중요할 수 있다. 어느 소프트웨어 제품이 호환성이 없는 경우에는 다른 제품 사용자들의 자산(생성된 파일)은 가치가 없게 되기 때문이다.

제품의 사용의 편리성의 세 가지가 있다.

어떤 소프트웨어를 사용하여 관련 파일을 작성하는데 들어간 사용자의 매몰비용이 상당히 큰 경우에, 사용자는 특정 프로그램에서 자기 파일을 생성하는데 많은 노력을 허비하였을 뿐 만 아니라 다른 프로그램을 사용하게 된다면 과거 생성된 것을 재 작성해야 하는 불편함이 있기 때문에 프로그램을 바꾸고자 하는 동기가 미약하게 된다. 이에 따라 사용자의 매몰비용에 기인한 소비자 선택의 불가역성(irreversibility)이 존재한다.

네트워크 외부성의 존재 역시 소비자의 선택에 영향을 미친다. 이것은 신규사용자는 네트워크 외부성에 따른 편익(사용자간의 파일 공유 등)을 얻기 위하여 기존사용자가 많은 제품을 선호하기 때문이다.

신제품이 출현하여 사용자가 증가하게 되어 시장에서 지배적인 위치를 차지할 것으로 예상되는 경우에 소비자는 신제품으로 대체할 최소한의 유인을 갖게 된다. 즉 소비자의 선택을 결정하는 중요한 요인 중의 하나는 혁신으로 인한 사용자의 편의성 증가이다. 신제품이 획기적인(drastic) 혁신으로 인해 사용자에게 엄청나게 큰 편의성을 제공하게 되는 경우에는 사용자들은 자신의 프로그램을 바꾸고자 하는 의욕이 존재한다. 이와 같이 혁신으로 인한 사용자의 편의가 클수록 이것은 기존제품의 네트워크 외부성 효과를 지배할 수 있다. 유사한 예로 Lotus사의 시장 지배적 위치(DOS 환경)가 Microsoft사의 Excel(Window 환경)등장으로 점유율이 하락한 것을 들 수 있다.

소비자의 선택을 결정하는 요인들은 개별적으로 작용하여 이루어지는 것이 아니라 복합적으로 작용하여 이루어진다. 신제품이 사용의 편함 등에 따른 대체의욕 등의 이유로 추가적인 학습에 따른 불편함과 추가 비용지출로 인한 기존 제품의 고수의욕을 대체할 수 있는 경우에는 신제품의 시장지배가 가능해 진다. 즉 어느 혁신적인 신제품이 사용의 편리함으로 점차 많은 사용자를 확보하게 되고 그에 따른 네트워크 외부성이 실현될 것을 예상하면 기존 구제품 사용자들은 그 동안 사용하였던 제품에 소요된 매몰비용, 또는 추가적으로 조작법을 익혀야 하거나 기존 생성된 파일을 재작업해야 하는 등의 불편을 감수하고 신제품을 사용하게 될 것이다. 반면 기존제품의 사용이 보편화되어 선택의 불가역성이 지배하는 경우에는 보다 우수한 품질을 가진 제품인 경우에도 구제품을 대체할 수 없게 되는 경우도 존재한다.[7]

11.2.3 사실상의 표준과 기업의 전략

위에서는 소프트웨어의 특성에 입각한 소비자 선택의 요인을 살펴보았다. 또한 소비자의 선택은 "침투가격 설정(penetration pricing)"이나 가격차별과 같은 기업의 전략에 의해서도 영향을 받을 수 있다.[8]

대부분의 소프트웨어의 표준화는 시장에서 지배적인 위치를 차지하고 있는 기업에 의해 정해진다. 소프트웨어의 선택이 시장원칙에 따라 이루어질 때 비호환성의 소프트웨어를 선호하는 기업들은 경쟁적 이득을 획득하거나 상대방의 이득을 감소시키게 하기 위하여 기설치기반을 행할 유인을 갖는다.[9] 이러한 목적으로 기업은 개발된 기술의 상업화

---

7) 보다 우수한 자판 배열을 가진 DVORAK 타자기가 QWERTY 타자기를 대체하지 못하였으며, VHS 방식이 보다 우수한 성능을 가진 벡타방식보다 많이 보급된 예가 그것이다.

8) 또 다른 중요한 기업 전략은 생산성 향상용 프로그램의 패키지화(워드프로세싱, 스프레드시트, 데이터베이스, 그래픽 프로그램을 한 개의 패키지로 묶음)에 의한 판매 전략이다. 즉 보다 많은 고객을 확보하려면 몇 가지 컴퓨터 응용 소프트웨어를 매우 효율적으로 결합시켜 소프트웨어 패키지(suite)를 할인된 가격으로 제공하여야 한다. 예를 들면 Microsoft사는 Lotus사의 1-2-3 스프레드시트 패키지나 WordPerfect의 워드프로세싱 프로그램 같은 인기 프로그램으로부터 사용자들을 확보하기 위해 자사의 Office 가격을 매우 낮게 책정한 바 있다. 패키지로 판매하게 되면 개별 프로그램의 마진은 떨어지지만 패키지 판매가 고객의 업체 선호도를 높이는 한편 장래에 업그레이드(upgrade)된 제품의 판매를 늘릴 수 있는 좋은 수단이다.

9) 이와 같이 기업 전략에서 중요한 고려요소 중의 하나는 호환성이다. 전략적으로 지배적 기업은 그들의 제품에 비호환성을 갖게 하여 그 네트워크 의 규모를 감소시킬 수 있다. 또한 지배적인 기업이 호환적인 제품을 만들 수

초기에 침투가격을 설정하고 생산을 발표할 수 있다. 즉 초기 구매자들에게 낮은 가격을 설정하며, 시장 지배적 위치에 도달한 후에 후발 구매자들에게 높은 가격을 부과하고자 한다.

또한 일단 시장지배적인 위치를 차지하게 된 기업은 보다 많은 이윤을 확보하기 위하여 가격차별을 하고자 하는 경향이 있다. 즉 시장지배적 기업은 초기 구매자들에게 높은 가격을 부과하고 추가적인 구매자들을 대상으로 점차 가격을 인하시킴으로 시간에 따른 가격차별을 하고자 할 것이다. 컴퓨터 게임의 경우를 예로 들면 개발자는 어떤 고객이 얼마큼 지불하고자 하는지를 알 수 없고 저 가격에 구입한 고객이 보다 높은 가격을 지불하고자 하는 고객에게 재판매를 하지 못하게 할 수 없기 때문에 게임기 자체만 가지고서는 가격을 차별할 수가 없게 된다. 이러한 경우 개발자는 보완재인 게임 소프트웨어를 개발하고 그에 따른 수요를 파악함으로서 가격차별을 행할 수가 있다.[10)]즉 보완재의 수요는 가격차별을 가능하게 하는 척도로 사용될 수 있다.[11)]

11.3 지적재산권보호의 논리

1) 저생산, 저소비의 시장실패

소프트웨어는 복제로 인한 무임승차에 따른 저개발과 공공재적인 특성에 의하여 저사용이 존재하게 되어 시장 실패가 발생한다. 여기서는

있는데 이것은 (사양의 공개를 통해서) 개별적으로 행하기도 하고, 또는 전략적인 제휴를 통하여 경쟁자들과 동의에 의해서 하기도 한다.

10) 비근한 예로 면도기의 경우를 예로 들 수 있다. 면도기 제조업자가 자사의 면도기에만 사용 가능한 면도날을 가지고 있을 때, 그는 면도날에 높은 마진을 추구하는 반면 면도기의 가격은 낮게 책정하고자 할 것이다.

11) 그러나 통상적으로 구매자가 기꺼이 지불하고자 하는 가격정보는 알기 어려우며, 설사 구할 수 있다고 하더라도 그에 따른 많은 정보비용이 수반한다.

시장실패가 여하히 일어나는가를 보기로 한다.

소프트웨어부문의 시장실패 중의 하나는 생산자가 소비자들의 무임승차(그에 따른 편익발생)를 방지하게 할 수단이 없기 때문에 발생한다. 이것은 소비자의 무임승차(free-riding)로 인하여 생산자들은 그들 노력에 대한 적정보상을 받지 않게 되어 소프트웨어의 생산을 보다 제한하게 할 위험이 있는 바, 이에 따른 저생산(underproduction)이 결과하기 때문이다. 즉 소프트웨어생산에 드는 비용 전부는 생산자(개발자)가 부담하는 반면 소비자들은 편익의 일부만 부담(소수의 원품 구입자에 의한 지불에 해당하는 수입)하게 되어 사회적으로는 저생산(저개발)이 발생한다.

다른 시장실패로는 저소비(underutilization)가 일어나는 경우이다. 소프트웨어는 거의 어떤 개발도 독자적으로 일어나지 않으며 대부분이 다른 사람의 기여에 의해 생성된 기초연구(이것은 공공재)에 의해 유발되기 때문에 개발자는 실제 그의 노력보다도 더 많은 보상이 이루어질 수 있다.[12] 즉 보다 높은 가격을 책정하게 하여 정보의 이용을 보다 제한하게 할 위험이 있다.[13] 이에 따라 생산자들에게 그들 노력에 대한 결과의 적정 정도만 전유하도록 하는 것이 바람직하다. 즉 기존 생산자에게 전유권을 제공하게 되면 보다 창조적인 상대 경쟁 기업들의 창조적인 행위를 저해할 수 있을 것이다.

12) 이것은 어떤 발견도 독자적으로 이루어지지 않고 다른 사람들의 기여에 입각하여서만 과학적인 진전이 가능하기 때문이다. 즉 기초연구의 도약이나 다른 관련 분야 기술의 급진전에 의거하여서만 소프트웨어와 같은 (특정) 응용분야의 발전(또는 비용감소)은 가능하다는 것이다.

13) 이런 개발자에게 지적재산권을 보호하게 되면 실제 기여분 이상으로 과도하게 이윤을 보장하여 주게 된다. 이와 같은 과보호는 비효율적이다. 즉 과도하게 요금을 책정하게 될 것이고 그에 따른 정보의 저이용을 결과하게 된다. 또한 특허경주에서는 과도한 자원낭비가 결과하는 것과 같이, 이러한 권한을 얻기 위하여 불필요한(낭비적인) 경쟁을 가져올 수도 있다.

2) 시장실패의 교정과 지적재산권 보호

시장실패가 존재하기 때문에 소프트웨어의 개발에 대한 사적가치는 사회적 가치와 다르게 된다. 개발자는 자신의 사적가치에 따라 가격을 결정하는 반면 사회적으로는 소프트웨어 개발자가 사회적 한계가치와 그의 한계비용이 같은데서 가격이 결정되는 것이 바람직하다. 이러한 사회적 유인에 도달하기 위한 사회적 교정수단이 필요한바 이것은 정부가 이러한 유인감소(개발의욕감퇴)를 극복하기 위한 보조를 제공해야 하는 논리를 제공하여 준다. 이때 지적재산권보호는 일종의 보조금에 해당한다. 이에 따라 개발자에게 그의 한계비용이 사회적 한계가치와 같게 하도록 지적재산권을 보호하는 것이 이상적이다. 즉 지적재산권 보호에 의해 개발자는 (원래 예기된) 독점 렌트를 차지하고, 이에 따라 개발하고자 하는 사적 유인이 사회적 유인과 같게 할 수 있다.

이때 정부가 보조금을 제공하여 저생산을 치유하여 시장실패를 교정할 수 있으나 적정보상액에 대한 문제가 발생한다.[14] 즉 지적재산권 보호 정도의 초점은 저생산과 저소비간의 어느 점을 선택하느냐이다.

이는 수요와 공급곡선의 탄력성에 의존한다. 극단적인 경우로 개발에 따른 공급이 고정되어 있는 경우에는 지적재산권 보호 정도를 증감시키는 것이 공급에 어떤 영향도 미치지 않는 것을 들 수 있다. 이에 따라 저생산이 결과하지 않는다. 또 다른 극단적인 경우는 수요가 고정되어 있다면 지적재산권 보호 정도를 강화하는 것이 수요에 어떤 영향도 미치지 않을 것이다. 즉 저소비를 결과하지 않는다. 전자는 완전 탄력적인 수요곡선과 완전 비탄력적인 공급곡선의 경우이고, 후자는 완전 비탄력적인 수요곡선과 완전 탄력적인 공급곡선의 경우에 해당된다. 그러나 완전 비탄력과 완전 탄력은 존재하지 않으므로 공급과 수요곡

14) 다른 보조로는 (특허부여 등에 의한 방식으로의) 독점권 부여가 있다. 그러나 독점권부여는 결과적으로 개발된 제품에 높은 가격을 책정함으로 저소비를 결과할 수 있다.

선의 탄력성에 따라 지적재산권보호정도에 대한 저생산과 저소비간의 적정점에서 결정되어야 할 것이다.[15)]

3) 지적재산권 보호의 한계점과 과보호 기준

이와 같이 지적재산권을 보호해야 하는 이유는 소프트웨어부문의 시장실패의 교정을 추구하는 데에서 발생한다. 그러나 지적재산권 보호는 개발자에게 사회적 유인에 도달하게 할 수도 있지만 보호 자체가 적정 보상 수준을 초과한 것인지 부족한 것인지 하느냐에 대한 의문점이 남는다. 지적재산권 보호는 통상적으로 개발자에게 독점력을 결과하게 한다. 이에 따라 지적재산권 보호의 범위가 지나치게 광범위하게 제공되어 과보호를 결과하도록 하지 않는 것은 중요하다. 이때 과보호에 대한 기준은 소프트웨어의 지적재산권 보호에 의해 사회후생이 보다 나빠지는 정도에 의존한다. 즉 지적재산권을 부여하게 됨으로 사회 후생 증진에 미치는 영향보다 사회적 후생손실에 대한 영향이 많은 경우에 지적재산권의 제공은 과보호라는 것이다.

이러한 기준에 대한 판단은 그 결과가 정성적으로 나타나기 때문에 어렵다. 그러므로 실제적으로는 지적 재산권 보유자가 갖게 되는 독점지대(rent)로부터 결과하는 반경쟁적인 효과가 상당하다고 판단될 때를 기준으로 한다. 예로 대체재의 (잠재적인) 공급자에게 경쟁 기회를 없애거나 지적재산권 보유자가 면허 협정 등을 빌미로 진입 기업의 비용을 증가시킬 수 있는 경우에 지적재산권의 부여는 과보호의 필요조건이 된다.

15) 이와 관련하여 공급곡선과 수요곡선의 탄력성에 대한 경험적인 판단이 가능할 경우에는 이에 따른 정책방향이 가능하게 된다. 즉 공급이 탄력적이고 수요가 비탄력적인 경우에는 저작권보호를 강화하는 것이 바람직하고, 공급이 비탄력적이고 수요가 탄력적인 경우에는 저작권보호를 약화시키는 것이 바람직할 것이다.

4) 소프트웨어의 특징과 과보호

과보호의 위험을 가져오는 것은 소프트웨어의 특성에 기인한다. 저작권 부여에 의한 과보호의 첫 번째 고려 조건은 개발자의 노력이 공공재의 성격을 가지는 기초지식을 근거로 하여 이루어지기에 개발자에게 는 발생하는 전체 이득 중 그의 추가적인 노력분만을 제공하여야 한다는 것이다.

다음의 두 가지 조건은 소비자 측면의 특징에 해당한다. 그 하나로 선두주자(초기 개발자)의 소프트웨어 사용 방법에 대한 학습이나 특성적인 파일을 작성하는데 들어간 사용자의 매몰 비용이 상당한 경우이다. 이와 같이 막중한 매몰 비용이 들어가는 경우에는 혁신적인 경쟁제품의 출현을 제외하고는 기존 제품을 지속적으로 사용하고자 한다. 이러한 소비자 선택의 불가역성은 생산자의 노력과는 별개로 이루어진 것이기에 초기 개발자에 대한 저작권의 부여는 과도 보상될 위험이 존재하게 된다.

저작권 부여에 의한 과보호가 되는 또 다른 요인은 소프트웨어 사용에 대한 네트워크 외부성의 존재에 기인한다. 네트워크 외부성이 존재하게 될 때에 저작권 보호를 하게 되면 현 고객이 차지할 가치(네트워크 외부성 존재에 따라 파생될)를 개발자가 전유할 수가 있게 된다. 즉 네트워크 외부성이 존재하는 데에도 불구하고 개발자에게 부여된 저작권으로 인하여 현 사용자가 경쟁 제품으로 전환하는데 보다 많은 비용을 지불하게 하며, 이 결과 새로운 진입 기업은 엄청난 고정비용을 부담하게 되기 때문에 기존 고객을 확보하는데 큰 어려움이 존재하게 된다. 즉 선두 주자에 대한 저작권의 부여는 소프트웨어에 대한 이용자측의 네트워크 외부성 특징으로 과도 보상의 위험이 있게 된다.

또한 이러한 논리는 선두 주자의 프로그램에 대한 사용자층이 두꺼울 수록 강해진다. 즉 사실상의 표준이 실현된 경우에는 혁신에 의한 새로이 다른 사실상의 표준으로 전환시키는 것은 상당히 어렵게 된다.[16] 이에 따라 소프트웨어에 고유로 존재하는 특성인 네트워크 외부성과 사용자의 매몰비용에 기인한 저작권 보호 기준의 고려는 사실상의 표준이 실현됨에 따라 저작권 보호를 허용하지 말아야 하는 논리가 더욱 강해진다.

마지막으로 프로그램 중의 접속 사양에 대한 것이다. 접속 사양에 대한 저작권 보호는 그 프로그램에 상호연동되는 보완재적인 하드웨어와 소프트웨어가 그 프로그램에 종속될 여지가 있게 한다. 또한 대체적인 경쟁 소프트웨어의 출현을 원천 봉쇄할 여지가 있다. 이에 따라 관련 제품(보완제품 및 경쟁적인 대체 제품)간의 상호연동성을 보장하여 주는 것은 바람직하다.

5) 과보호 방지의 경제적 원칙

이와 같이 소프트웨어에 내재하는 속성에 기인하여 생산자의 노력과는 별개로 이루어지는 소비자의 노력이 상당하기 때문에 개발자에 대한 저작권의 부여는 과도 보상될 위험이 존재하게 된다. 이에 따라 s/w의 특징(특히 소비자 측면)에 기인한 과보호가 초래되는 이유로 제시될 수 있는 대안 중의 하나는 시장성과가 경쟁 제한적으로 되는 것을 방지하도록 경쟁적인 환경을 조성하는 것이다. 그러나 현재에는 과보호 대상과 범위를 한정하는 것이 일반적으로 이루어지고 있다.

과보호 대상과 범위를 제한하기 위한 방법으로 지적재산권 보호시 경쟁 제한 여부를 판단하는 것이다. 즉 저작권은 독점권의 부당한 부여로 인한 피해가 극히 적은 경우에서야 만 보호되어야 하기 때문에 저작권 보호의 기본 원칙은 소프트웨어 프로그램의 혁신적 개발자에게 보상해야 할 필요성보다는 보완적 제품의 공급자들에게 계속적인 경쟁을 촉진하도록 해야 하는 필요성을 고려하여야 한다. 한편 저작권 부여

16) 반면 획기적인(drastic) 혁신으로 인한 사용자의 편의가 엄청나게 증가함으로 인하여 사용자들은 자신의 프로그램을 바꾸고자 하는 의욕이 지배적일 경우에는 기존제품의 지적재산권 보호에 관계 없이 신제품을 선호하게 될 것이다.

없이도 s/w 개발 유인이 큰 분야는 지적재산권으로 보호해야 할 필요 없을 것이다.

11.4 소프트웨어의 지적재산권보호에 대한 경제 분석

1) 표현과 아이디어의 개념

소프트웨어의 저작권법에서는 지적재산권을 과도하게 보호하지 않기 위하여 "아이디어(idea)"와 "표현"의 개념을 구분한다. "표현"은 저작권을 부여하지 않았더라면 만들어지지 않았을 발견이나 창작물(work)로 정의될 수 있다. 일예로 "개미"를 쓴 작가인 Bernard씨 이외의 어떤 다른 작가도 소설 "개미"를 저술하지 않았을 것이다. 이때 소설 "개미"는 표현에 속한다. 이러한 표현에 대한 것은 그에 대한 보호를 한다고 하더라도 다른 작가들은 그러한 부류의 발견이나 창작에 대한 기회를 가지게 된다. 반면에 "아이디어"에 대해 배타적인 권리를 부여하게 되면 다른 작가들이 그러한 부류의 소설을 쓸 수 없게 되어 기(旣)저작권 보유자는 그가 만들지도 않을 창조물에 대한 대가까지도 전유하게 될 위험이 있다.

한편 소프트웨어부문에는 아이디어를 표현하는 방법이 단지 한가지이거나 극히 소수인 경우가 존재한다. 이와 같이 아이디어와 표현이 일치(a merger of idea and expression)되는 경우에는 표현을 통제하게 되면 아이디어는 자동적으로 통제된다.[17] 이에 따라 표현에 대한 저작권

17) 이러한 상황은 소프트웨어가 사실상의 표준에 도달한 경우에 흔히 발생한다. 즉 사전적으로는 소프트웨어의 아이디어를 나타내는 수많은 표현이 있을 수 있다. 또한 스프레드시트와 같은 소프트웨어는 여러 가지 모듈로 구성되고 이러한 일련의 모듈을 통하여 한 소프트웨어를 구성할 수 있다. 이때 소프트웨어를 실현하는 여러 가지 표현방법이 있으며 여러 회사가 각자 방법에 따라 자기제품을 만들 수 있다. 그러나 어느 한 기업의 소프트웨어

의 부여는 그러한 아이디어에 기초하여 경쟁자가 행할 수 있는 개발을 제한 할 뿐만 아니라 보완재적인 제품의 진전까지도 제한할 여지가 있다. 즉 표현의 통제가 가능할 경우에는 초기 개발자가 창조하지 않았던 것까지도 전유할 수 있게 되어 보다 우수한 제품의 출현이 봉쇄된다.

2) 지적재산권 보호에 대한 주요쟁점

이와 같이 아이디어와 표현이 일치되는 대표적인 소프트웨어부문에의 예는 사실상의 표준이 실현된 경우이다. 즉 사실상의 표준이 실현된 경우에는 소비자들이 어떤 아이디어에 의해 나타난 시장지배적인 제품의 표현에 대한 사용에 익숙해져 있게 된다. 이에 따라 다른 표현에 의한 제품이 보다 우수하다고 할지라도 사용자들은 새로운 학습의욕에 대한 열의가 부족할 것이다.

이와 관련한 지적재산권 보호에 대한 주요쟁점으로는 선두주자에게 부여된 컴퓨터 프로그램 패키지에 대한 보호가 사실상의 표준을 실현한 경우에 저작권 보호 범위에 대한 논쟁이다. 이러한 경우 각 모듈(구성요소; elements) 전부에 까지 사실상의 표준을 인정하게 되면 (관련) 산업 전반적인 경쟁 제품의 사양화를 초래할 수 있게 된다. 즉 저작권이 지나치게 광범위하게 인정되면 될수록 이에 따른 경쟁의 쇠퇴 등으로 후생손실이 결과할 수 있다는 것이다.

첫째, 어떤 잠재적으로 경쟁적인 회사는 상호연동성 있는 프로그램을 개발하기 위하여 기존 컴퓨터 프로그램의 정보가 필요할 경우가 있다. 이를 위해서는 역분해가 필수적으로 요구되는 바, 이것은 실행코드(object code)로 되어 있는 프로그램을 원시코드(source code)로 변환하여 그 프로그램의 구성과 내용을 파악하는 것을 의미한다. 이때 실행코드를 그대로 복제하여 사용하는 것은 명백히 지적 재산권 침해에 해

가 사실상의 표준이 된 경우에는 기존의 구입자들이 그러한 소프트웨어에 익숙한 결과 다른 소프트웨어의 사용에 인색하게 된다. 즉 사후적으로는 아이디어에 대한 표현의 수는 제한되게 된다.

당한다. 이러한 경우 역분해를 가능하게 하는 저작권 보호 범위(대상)는 중요한 쟁점이다.

둘째, 어떤 잠재적으로 경쟁적인 회사가 기존 컴퓨터 하드웨어와 상호 연동성(interoperability)이 있는 소프트웨어와 유사한 제품을 개발하려고 하는 경우에는 그러한 컴퓨터의 접속사양과 동일한 인터페이스에 입각한 소프트웨어를 제조해야 할 필요가 있다. 또한 소프트웨어와 사용자를 상호 연동시켜주는 메뉴화면도 하나의 접속으로 이러한 것이 저작권으로 보호되어야 하느냐는 것은 쟁점이다. 이것은 사용자들이 사용의 편의나 선택의 불가역성의 이유로 동일한 메뉴 화면을 이용하는 경향이 있기 때문이다.

3) 경제 분석

첫째는 사실상 표준이 된 제품인 경우에는 그 시장뿐 만 아니라 관련 제품의 경쟁상태를 파악하여 경쟁 제한적인 경우에는 저작권이 주어져서는 안된다는 것이다. 이것은 소프트웨어 프로그램이 사실상의 표준이 되어 시장에서 지배적인 위치에 도달하게 되는 경우에, 저작권의 보호로 인하여 해당제품 뿐만 아니라 보완적인 하드웨어와 소프트웨어까지 독점화될 여지가 있게 되기 때문이다.

소프트웨어의 사실상의 표준은 어느 한 업체만의 노력이 아니라 여러 다른 관련 업체와의 복합적인 노력에 의한 산물이다. 즉 소프트웨어 패키지는 프로그램 개발자뿐만 아니라 프로그램을 구입하는 사용자, 보완재적인 하드웨어와 소프트웨어의 제조업자 그리고 심지어는 호환가능한 대체재 공급자들의 노력에 의하여 사실상의 표준화에 도달한다. 이와 같이 사실상의 표준이 실현되기 위해 관련 업체가 공동 보조적인 노력을 하게 된다. 즉 보완재성격의 하드웨어와 소프트웨어를 만드는 업체는 상호연동이 가능한 제품을 생산하는데, 사실상의 표준이 실현됨에 따른 그들(이런 제품의 판매 증가에 따른 기존으로 바꿈) 제품의 판매도 증가할 것이다. 또한 구입자는 사용방법을 익히기 위한 투자(노력)를 행한다. 경쟁적인 그러나 호환성 있는 제품을 제공하는 업체도 사실상의 표준화를 실현하는 데에 기여한다. 이것은 이 제품들이 지배적인 제품과 같이 고객들에게 제공되어 사용된다면, 그 제품이 없었을 경우 다른 하드웨어를 사용하였을 고객을 확보할 수 있기 때문이다. 이와 같이 사실상의 표준화에 도달하는데 관련된 모든 기업들은 각자 상당한 투자를 행하며 그 실패에 따른 위험(투자에 따른 이득이 적정수준에 도달하지 못하거나 그 사양의 변화가 계속적으로 변화되는 경우에는 투자성과가 미약하게 되는 위험) 부담을 감수한다.

또한 소프트웨어는 추가적인 구입자가 증가함에 따라 현 사용자들의 프로그램가치가 증가하는 네트워크 외부성의 존재로 인하여 사실상의 표준에 도달한다. 이와 같이 개발자만의 노력에 의하여 사실상의 표준을 실현하였다기보다는 네트워크 외부성에 기인한 사용자 증가와 보완재를 제공하는 공동노력에 의하여 사실상의 표준에 도달하였기 때문에 사실상의 표준을 획득한 개발자에게 저작권을 부여하게 되면 과도로 보상할 수 있게 된다. 더군다나 후에 보다 열등한 기술을 가질 것으로 드러날 개발자에게 독점권이 제공될 여지가 있다. 즉 사실상의 표준에 도달한 제품에 저작권이 주어지면 그 제품은 물론 보완제품까지도 독점화를 유도할 가능성이 있어 관련 산업 전반에 걸쳐 경쟁 제한적인 상황을 결과할 수 있다.

둘째는 상호 연동성을 결정짓는 접속사양에 대해서는 저작권 부여가 조심스럽게 취급되어야 한다는 것이다. 사전적으로 어떤 소프트웨어는 여러 가지 모듈로 구성되고 이러한 일련의 모듈을 통하여 한 소프트웨어를 구성할 수 있다. 이때 이런 소프트웨어를 실현하는 여러 가지 방법이 있으며 여러 회사가 각자 방법에 따라 자기제품을 만들 수 있다. 즉 사전적으로 접속사양에 관련된 소프트웨어의 아이디어를 나타내는 수많은 방법(표현)이 있을 수 있다. 그러나 사후적으로는 아이디어/표현의 일치가 실현될 수 있는데, 이런 경우 소프트웨어 및 관련 보완재의 공통 이용 대상인 모듈에 해당하는 접속사양에 대한 저작권보호는 사회에 악영향을 미칠 수 있다. 즉 소프트웨어의 모듈이 (다른 소프트웨어뿐만 아니라 하드웨어 및 구매자가 공동적으로 사용하는) 접속사양인 경우에 이에 대한 저작권의 부여는 기설치기반을 가진 기업의 시장 지배력을 강화시키고 경쟁 대체재(기설정된 표준과 호환성을 유지하여야 하는)의 출현은 물론 보다 우수한 질을 갖는 보완재(대체재)의 탄생도 막을 수 있다.

이에 따라 소비자의 선택에 따른 아이디어/표현의 일치로 인한 모듈은 저작권으로 보호를 해 주는 것을 신중하게 검토하여야 한다. 물론 이와 관련한 역분해도 원칙적으로 허용하여야 한다. 이러한 문제는 개발자의 보상 범위에 대한 문제와 관련된다. 즉 접속사양이 아닌 다른 모듈에는 저작권이 제공될 여지가 있다는 것이다. 그러나 사실상 표준이 된 제품에서 상호 연동성을 결정짓는 모듈인 경우에는 저작권이 허용되어서는 절대적으로 안된다.

상호 연동성을 도달하기 위한 역분해가 허용되어야 하는 논리를 보자. 초기 제품의 개발자가 접속사양을 공개하지 않는 경우를 보자. 이때 사용자들은 제품의 학습에 많은 투자를 한 결과 현재의 네트워크 외부성 편익을 계속적으로 유지하기 위하여 다른 제품으로의 전환에 인색하다고 전제하자. 이때 경쟁적인 신제품을 제공하고자 하는 기업은 지배적인 제품의 접속과 내부조작법을 파악하여야만 한다. 그렇지 않으면 선두주자와 독점가격 수준으로 면허협정을 체결해야 하기 때문에 비용요인의 증가에 따른 가격 경쟁력이 약화될 소지가 있게 된다. 이때 접속사양의 사실상 표준화는 초기 제품의 우수성이라기보다는 소비자의 행동(투자)으로 인하여 사후적으로 아이디어와 표현의 일치가 실현된다고 보기 때문에 경쟁자에게 역분해를 허용해야 한다. 결론적으로 사후적인 아이디어와 표현의 일치가 된 경우에 (사후적 일치에 직면한) 경쟁자들이 역분해를 통해 사전적으로 동등한 상황에 있도록 하게 하는 것이 바람직하다. 이와 같이 역분해를 허용하면 시장 선점이나 지나치게 과도한 지적재산권 부여에 의한 독점력을 완화시키고 차세대

소프트웨어 발전에 도움을 준다. 18)

11.5 경험적인 사례분석

저작권 보호범위에 대한 일련의 사건들은 신규 진입 기업이 기존 기업과 유사한 논리적 구조와 사용자접속을 공유할 수 있느냐 하는 쟁점에 관한 것이다. 이러한 저작권보호 범위에 대한 판례는 소프트웨어의 역분해와 접속 사양에 대한 공개를 허용하는 추세이다. 이는 관련분야의 소비자보호와 경쟁측면을 강화하는 측면에서 강조된다. 이와 관련하여 "표현" 및 "조작방법" 관련사항은 공정이용(fair use)의 범주 내에서 사양을 공개하거나 복제를 허용하고 있다.

1) Altai 사건

기존업체인 Computer Associates사와 후발업체인 Altai사간의 분쟁을 보자. 두 업체는 모두 IBM사의 대형컴퓨터(mainframe) 환경 하에서 작동하는 작업계획프로그램(job scheduling program)을 제공하는데, 이 두 제품은 모두 IBM환경하의 여러 다른 OS하에서 작동하도록 하는 프로그램 모듈을 갖고 있었다. 이때 문제의 쟁점은 후발업체가 IBM 환경의 여러 다른 OS하에서 응용소프트웨어가 작동하도록 하는 convertter와 adaption routine을 채택하는 것이 선발업체의 저작권에

18) 상호 연동성을 결정하는 접속사양의 경우에 역분해를 허용해야 하는 또 다른 논리는 다음과 같다. 개방체제(open system)에 역행하는 것을 역분해 허용에 의해 방지할 수 있다. 이것은 네트워크 외부성이 존재하는 시장에서 전유체제(proprietary system)의 허용은 기업의 전략적인 행동에 의해서 비효율성을 결과할 수 있기 때문이다. 전유체제는 개방체제보다 침투가격설정을 보다 쉽사리 가능하게 한다. 개방체제하에서는 수직구조상 같은 계층에 속하는 많은 기업들이 서로 경쟁적인 관계를 가질 수 있기 때문에 향후 선호되는 체제이다.

대한 침해냐 아니냐 하는 것이었다.

위에서 우리는 아이디어를 표현하는 방법이 단지 한가지인 경우에는 표현을 통제하게 되는 경우에 아이디어는 자동적으로 통제됨을 보았다. 이에 따라 이 판례의 경우에는 표현(특정 소프트웨어가 작동 가능하도록 하는 OS)에 대한 저작권의 부여는 후발 경쟁자가 행할 수 있는 소프트웨어 개발을 제한할 여지가 있게 되며, 이에 따라 이와 같은 표현에 대한 저작권보호는 불가한다는 것이다.

원고측은 Altai사가 비- IBM의 mainframe 환경 하에서 자사의 OS 하에서도 응용소프트웨어가 판매 가능하도록 하였음으로 저작권 침해를 주장하였다. 그러나 이러한 방법에도 불구하고 Altai사로 하여금 기존업체 대규모 이용자들의 접속을 원천 봉쇄하였을 뿐만 아니라 기존 고객에게도 선택 및 사용 기회를 상실하게 하였으므로 실익이 없을 뿐만 아니라, 이와 관련된 소프트웨어개발과 관련된 높은 고정비용으로 결국은 소비자에게 부담을 전가(고객에게 높은 가격을 부과하게 함)하게 된다는 이유로 Altai사의 손을 들어주었다.

2) Lotus 사건

기존업체인 Lotus와 관련된 2가지 소송쟁점이 있다. 이것들은 모두 소프트웨어 패키지에서 명령어구조의 논리와 명령어가 저작권보호대상에 포함될 수 있느냐의 여부에 대한 것이다.

먼저, 기존업체인 Lotus와 후발 업체인 Paperback의 판례를 보자. 문제의 쟁점은 후발 업체가 Lotus 접속과 유사한 사용자 접속을 가진 스프레드시트 프로그램(spreadsheet program)을 사용할 수 있느냐이다. 이에 따른 법정판결은 접속의 여러 개별성분들이 스프레드시트의 아이디어에 고유로 내재되었기 때문에 저작권으로 보호받을 수 없다고 하더라도, 사용자 접속을 set up하는 것이 여러 가지로 가능하기 때문에 접속의 명령어구조는 저작권으로 보호받을 수 있다는 것이다.

이것은 법정은 Lotus사의 성공이 Paperback사에게 스프레드시트의 아이디어를 표현하도록 하는데 비용을 증가시키지 않는다고 생각하였던 듯하기 때문이다. 이에 따른 피고의 주장은 선발주자 Lotus사는 이미 스프레드시트의 표준을 가진 지배기업이기에 사용자는 그에게 새로운 학습이 요구되는 인터페이스를 가능한 대안으로 보지 않는다고 하였다(법정에 의해 부인됨). 한편 이러한 견해는 1-2-3이 보다 좋은 제품이라는 이유만으로 1-2-3의 저작권보호로 인하여 Paperback사의 가격 인하가 있는 Paperback사는 불가항력이라는 Lotus사의 견해에 지배되었다. 그러나, 이러한 판례는 Lotus사가 Paperback사에게 높은 가격을 부과하여 Paperback사의 잠재적 고객이 규모의 경제를 증가시킬 수 있는 경우에는 Lotus사가 저작권을 보호함으로 경쟁자에게 호환성을 허용하지 않게 되는 것은 경쟁자의 소비자에게 해를 입힌 점을 간과한 것이다.

또 다른 Lotus 사건은 후발업체인 Borland 사와 일어난 것이다. borland사는 자사의 Quattro Pro 스프레드시트에 기존업체인 Lotus사의 1-2-3 macro에서 사용된 display, execute, edit기능을 그대로 사용하였다. 즉 Borland사가 Quattro Pro 스프레드시트에 복제된 메뉴 명령어 계위를 사용한 것은 저작권을 침해하였다고 주장한다. 이 사건을 맡은 판사는 Lotus 1-2-3 메뉴구조는 스프레드시트 프로그램을 통제하는 기본적인 아이디어로부터 나타난 표현으로 보호되어야 한다고 하였다. 반면 조작방법(스프레드시트 프로그램을 소프트웨어 통제)에 관한 것은 보호될 수 없다고 판시하였다. 그러나 연방고등법정에서는 Lotus 1-2-3 메뉴구조는 스프레드시트 프로그램과는 물리적으로 분리 가능한 프로그램 접속에 해당한다고 보고 1-2-3 메뉴구조는 "조작방법"에 해당한 것으로 보호될 수 없다고 판결하였다. 이것은 피고의 주장인 Lotus 1-2-3 메뉴구조는 컴퓨터 프로그램을 통제하기 위한 "시스템 , 조작방법, 과정"에 불과하다는 것을 인정한 것이다.

3) Nintendo 와 Sega 사건

Sega Enterprises Ltd. 대 Accolade Inc.(1993) 사건에 대한 항소법정에서는 상호 연동성을 결정하거나 비보호되는 아이디어를 파악(examine)하고자 하는 역분해라면 그것이 미국 저작권법에서 정하는 "fair use(공정 이용)"의 범위 내에서 이루어지는 한 허용된다는 판결을 내렸다. 이 경우는 Atari Games Co. 대 Nintendo of America Inc(1992) 사건의 판결과 유사하다("'93 International Outlook for dicussion of 1992 rulings" 참조).

〈표 11-2〉 지적 재산권 사례 분석 비교표

	쟁점	수직 구조적인 관계	결과	법정 예
시장 지배적인 메뉴구조	타기존회사의 메뉴구조 복제 허용여부	명령어구조 메뉴구조 spreadsheet program	메뉴구조는 조작방법에 불과함	Lotus(기존) Borland(후발)
시장 지배적인 OS	타사 OS하에서도 작동 가능한 s/w program의 판매 허용여부	IBM Mainframe OS 응용 program	타사 OS하에서 작동가능한 응용 s/w의 판매 허용	Computer Associate(기존) Altai(후발)
시장 지배적인 게임기	타사 게임기에서 작동가능한 게임 소프트웨어 프로그램 허용여부	게임기 잠금장치 소프트웨어 게임 소프트웨어	역분해의 허용	Sega(기존) Accolade(후발) Nintendo(기존) Altai(후발)

Nintendo와 Sega 사건은 "공정이용"의 범주 내에 있는 보완재의 경우에는 저작권으로 보호받지 않음을 보여준다. 피고들은 Nintendo와 Sega 게임기에서 작동 가능한 게임 소프트웨어를 개발하였다. 이때 게임기에 내재된(embedded) 소프트웨어의 "잠금 장치(lock-out code)"를 역분해하여 호환적인 게임 소프트웨어를 개발하였다.

법정은 호환성을 갖기 위하거나 내재된 소프트웨어의 아이디어를 학습하기 위한 다른 방법이 없는 경우에는 역분해는 정당한 것이라고 판정하였다. 신규회사가 새로운 호환적이고 보완적인 제품을 개발하는 한 저작권 보유자는 반드시 손해를 입지 않는다고 본 것이다. 피고 Accolade와 Altai의 잘못은 게임소프트웨어 수준에서 Nintendo와 Sega의 경쟁자인 반면 게임기를 개발하지는 못하였다.

11.6 요약

소프트웨어부문의 시장기능은 저생산에 의한 시장실패를 결과한다. 이에 따라 시장 실패를 교정하기 위한 지적 재산권 보호가 필요함을 보았다. 즉 혁신자의 기여가 상당한 경우 지적재산권의 보호를 통해 개발자의 노력에 대한 보상을 제공해야 한다. 또한 이러한 지적 재산권의 보호는 소프트웨어에 고유로 존재하는 특징으로 인하여 과보호가 되어서는 안 된다는 것을 보았다. 즉 소프트웨어는 네트워크 외부성 등이 존재하기 때문에 선두주자의 제품에 무조건적으로 저작권을 부여하게 되면 사회후생은 나빠지게 될 수 있다. 더군다나 저작권 보유자는 사실상의 표준이 실현됨에 따라 소비자의 노력에 대한 결과를 전유할 수 있으며, 비용을 증가시켜 다른 공급자들이 대체품을 공급하고자 하는 기회를 없앤다.

과보호를 회피하는 대안으로 지적재산권 보호시 경쟁 제한 여부를 판단하는 것이다. 즉 저작권은 독점권의 부당한 부여로 인한 피해가 극히 적은 경우에서야 만 보호되어야 하기 때문에 저작권 보호의 기본원칙은 소프트웨어 프로그램의 혁신적 개발자에게 보상해야 할 필요성보다는 보완적 제품의 공급자들에게 계속적인 경쟁을 촉진하도록 해야 하는 필요성을 고려한다. 위와 같은 저작권 보호의 기본 원칙을 바탕으로 하여 다음과 같이 세 가지 결론이 도출될 수 있다.

1. 선두주자에게 부여된 저작권 보호는 사실상 표준에 도달한 소프트웨어의 모듈에까지 적용되어서는 안된다. 이것은 그에 따른 독점에 의해 소프트웨어의 효율적인 이용을 방해하는 높은 가격을 부과하게 되며 사실상 표준에 도달하기까지 투자한 다른 보완적 제품의 개발자에게 적절한 보상을 할 수 없기 때문이다.
2. 소프트웨어 접속 사양에 대한 사항도 저작권 부여에 신중을 기해야 한다. 사실상의 표준을 실현하게 되는 경우에는 접속 사양에 대한 저작권 보호는 보완재적 소프트웨어의 시장 확대와 추후 보다 좋은 기술 발전을 제한할 여지가 있기 때문이다.
3. 상호 연동성을 위하여 역분해를 옹호해야 한다. 상호 연동성을 위한 역분해를 가능하게 하면 기업으로 하여금 호환성 있는 프로그램을 효율적으로 디자인하게 할 뿐만 아니라 저작권을 보호함에 따른 시장에서의 독점적인 지위를 견제할 수 있기 때문이다.

더 나아가 가능한한 프로그램의 접속 사양(interface specifications)은 공개하도록 하게 하여 경쟁적인 제품의 출현을 용이하게 하는 것이 사회적으로 바람직 할 것이다. 사실상의 표준화가 실현된 경우에는 더욱 그 필요성이 강조된다. 이것은 사실상의 표준화가 실현된 프로그램의 역분해를 허용하면 시장 선점이나 지나치게 과도한 지적재산권 부여에 의한 독점력을 완화시키고 차세대 소프트웨어 발전에 도움을 주기 때문이다.

복 습 문 제

1. 지적재산권(Intellectual Property Rights)의 여러 가지 형태를 열거하고 각 형태별 특징을 서술하시오.

2. 소프트웨어에 대한 해적 행위가 소프트웨어 업체들의 경쟁력 유지를 어렵게 하는 이유를 설명하시오.

3. 생산자 측면과 소비자 측면에서 지적재산권에 관련된 특징을 서술하시오.

4. 소프트웨어는 복제로 인한 무임승차에 따른 저개발과 공공재적인 특성에 의하여 저사용이 존재하게 되어 시장 실패가 존재한다고 한다. 왜 그렇게 되는지를 설명하시오.

5. 시장 상황에 따라 적정 지적재산권보호 정도가 어떻게 결정되는지를 설명하시오.

6. 선점 기업에게 부여된 컴퓨터 프로그램 패키지 보호가 사실상의 표준을 실현한 경우에 저작권 보호 범위에 대한 논쟁에 대하여 약술하시오.

7. 상호 연동성에 도달하기 위하여 역분해가 허용되어야 하는 논리를 밝히시오.

8. 다음을 설명하시오.
   가) 컴퓨터 프로그램 보호법
   나) 저작권
   다) 특허권
   라) 슈퍼 301조
   마) 표현과 아이디어
   바) 지적재산권의 무역관련 측면에 대한 세계 무역기구 협정(WTO Agreements on TRIPs)과 세계지적재산권기구(WIPO)

응 용 문 제

1. 지적 재산권이 과도하게 보호되지 말아야 하는 논리와 그에 따른 처방에 대하여 설명하시오.

2. 우리나라의 지적재산권 침해 사례에 대한 실태 파악을 하여 보시오.

3. 소프트웨어 시장의 특징에 대하여 토론하시오.

4. 게임 소프트웨어의 역분해 관련 쟁점 사례를 분석하시오.

5. 유럽의 지적 재산권 보호 정책에 대하여 조사하시오.

찾 아 보 기

〈국문〉

〈영문〉

[저자 소개]

김범환(金範煥)

고려대학교와 프랑스 Toulouse I 대학에서 경제학을 전공하여 경제학 석사와 박사 학위를 취득하였다. 한국전자통신연구원을 거쳐 현재 배재대학교 경영대학 전자상거래학과에 재직 중이다. 주요 저서로는 『현대경제학 입문』, 『전자상거래의 이해(공저)』, 『지식정보사회의 경제적 모형과 설정 및 사례연구』 및 『정보통신경제론』이 있으며 "Research Joint Venture and Open Economy" 등 다수의 논문을 발표한 바 있다.

e-mail : borman@pcu.ac.kr
Homepage: http://home.pcu.ac.kr/borman

I T 산업론

2006년 2월 25일 초판1쇄 발행
2007년 2월 25일 초판2쇄 발행

저 자 김 범 환
발행인 유 성 렬
발행처 청 목 출 판 사

150-845
서울특별시 영등포구 신길4동 233-96
전화 (02) 849-6157(代) · 2820
FAX (02) 849-0817
·등록 제318-1994-000090호/1994.2.2

·파본은 바꾸어 드립니다.

값 16,000원

http : //www.chongmok.co.kr

ISBN 89-5565-135-X